KB146800

정도전의 불교 비판을 비판한다

정도전의
불교 비판을
비판한다

고상현 지음

푸른역사

책을 내면서

❧

시대를 막론하고 변혁가들은 물론이고 보수주의자들도 정당성을 확보하기 위해 다양한 논리를 앞세운다. 자기 논리의 정당성은 어느 순간, 꼬리에 꼬리를 물듯이, 더 이상 넘어서는 안 될 선을 넘기도 한다.

역사를 통해 보수주의자들보다는 변혁가들이 새로운 사상과 논리를 통해 사회정치적 개혁의 정당성을 확보하고자 했다. 고려 말의 신진사대부들이 성리학을 이념으로 한 것이 그렇고, 근현대사의 마르크스주의가 그랬다. 새로운 사상을 우리 사회의 개혁에 접목하기보다는 그 사상에 맞춰 우리나라의 사회와 역사, 문화를 재단하는 데 주력했다. 그러한 과정에서 우리의 사회와 사상, 문화는 어느새 타락, 부패로 몰고 가는 주범으로 취급되기 일쑤였다.

❧

우리나라의 역사상 커다란 사상적 전환은 두 번에 걸쳐 이루어졌다. 첫 번째는 사국시대의 불교의 유입이요, 두 번째는 고려 말의 성리학의 유입이 그것이다. 이 둘 중에서 가장 획기적인 전환을 가져왔으면서 면면히 영향을 미치고 있는 것은 불교의 유입이었다. 성리학은 그 다음으로 고려 말에 유입되어 조선왕조 500년간 지배 이데올로기로 작용했다. 이에 미치지는 못하지만 근현대에는 100여 년의 세월을 거치면서 급성장한 서구의 기독교(천주교와 개신교)와 마르크스주의의 유입도 무시할 수는 없다. 기독교는 반공주의와 결합하여 남한에서, 마르크스주의는 북한식으로 수정되어 커다란 영향을 미치고 있다.

이들 중에서 조선왕조의 이데올로기로 작용한 성리학의 도입과 전개를 다루고자 했다. 그 가운데서도 성리학을 전 조선왕조에서 사회적으로 영향력을 미칠 수 있도록 중심적인 역할을 한 이가 정도전(1342~1398)이었다.

그동안 정도전의 성공한 개혁에 대한 연구는 비교적 많이 있었다. 또한 이방원(태종)에 의해 살해됨으로서 조선시대에 제대로 평가받지 못한 신원伸寃에 대한 연구들도 있었다. 하지만 그의 사상적인 논쟁에 대한 연구는 많지 않은 편이었다. 특히 그가 살아생전 마지막으로 집필한 《불씨잡변佛氏雜辨》은 그의 벽이단 사상의 결집서임에도 불구하고 이에 대한 심도 있는 평가는 소략했다. 따라서 이제는 그의 개혁사상과 논리에 대해 전반적으로 평가하고 돌이켜봐야 한다. 이 책에서는 그의 개혁사상의 핵심인 성리학의 안착을 위한 사상투쟁의 일환으로 전개한 불교 비판 내용에 대해 살펴보고자 한다.

69

정도전의 불교사상에 대한 기존의 연구는 대략 두 가지 입장으로 나눌 수 있다. 첫째, 역사학계나 유교적 입장에서 정도전의 배불론을 시대적 상황과 연관하여 옹호하는 입장이다. 이들은 불교나 도교에 대한 정도전의 해석이 독선적이고 피상적이며 천박한 면이 없지 않으며, 이기론理氣論에도 스스로 모순되는 논리가 없지 않다고 전제한다.

그러나 현실적 개혁에 대한 의지를 마음 속 깊이 간직하고 구舊사상과 학문적으로 대결하려고 한, 현실적이며 애국·애민적인 개혁의지에 주목해야 한다고 말한다. 성리학적 입장에서는 이론적으로나 논리적으로나 부족한 점이 있다 하더라도 당시 격심한 변화를 겪고 있던 사회상에서 나온 시대적 산물이자 이단 공격의 사상적·이론적인 토대를 제공했으므로 더없이 환영받을 일이었다는 것이다. 이러한 입장은 최근까지도 정도전의 평가에서 주류를 차지하고 있다.

둘째, 불교 시각에서 정도전이 불교를 잘 알지 못하고 행한 비판이므로 신중하게 고려하거나 반박할 가치조차 없다고 비판하는 입장이다. 당시 일부 불교도들의 폐해만을 가지고, 불교의 좋은 점은 보지 않고 나쁜 점만 들어서 공격했다는 것이다. 이러한 관점은 정도전의 벽불론에 대해 논의하는 연구자들 대부분의 공통된 관점이기도 하다. 이처럼 양측의 극단적인 평가로 인해 유교와 불교로부터 그 이상의 논쟁을 불러일으키지는 못했다.

이에 대해서는 이병도와 이종익의 연구를 필두로 한동안 연구가 되지 않으나 최근 들어 발표된 몇몇 논문들이 주목을 받고 있다. 그럼에도 불구하고 경전적인 근거를 들어 비판의 잘못을 지적하기보다는 호법 차원에서 나온 《현정론顯正論》이나 《유석질의론儒釋質疑論》 등과의 유불대론儒佛對論을 통해서 밝히는 경우가 많았다. 다시 말해 불교에 대한 비판임에도 불구하고 불교 경전에 근거한 비판들은 소략하거나 드물었다.

이 책에서는 가능한 한 불교 경전에 근거하여 정도전의 《불씨잡변》

을 중심으로 나타난 불교관을 되짚어보고자 한다.

ⓞ

이 책의 구성은 다음과 같다. 1장에서는 불교의 우리나라 유입 이후 고려시대의 국가 중심의 불교에서 조선시대의 민인民人 중심의 불교로 변해가는 과정을 개괄적으로 언급했다.

2장에서는 정도전의 사상 형성에 기반이 된 고려시대 유학자들의 불교관을 성리학 도입 이전과 이후로 나누어 고찰했다. 전자는 대표적 유학자인 고려 초기 최승로崔承老와 고려 중기 이규보李奎報를 중심으로, 후자는 성리학의 도입과 그 추이를 살핀 다음 유학자들의 불교를 대하는 태도와 불교관을 중심으로 살펴보았다.

3장에서는 정도전의 불교 비판의 체계와 논리를 심성설, 윤회인과설, 사회윤리적인 면, 신앙적인 면, 역사적인 면으로 나누어, 그것이 미친 영향에 대해서 살펴보았다.

4장에서는 정도전의 불교 비판에 대한 반론을 불교경전에 근거하여 전개하고, 다음으로 당대 고승들의 문집 등을 통해서 짚어보았다. 또한 이러한 시대적 흐름에 따라 불교가 유교를 대하는 입장들이 어떻게 바뀌어갔는지와 불교옹호론인 호법론에 대해서도 간략하게 살펴보았다.

ⓞ

이 책에서 새 왕조의 기틀을 세운 정도전의 거대한 안목 가운데 사상논쟁의 핵심인 불교 비판을 중심으로 다루고자 했던 까닭은 그에 대한 사상적 평가의 지평을 넓히고자 했기 때문이다. 그의 거대한 족

적에 대한 연구와 그에 따른 대중서들이 다수 발간되어 공과 과에 대한 평가는 어느 정도 이루어졌다. 심지어 TV드라마를 통해서도 역사적으로 재조명되고 있다. 하지만 불교에 대한 사상적 논쟁을 다룬《불씨잡변》에 대해서는 단편 논문 몇 편이 나왔을 뿐이다. 따라서 조선왕조의 건국과 유지의 이데올로기Ideologues로서의 정도전에 대한 평가의 폭을 넓혀보고자 시도했다.

역사적 인물의 평가는 공과를 동시에 따져 올바른 평가가 이루어질 수 있도록 해야 한다. 찬양 일변도나 비판 일변도는 타당하지 않다. 그러므로 정도전 평가의 한 날개였던 찬사는 찬사대로 두고 이제까지 제대로 다루어지지 않았던 그의 불교 비판에 대한 고찰로써 평가의 다른 날개를 달아보고자 하는 것이다. 이것을 통해서 정도전을 중심으로 한 고려 말의 개혁가들이 그들의 정당성을 확보하기 위해 견강부회한 것은 없었는지를 살펴 균형을 잡아보고자 한다. 그에 대한 보다 폭넓고 온전한 평가를 통해 빛과 그림자를 여실히 볼 수 있었으면 하는 바람에서다.

오늘날 변화를 이끌어가는 개혁가들은 이를 타산지석으로 삼아 개혁의 정당성에만 매몰되어서는 안 된다. 더 넓은 안목으로 우리 사회의 역사와 문화, 사상에 기반을 둔 개혁의 그림을 그려야 한다.

정도전을 비롯한 고려 말 개혁가들이 당시를 대표하는 종교인 불교의 형태에 대한 비판만큼은 오늘날 종교계가 자신의 모습을 반추해보는 계기로 삼아야 한다. 거대하고 호화찬란한 종교 건축물 짓기, 잊을 만하면 불거지는 종교인들의 재산 다툼, 청렴해야 할 성직자들의 호의호식, 성직 세습, 성범죄 등 당시와 달라진 게 없다고 할 정도로 유사한 문제들이 지금 이슈로 쏟아지고 있다. 비록 종교계 일부에서 이루어지고 있다고는 하지만, 종교가 스스로 정화할 능력이 없다면 사회의 가장 심각한 악으로 전락할 수밖에 없다는 점을 명심해야 한다. 종교계가 자기의 존재 기반을 확장하고 자기 살길만을 찾는 것이 아니라, 본래의 소명인 모든 존재들의 어리석음을 일깨우고 무명을 밝히는 등불로 거듭나기를 기원한다.

☙

이 책이 나올 수 있는 안목을 길러준 여러 선지식들께 고개 숙여 감사를 드린다. 그럼에도 부족한 부분은 다시 한 번 눈 밝은 선지식들의 조언이 있기를 기대한다. 무엇보다 출간을 배려해주신 교육원장 현응 스님께 감사드린다. 어려운 출판계 사정에도 불구하고 이 책을 출간해준 도서출판 푸른역사에도 감사를 드린다. 그리고 공부한다는 핑계로 자식노릇, 남편노릇을 제대로 못하지만 긴장감과 평안함을 주는 어머니와 아내 그리고 나름대로 자기의 신심을 키워가고 있는 아들, 딸에게도 고맙다는 말을 전한다.

이 책의 공덕이 조금이나마 있다면, 선비로 불린 어부이자 농사꾼이었던 아버지와 장인어른의 극락왕생과 모든 이들의 지혜증장에 회향한다.

2014년 8월 너른 나루 월인정사에서

고상현

추천의 글

꿈

한 시대의 인물을 연구하면 그 인물이 살았던 시대적 상황과 사회적 사상의 흐름을 알아 볼 수 있다. 역사상 사회적 개혁이 시작되거나 국가적 혁명이 일어날 때는 반드시 주도적 역할을 한 인물이 등장하게 된다. 따라서 한 인물이 그 시대에 끼친 영향력은 실로 막대할 수가 있다. 그의 공과에 대해서는 긍정적 평가와 부정적 평가가 상반되기도 하고 또 어느 시대에 와서는 긍정적으로 평가되던 것이 부정적으로 평가되고, 부정적으로 평가되던 것이 긍정적으로 평가되어 새롭게 재평가되기도 한다. 고상현 연구원이 어느 날 원고 한 뭉치를 내밀면서 살펴봐 달라고 해서 다시금 되짚어 본 정도전鄭道傳이 대표적인 인물이라 할 수 있다.

정도전은 역성혁명을 도모한 개혁주의자로 조선조를 세우게 한 일등공신이었던 만큼, 한 시대를 주도했던 탁월한 정치가요 사상가였음은 말할 나위가 없다. 또한 학문적 깊이와 사상적 스케일이 매우 컸던 인물이었음을 다시금 인식하게 되었다. 정도전은 계급적이고 봉건적이었던 시대에 민본주의民本主義를 부르짖은 혁명적 성향은 만대의 모범이 될 수 있는 선진적 사고이며 실천의지를 보여준 사례라 할 수 있다. 이와 같이 뛰어남에도 불구하고 어떤 것을 기준으로 하여 보느냐에 따라 그를 보는 시각은 달라질 수 있다.

《삼봉집三峰集》에 수록된 그의 방대한 저술 가운데《불씨잡변》은 이러한 명성에 걸맞지 않은 저술이며, 그를 보는 시각을 달리하게 만드는 대표적인 것이다. 주지하는 바와 같이 고려조를 무너뜨리고 조선조를 세우면서 배불숭유排佛崇儒의 국시를 내세우고 성리학 이념의 정당성을 주장하기 위하여 저술한 것이《불씨잡변》이다. 당시의 사회를 개혁하고자 하는 신념에서 이미 보수적 틀 안에 갇혀 있던 기존의 사상에 도전적 비판론을 제기하였다는 점에서 조금은 이해해 주고자 하는 마음이 없지 않다. 그럼에도 권말의 일설까지 포함하여 20편의 조목을 나누어 불교를 비판했으나 오직 세속적 규범이나 가치를 우선시하는 근시안적인 관점에서 불교의 출세간적 성격과 그 의미를 깊이 이해하지 못했던 몰지각한 비판을 유교의 이념적인 성향에 사로잡혀써 놓은 것이다. 그의 여러 저서 가운데서도 가장 졸렬하고 왜곡된 내용을 갖고 있는 그야말로 양서가 아닌 악서惡書라고 말할 수 있다. 불교의 전통질서를 무너뜨리기 위해 다분히 악의적으로 제기한 악서로인해 그의 평가를 절하하지 않을 수 없다.

이런 까닭으로《불씨잡변》은 불교적인 입장에서 학문적이나 사상적인 연구의 대상으로는 큰 가치를 가지지 않는 것으로 이해되어 대개 논의의 대상에서 제외되어 있었다고 할 수 있다.

그런데도 이번에 고상현 연구원이 보여준 원고를 일별하고 느낀 것이 많았다. 이제까지 불교계에서 그건 일고의 가치가 없다라고만 치부하면서 내용을 분석하고 근거를 가지고 비판한 것은 많지 않았다. 더구나 이렇게 단행본으로 나오는 것은 처음이다. 그러다보니 정도전은 더욱 숭앙되고 그에 따라 고려 말의 불교가 사회적인 악이었다는 내용만 더욱 증폭되게 된다는 사실이다. 이것은 《불씨잡변》이 일각에서는 고전 명저로 꼭 읽어야 할 도서로도 선정되고 번역되어 출간되고 있는 상황임을 전혀 도외시한 불교계만의 우물에서 바라보고 있는 것임을 깨우쳐주게 하였다. 그렇기 때문에 단순하게 악서이기에 제쳐둘 것이 아니라 구체적인 근거를 통해 잘못을 하나씩 바로 잡아가고자 하는 노력이 있었을 때 앞으로 이런 악서가 배출되지 않도록 하는 디딤돌이 될 것이다.

이 책은 한 인물을 중심으로 폭넓은 사상적 전개가 펼쳐진다. 유·불·선 삼교에 관한 이야기가 상호 번갈아 나오고 역사적 인물들도 많이 등장한다. 태고보우·함허기화 스님이나 명종 때의 보우 스님 이야기도 나오고 정몽주를 위시한 여러 유학자들의 이야기도 나온다. 역사서요 사상사의 성격을 가지고 있는 책이다. 한 시대의 유교와 불교의 사상사적인 동향이 잘 나타나 있기도 하다. 그래서 시대적 상황과 그 배후의 사상적 경향을 이 책을 통하여 명료하게 읽어낼 수 있다.

평소에 학문을 좋아하며 연구에 심혈을 기울인 고상현 연구원의 노고를 치하하면서 인연 있는 강호제현에게 일독을 권하고 싶다.

2014년 7월 27일

조계종 고시위원장 겸 직지사 불전승가대학원 원장 지안 쓰다

차례

1

불교,
국가 불교에서
민인의 불교로

불교는 일반적으로 외래사상과 문화가 유입되면서 겪는 전통사상과의 심한 마찰 없이 우리 민족의 역사 속에서 살아 숨 쉬는 사상과 문화로

발전해왔다. 그 이유는 첫째 불교가 지닌 폭넓은 교리로 인해 어떤 사상이든 받아들이는 수용성이라는 특성 때문이며, 둘째 사회와 시대적

상황에 맞추어 널리 교화하는 걸림 없는 종교라는 특성, 셋째로는 불교를 강제적인 이식이나 주입으로 수용한 것이 아니라 주체적으로 받아

들였기 때문이다. 그리하여 불교는 우리나라에 전래된 이후 고려 말까지 1천여 년동안 사상은 말할 것도 없고 정치·경제·사회·문화 전반에

걸쳐 중추적이고 지배적인 역할을 담당했다.

고려 말부터 서서히 지펴진 배불에 대한 논의가 조선이라는 새로운 시대를 맞이하여 정책적으로 펼쳐지면서 대대적인 탄압을 받게 되었다.

시대와 정책적 변화에 따라 백성들의 삶에 밀착하지 못하고 지배권력층에 빌붙어 기생하던 불교는 서서히 힘을 잃어가게 되었다. 반면에 백

성들의 삶과 함께 했던 불교는 지속적으로 영향을 미치면서 그들과 함께 하며 조선시대의 불교를 이끌어왔다.

인도에서 불교가 발생하여 우리나라에 유입된 기록은 고구려 소수림왕 2년(372)이다. 하지만 불교는 이미 그 이전에 육로와 해로를 통해 유입되었다고 보는 견해가 지배적이다. 불교는 일반적으로 외래사상과 문화가 유입되면서 겪는 전통사상과의 심한 마찰 없이 우리 민족의 역사 속에서 살아 숨 쉬는 사상과 문화로 발전해왔다. 그 이유는 첫째 불교가 지닌 폭넓은 교리로 인해 어떤 사상이든 받아들이는 수용성이라는 특성 때문이며, 둘째 사회와 시대적 상황에 맞추어 널리 교화하는 걸림 없는 종교라는 특성, 셋째로는 불교를 강제적인 이식이나 주입으로 수용한 것이 아니라 주체적으로 받아들였기 때문이다. 그리하여 불교는 우리나라에 전래된 이후 고려 말까지 1천여 년 동안 사상은 말할 것도 없고 정치·경제·사회·문화 전반에 걸쳐 중추적이고 지배적인 역할을 담당했다.

　그러나 이러한 양상은 고려 말을 거치면서 서서히 변화의 조짐을 보이다가 조선시대에 들어서 새로운 모습으로 바뀌어가게 된다. 고려 후기는 1세기에 이르는 원元나라의 지배로 인해 전반적인 분야에서 많은 변화를 가져왔다. 이는 종교와 사상계도 예외는 아니었다. 원의 지배로 인한 사회변동 가운데 사상사적으로 가장 큰 영향력을 미친 것은 바로 신유학인 주자성리학朱子性理學, 즉 성리학의 도입이었다.

조선왕조의 창업에 참여한 세력들의 주요한 사상적 무기는 신유학인 성리학이었다. 그들은 당시 불교계가 안고 있었던 제반의 현실적인 문제점들에 대한 비판을 시작으로 하여 점점 사상적으로 논박하기에 이르렀다. 이렇게 서서히 지펴진 벽불闢佛에 대한 논의가 조선이라는 새로운 왕조를 맞아 억불抑佛이라는 대대적인 탄압과 구체적인 정치형태로 나타나게 되었다. 불교를 비판하는 세력들은 고려 광종대 과거제의 도입 이후 정치적 통치원리로 작용하고 있던 유교에 대한 입장과는 달리 이원적인 태도를 보이고 있다.

여기서 주목해야 할 점은 오늘날 대부분의 역사서에서 등장하는 고려 말의 개혁세력이자 조선왕조 창업의 중추 역할을 했던 그룹은 중소지주나 향리 출신의 새롭게 등장한 신진사대부 세력이 아니었다는 것이다.[1] 이들은 고려 말의 고관으로 권문세족과의 대립을 통해 성장한 세력도, 불교의 비판세력만도 아니었다. 이들의 중추는 군사력을 가진 무신들과 중앙정계에서 정치력을 행사하고 있었던 문신들이었다. 개혁과 왕조교체는 무신인 이성계와 문신들의 합종연횡을 통한 상호 권력투쟁의 결과물이었다. 고려 말의 대표적인 인물들인 이인임과 경복흥, 최영, 이성계 등 무신들과 이색, 정몽주, 김구용, 이숭인, 정도전,

---

[1] 김당택, 《이성계와 조준·정도전의 조선왕조 개창》, 광주: 전남대학교출판부, 2012, 19쪽 재인용; 정두희, 《조선초기 정치지배세력연구》, 서울: 일조각, 1983, 12~16쪽; 한영우, 〈조선개국공신의 출신에 대한 연구〉, 《조선전기사회경제연구》, 서울: 을유문화사, 1983, 125~128쪽; 정재훈, 〈조선개국공신 졸기 분석〉, 《고고역사학지》 5·6합집, 부산: 고고역사학회, 동아대학교박물관, 1990, 275~279쪽.

조준, 윤소종 등 문신들의 면면을 보면 쉽게 이해할 수 있다.

고려에서 조선으로의 왕조가 교체되는 격변기에 불교계의 정치적 위상에 대한 조직적이고 체계적인 대응은 이루어지지 않았다. 반면에 신진 성리학자들은 적극적으로 벽불 논리를 펼쳤다.

고려 말에서 조선 건국 직후 벽불의 사상적 흐름에서 가장 적극적이면서도 체계적이고, 정책적인 측면에서 선두에 섰던 인물은 삼봉 정도전이었다. 정도전은 우리나라 역사상 벽불에서 독보적인 지위를 차지하고 있다. 무엇보다도 선대 유학자들의 벽불론을 집성했다. 또한 불교가 중국과 우리나라, 일본에 들어온 지 2천여 년이 지나도록 유자儒者에 의한 사소한 비판은 있었어도 성리학의 입장에서 불교를 철저하게 비판한 경우는 동아시아 세계를 통틀어서 전무후무한 것[2]으로 조선왕조 500년의 숭유척불崇儒斥佛의 기반을 수립했다고 평가받고 있다.

하지만 중국 역사상에서 나타난 불교, 도교, 유교 간의 논쟁은 오랜 역사를 가지고 있었다. 예를 들면 후한(25~219) 때 중국 토착사상인 유학에 의한 불교 비판을, 불교를 옹호하는 호교론적 입장에서 오해를 풀고 유불도儒佛道 삼교三敎의 융합을 주장하기 위해 쓴《모자이혹론牟子理惑論》, 동진(317~418) 때 왕부(王浮 혹은 王符)의《노자화호경老子化胡經》, 서진(265~316) 때 작자미상의《정무론正誣論》, 남제(479~502) 때 범진(450~515)의《신멸론神滅論》, 당나라 때에 위진 이래의 벽불론을 모은 책이라고는 하나 현존하지 않는 부혁(555~639)의《고식전高識

---

[2] 한영우,《정도전사상의 연구》, 서울: 서울대학교출판부, 1999, 47~53쪽; 김용옥,《삼봉 정도전의 건국철학》, 서울: 통나무, 2004, 52쪽.

傳), 후한에서 당에 이르는 동안 벌어진 불교와 도교의 논쟁을 기록한 도선(596~667)의 《집고금불도논형集古今佛道論衡》(《고금불도논형》 또는 《불도논형》이라고도 함), 8세기 초 《집고금불도논형》의 속편으로 서역에서 온 승려들과 중국의 도사들 간의 논쟁을 수록한 지승智昇의 《속집고금불도논형續集古今佛道論衡》, 한유(768~824)의 본래의 의미에서 도道란 무엇인가라는 입장에서 유가의 도를 논한 〈원도原道〉 및 오랑캐인 부처의 사리를 봉영하는 것은 잘못임을 황제에게 올린 〈논불골표論佛骨表〉, 송나라 구양수(1007~1072) 이전의 벽불론에 대한 호불의 논리가 정교해짐에 따라 유가의 본질을 논하여 불교와 대비시킨 〈본론本論〉 등이 대표적이다.

북송의 신유학의 선구자들이었던 장횡거(1020~1077), 정명도(1032~1085), 정이천(1033~1107) 등도 모두 불교에 비판적이었다. 이러한 전통은 남송의 주자(1130~1200)에 이르러 종합되고 체계화되었다.[3]

이들 벽불론은 불교의 본질을 정면으로 비판하기보다는 사회정치적이고 이질적 불교문화에 대한 문제점을 논했던 것이다. 정도전의 불교 비판도 이러한 논의의 연장선상에 있었다. 《불씨잡변》은 성리학적 세계관으로서 불교를 이단異端으로 배척하고자 하는 강한 의도로 쓴 글이라는 특성상 극단적인 두 가지의 형태로 받아들여졌던 듯하다. 여기서 불교에 대한 비판적 용어를 살펴보면, 불교를 배격한다는 의미의 배불排佛과 불교를 물리친다는 척불斥佛, 불교의 이론을 풀어 밝혀서 물리친다는 벽불闢佛, 불교를 억압한다는 억불抑佛 등의 용어

---

[3] 윤영해, 〈주자의 불교 비판 연구〉, 서울: 서강대학교 박사학위논문, 1997, 25~26쪽.

상 미묘한 차이에도 불구하고 혼용하고 있다.[4] 중국의 유학자들과 정도전은 '벽이단'이라고 했으며, 《조선왕조실록》에도 배불이나 척불이라는 용어보다는 벽불이 많이 쓰이고 있으며, 우리나라 유학자들도 벽불이나 척불을 많이 사용했다. 이 책에서도 이들 용어에 엄밀한 차이를 두지 않았지만 유학자들이 자주 쓴 벽불을 주로 하여 문맥에 따라 여러 가지로 사용했다.

고려 말부터 서서히 지펴진 배불에 대한 논의가 조선이라는 새로운 시대를 맞이하여 정책적으로 펼쳐지면서 대대적인 탄압을 받게 되었다. 태조대에 도첩제가 강화되었고 태종대에는 사찰 토지 몰수와 부녀자들의 사찰 출입 금지, 사찰 수의 제한, 팔관회·연등회 등 불교의례의 철폐 내지 축소가 이뤄졌다. 또 불교 종단을 11종에서 7종으로 통폐합하여 조계종, 천태종, 화엄종, 자은종, 중도종, 총남종, 시흥종 등만 남겨두었다. 세종대에는 태종대에 이어 불교종파를 선교양종으로 통폐합했고, 성종대에는 염불소 금지 등 지속적으로 불교에 대한 탄압이 이어졌다.

그럼에도 조선시대의 불교를 바라볼 때 정책적인 면과 실제 신행되었던 면은 구별하여 볼 필요가 있다. 기존의 억불일변도의 정책이 전 사회적인 영향력을 행사하여 마치 불교는 거의 사라진 듯한 기술이 많았다. 그러나 성종 11년(1480) 정극인丁克仁의 상소에 의하면, 전국의 대소 사찰의 수는 전라도 2,000곳, 경상도 3,000곳, 충청도 1,500곳, 강원·황해의 양도를 합쳐 1,000곳, 영안(1498년 함경도로 개명)·평

---

[4] 정병조, 〈여말선초 배불론의 사상적 성격〉, 《경하현성스님 환력기념논총 현대불교의 향방》, 서울: 현성스님환력기념논총간행회, 1999.

안 양도가 1,000곳, 경기·경산 1,000곳으로 합해서 9,500곳이며 승려의 숫자도 10만 5천 내지 6천을 상회한다고 하고 있다.[5] 다소 과장이나 일부 부정확한 점을 고려한다고 하더라도 당시의 인구에 비례할 때 실로 엄청난 숫자가 아닐 수 없다.[6]

국가적 불교로서 물적 토대를 갖추고 있었던 고려시대에도 유자들이 비판하듯이, 불교는 부패한 집단으로서의 불교만이 아니라 민인들의 생활에 깊이 파고들어 그들의 삶의 애환을 어루만지고 있었던 것이다. 조선시대에는 국가권력에 편승했던 불교의 물적 토대는 붕괴되고 있었지만 백성들은 여전히 그들의 신행을 이어가고 있었음을 볼 수 있다. 그러나 성리학자들이 비판했던 사실에 대한 자체적인 정화 능력의 부족과 무모한 비판에 대한 체계적이고 조직적으로 대응하지 못함으로서 상당한 고초를 겪게 되었다. 이것은 18세기 이후 비구니들을 중심으로 도성출입의 금지 조처가 마치 팔천八賤의 하나로 전체 승려들의 지위가 하락을 가져왔던 것으로 곡해되기도 했다.[7]

결과적으로 보면 시대와 정책적 변화에 따라 백성들의 삶에 밀착하지 못하고 지배권력층에 빌붙어 기생하던 불교는 서서히 힘을 잃어가게 되었다. 반면에 백성들의 삶과 함께 했던 불교는 지속적으로 영향을 미치면서 그들과 함께 하며 조선시대의 불교를 이끌어왔다.

---

[5] 《성종실록》 권122, 성종 11년 10월 경자.

[6] 《세종실록지리지》에 따르면 세종 14년(1432) 호수는 201,853호에, 인구는 692,475명으로 나타나고 있으나 이것은 남정을 가리키는 것이다. 실제에 가까운 호구는 《중종실록》 권101 중종 38년(1543) 12월 29일(기해)에 일반 호적상 호수는 836,669호이고 민구는 4,162,021구라고 하고 있다.

[7] 손성필, 〈조선시대 승려 賤人身分說의 재검토 : 高橋亨 주장에 대한 비판을 중심으로〉, 《보조사상》 제40집, 서울: 보조사상연구원, 2013, 51~81쪽.

2

정도전의
사상 형성의 기반

고려 말은 우리나라 역사상 가장 복잡하면서도 격동적인 시기였다고 할 수 있다. 100여 년 간에 걸친 무인들의 집권(1170~1270)과

몽고[元]의 침입, 그리고 원종元宗 12년(1271) 개경환도에서 공민왕 5년(1356) 자주적 개혁정치가 시작되는 시기까지의 86간의 몽

고 간섭기, 공민왕의 등극과 자주권 회복 등으로 이어지는 복잡다단한 시기였다. 이러한 시기에 원을 통해 안향은 성리학을 도입하게

된다. 고려 말 이전의 유자들은 하과夏課 등의 문화적 풍토로 인해 삼교정립의 원칙에 입각하여 실용적인 차원에서 불교를 비판하거

나 이해하고 있다. 성리학의 도입 이후에도 유불의 조화론, 소극적 벽불론, 적극적 벽불론이 병존했다. 하지만 점점 불교경전을 읽는

것조차 터부시하는 등 기본적인 이해도 없이 적극적으로 불교를 배척하는 경향은 더욱 심화되어갔다. 그 가운데에 정도전이 자리 잡

고 있었다.

고려 말 조선 초의 시대적 동향

고려 말은 우리나라 역사상 가장 복잡하면서도 격동적인 시기였다. 100여 년에 걸친 무인들의 집권(1170~1270)과 몽고[元]의 침입, 그리고 원종元宗 12년(1271) 개경환도에서 공민왕 5년(1356) 자주적 개혁정치가 시작되는 시기까지의 86년간의 몽고 간섭기,[1] 공민왕의 등극과 자주권 회복 등으로 이어지는 복잡다단한 시기였다.

국외적으로도 중국대륙에서는 원나라가 북쪽으로 밀려나고 주원장朱元章에 의해 명明나라가 건국되는 교체기交替期로 동북아시아의 정세는 복잡하게 변화하고 있었다. 이러한 틈을 이용하여 요동과 만주지역에서는 홍건적 등이 크게 성장하여, 고려 국경을 넘나들며 침략했다. 공민왕 때에는 홍건적에 의해 개성을 빼앗기기도 했다. 그뿐만 아니라 일본의 해적들인 왜구들이 고려의 전 해안선은 물론 내륙

---

[1] 몽고와의 관계는 고종 6년(1219) 강동의 역에서 시작하여 원이 명나라에 의해 쫓겨 가는 공민왕 17년(1368)까지 150년간 관계가 이어졌다. 그중 몽고간섭기는 원종 12년에서 공민왕 5년까지가 타당하다고 본다.

까지 쉴새없이 약탈하고 있었다. 이로인해 고려의 국력이 소진되고 있었던 시기였다. 또 원과 고려는 모두 불교를 숭상했으며, 정치적으로 특수한 관계로 인해 양국 불교계의 내왕과 교류 등이 활발하게 이루어지고 있었다. 그러나 명나라 건국 이후 문화적인 측면에서 불교의 교류는 거의 단절되는 국면에 이르게 되었다.[2]

국내적으로는 원종 이후 계속되던 원의 간섭이 고착화되면서 평온했던 정치적 상황이 공민왕의 등극으로 새로운 국면을 맞게 되었다.[3] 공민왕은 몽고의 풍속을 없애는 것과 부원 정치세력의 숙청 등 국권회복을 위한 개혁정치를 시작한다. 이러한 국권회복을 위한 조치는 공민왕 5년(1356)부터 본격화되었다. 공민왕은 친원파의 숙청, 정동행성征東行省의 폐지, 쌍성총관부雙城摠管府의 탈환으로 철령 이북의 영토 수복, 관제 회복 등과 같은 반원反元 개혁정책을 단행하면서 구폐를 일신하고 자주권自主權을 되찾고자 했다. 또한 이 과정에서 공민왕과 신돈辛旽의 새로운 정치세력의 필요에 따라 1376년 성균관의 중영과 국왕의 친시 부활 등이 이루어졌다. 이것은 곧 신진사대부들의 세력을 결집시키는 결과를 가져왔다. 이들의 성장은 결국 친원세력이었던 권문세족들과의 대립으로 이어졌다. 이는 국외의 복잡한 정세 변화와 맞물려 외교정책에서뿐만 아니라 국내의 정치·경제·사회적인 여러

---

[2] 황유복·진경부,《한중불교문화교류사》, 서울: 까치글방, 1995; 황유복,〈원나라와 명나라 초기 중·조 불교문화 교류〉,《태고보우국사논총》, 서울: 대륜불교문화연구원, 1997, 241쪽.

[3] 권기종은 14세기의 시대배경을 사회적 측면과 문화적 측면으로 나누어, 전자는 정치적 격동기로, 후자는 선종을 비롯한 승풍의 문란 등 불교계의 타락과 왜곡된 불교신행에 대한 각성과 새로운 진로의 모색이라는 불교적 측면을 들고 있다.《고려시대 선사상 연구》, 서울: 한국불교연구원, 2002, 217쪽;《불교사상사연구》하, 서울: 한국불교연구원, 2004, 163쪽 재수록.

문제들에서 친원파와 친명파 간 대립을 불러왔다. 공민왕 시해(1374) 후 이인임(?~1388)을 비롯한 권문세족들이 우왕을 옹립하여 권력을 장악하자 신진사대부들은 유배를 당하게 된다.

이듬해 정도전은 북원北元의 사신이 명을 협공하기 위해 입국할 때 영접사로 임명되자 '사신들의 목을 베겠다'며 저항하다 전라도 나주 회진현 거평부곡(현 나주 다시면 운봉리 백동)으로 유배를 당하게 된다. 이는 한편으로는 신구의 갈등이자 친원적이며 권문세족들 중심이었던 일부 불교계와 성리학을 신봉하는 신진사대부들과의 대립으로도 이어져 있었다. 결국 이성계와 신진사대부들의 협력으로 1388년 위화도회군을 단행하면서 이들이 정권을 장악하고 정도전은 이 해 성균관 대사성에 오르게 되었다.

당시 불교계를 살펴보면, 건국 초부터 왕실의 적극적 후원을 받아 국가불교로 발전했던 고려불교는 국초부터 승려들은 승려대로 재가자들은 재가자대로 각기 주처住處와 원당願堂 등 많은 사찰을 건립했다.[4] 이에 따라 승려의 수가 증가하게 되고 이 중에는 노역을 면하기 위해 사찰로 도피하는 자도 있었으며, 또한 불사佛事의 조영造營에 지나치게 사치를 하기도 했다. 뿐만 아니라 이같이 수많은 사찰을 본거지로 하여 승려들은 광대한 전지田地와 막대한 수의 노비를 소유했으며 사패賜牌를 빙자하여 전지의 확대를 꾀하는 등 그들의 경제 기반

---

[4] 《고려사》 권85, 〈형법지 금령조〉에 정광 최승로가 올린 글을 보면, "일반 풍속에 따라 남을 위하여 좋은 일을 한다는 명목으로 각자의 소원에 따라 불당을 짓는데 그 수가 대단히 많습니다. 게다가 서울과 지방의 승려들이 다투어 절을 짓습니다[世俗 以種善爲名 各隨所願 營造佛宇 其數甚多 又有中外僧徒 競行營造]."

구축에 전력을 기울였다.[5] 이때 더욱 문제시되었던 것은 경제적인 풍요로 인해 일부 승려들의 도덕규범이 무너지고 가짜 승려들이 온갖 비행을 저지르는가 하면 주지승들 간에 사원 쟁탈전이 벌어지는 등 불교교단이 극심한 타락상을 보인 것이다.[6]

이러한 상황에서 원나라에서 신비주의적인 밀교密敎라고 할 수 있는 티베트불교가 전래되면서 불교의 의례적인 성향도 짙어져 갔다. 고려 전기 불교의 신비적·주술적 경향은 중국 왕래가 단절된 상태에서 민간신앙을 흡수하여 독자적으로 발전했기 때문에, 선종의 승려에 비해 교종의 승려들에게 많이 나타나고 있었다.[7]

무신난武臣亂 이후에는 불교의 지방화 과정에서 민중적인 성격을 띠게 됨에 따라 그들과 친숙했던 신비적·주술적인 요소가 다시 가미되어 나타나게 되었다.[8] 고려 후기에는 원과의 교류를 통해 밀교의례적인 요소가 많은 티베트불교가 유입되어 이러한 경향성은 더욱 강해졌다. 티베트불교의 밀교신앙 자체가 미신적인 것이 아니라 선禪이나 천태교학에 비해 다양한 의식을 행하므로 미신을 유발할 가능성을 지

---

[5] 《고려사》 권84, 〈형법지 금령조〉, 충선왕이 즉위(1298)하여 개혁교서를 반포한 내용 중에, "사원 및 (도교의) 초제를 지내는 여러 곳에서 그 고장에 있는 양반의 토지를 점유하여 사패전을 함부로 받아 가지고 농장을 경영하는데 지금부터는 해당 기관에서 이를 철저히 조사하여 본 주인에게 각각 돌려주어야 한다[寺院及醮醴諸處所 據執兩班田地 冒受賜牌 以爲農場 今後 有司窮治 各還其主]."

[6] 《고려사》 권85, 〈형법지 금령조〉, 충숙왕 8년(1339) 감찰사에서 내린 금령에는 "근년에 선교사원의 주지들이 토지의 산물에 탐을 내어 오로지 쟁탈을 일삼으며 그것으로 하여 사원을 파괴하는 데까지 이르고 심한 자는 간통을 하여 불교를 더럽히고도 도무지 부끄러워하지 않는다[近年禪敎 寺院住持 利其土生 專事爭奪 以致毀壞寺宇 甚者 犯奸作穢 曾莫之恥]"라고 하고 있다.

[7] 허흥식, 〈고려후기 불교계의 동향〉, 《고려불교사연구》, 서울: 일조각, 1986, 442쪽.

[8] 진성규, 〈13세기 불교계 동향과 이승휴〉, 《이승휴연구논총》, 강원: 삼척시, 2000, 378~379쪽.

니고 있다는 것이다.[9]

여기서 라마교에 대해 간략하게 살펴보겠다. 고려 말 원나라를 통해 들어온 불교를 흔히 라마교喇嘛教라 부른다. 라마교는 인도에서 티베트로 전해진 대승불교와 밀교가 티베트의 고유 신앙인 뵌교와 동화하여 정착된 티베트불교를 말한다. 라마는 상인上人, 즉 지덕을 갖춘 고승을 의미하는 blama에서 유래했는데, 후에는 일반승려도 라마라고 부르기도 한다. 하지만 통상적으로 일반 승려는 짜바札巴라고 불렀다. 왜냐하면 티베트불교는 제1대 까르마파의 린포체인 뒤쑴켄빠(1119~1193)에 의해 환생불, 활불사상이 등장하여 고승인 라마를 부처와 동일시했기 때문이다.

이처럼 티베트불교는 불법승 삼보에 라마보를 더하여 4보四寶에 귀의했다. 그렇기 때문에 13세기 중반 프란체스코 소속 선교사인 빌렘 반 루이스브루크Willem van Ruysbroeck(1215~1295)는 몽고에서 지낸 6개월간의 여행기를 통해 티베트불교를 유럽인들에게 처음 소개하면서 라마이즘Lamaism이라 했다. 이 말은 라마를 신봉한다는 협소한 견해이자 격하된 의미를 담고 있다. 그러던 것을 명치시대 이후 일본인들이 라마교라 했다. 우리나라에서도 일본인이 명명한 것을 그대로 받아들여 라마교라 했다. 하지만 《고려사》나 《조선왕조실록》에서도 라마승, 라마 등으로 쓰이고 있으며, 라마교라고 쓴 예는 거의 찾아볼 수 없다. 티베트인들도 라마교라 하지 않으며 불교인 산게끼쵸에桑結登巴(sans rgyaskyi chos)라고 하거나 금강승불교金剛乘佛教(Vajrayana Buddhist)라고 한다.

[9] 서윤길, 〈고려 말 임제선의 수용〉, 《고려밀교사상사연구》, 서울: 불광출판사, 1994, 336~343쪽.

티베트불교가 몽고를 통해 전래된 과정은 티베트의 승려 도꽨최걜
팍빠Drogon chos rgyal 'phags pa(1235~1280)가 칭기즈 칸의 손자인 고
단 칸Godan khan의 초청으로 몽고를 방문한 것이 계기가 되었다. 팍
빠는 몽고어를 표기하는 새로운 문자를 고안했고, 쿠빌라이 칸은 이
에 감동하여 불교를 몽고의 국교로 정했다. 이렇게 하여 고려 말에 밀
교적 성격이 강한 티베트불교가 원나라를 통해 전해지게 되었다. 이
런 과정을 거치면서 티베트불교는 원래 티베트를 중심으로 하여 중국
이나 만주, 몽고는 물론 네팔 등에서도 발달하게 된다.

티베트불교를 라마교로 부를 정도로 외부인의 눈에 비친 티베트불
교는 라마에 대한 존숭이 대단한 종교임에는 분명하다. 이러한 영향
으로 고려에서도 승려들의 우대는 이전에 비해 증가하고 원이 승정에
관여하면서 종파 간의 갈등과 승규僧規의 문란이 심해졌다.[10]

이 시기에 분열된 종단을 통합하고 타락한 고려불교를 바로 세우기
위한 고승들의 노력이 있었다. 그 대표적인 인물로는 태고보우太古普
愚(1301~1382)와 나옹혜근懶翁惠勤(1320~1376) 등을 들 수 있다. 이들
은 교단 자체의 문제점을 제기하면서 스스로를 반성하고 선풍진작을
위해 임제선臨濟禪을 도입하는 등 불교계의 새로운 변화를 모색했다.[11]

태고보우는 신라 말 고려 초에 형성되었던 구산선문에 대해, 다음
과 같이 지적하면서 당시 불교계의 폐단을 비판하고 있다.

지금 9산의 선객들은 각각 그 산문을 등에 업고 피차의 우열만을 따지며

---

[10] 서윤길, 〈고려 말 임제선의 수용〉, 394~395쪽.

[11] 권기종, 〈백운의 선사상 연구〉, 《불교사상사연구》 하, 서울: 한국불교연구원, 2004, 258쪽.

싸우다가, 요즘에는 도문으로써 더욱 심하게 창과 방패를 쥐고 울타리를 만드니, 그로 말미암아 화합을 해치고 정도正道를 깨트린다.[12]

태고보우는 국사國師로서 국가 권력에 힘입어 행정으로 변화를 꾀하고자 했다. 반면에 나옹은 공부선工夫禪을 비롯하여 회암사 중창불사 등을 통해 인재양성과 중생교화에 전념하여 불법을 중흥하고자 했다. 하지만 이런 노력에도 불구하고 승려들의 타락과 사원의 부패상은 점차 심해져갔다. 또한 이들의 불교계 혁신 노력은 나옹선사의 회암사 중창불사 이후 흥성해지는 불교계의 새로운 모습에 긴장한 대평臺評의 건의로 밀양 영원사로 옮기게 하는 등 성리학자들의 저지와 보수적인 정치적 성향으로 인해 불교중흥을 이룩하지 못하고 말았다.

결국 이 시기에 1,000여 년간을 정신적 지주로서의 역할을 해왔던 불교가 성리학으로 바뀌어 가는 사상적인 전환의 단초가 마련되었다. 무신난 이후 유교를 숭상하던 문벌귀족이 붕괴되어 가면서 세속을 등지고 승려가 되어 목숨을 유지하는 등 불교에 예속되어 명맥을 이어가던 유교가 원나라로부터 새로이 유입된 성리학으로 무장한 신진 유학자들이 등장하여 새로운 사회세력을 형성했다. 이들은 당시 사회적으로 만연해 있던 불교의 부패상을 비판하면서 그들 세력의 성장을 도모하는 한편, 불교와 관련된 경제기반을 재편하려는 경제변혁으로

---

12 《태고화상어록》, 〈행장〉《한불전》 6), 698쪽 하, "雖然今也 九山禪流 各負其門 以爲彼劣我優 閧鬪滋甚 近者益之道門 持矛盾作藩籬 繇是傷和敗正."

傳法初祖太古禪師

태고보우국사 진영(법주사 소장)

까지 발전하면서 정치적 문제로 떠올랐다.[13] 그러나 이러한 비판은 불교만을 대상으로 한 것이 아니라 사회 전반에 만연된 권문세족들을 대상으로 한 것이 주류였다. 대표적으로 경제기반의 재편을 위한 제도개혁의 핵심은 사전私田의 혁파와 과전법 반포 등을 들 수 있다.[14] 그럼에도 사상적 기반을 형성하기 위해 불교계의 폐단을 지적했던 것이다.

---

[13] 이봉춘, 〈조선 초기 배불사 연구〉, 서울: 동국대학교 대학원 박사학위논문, 1990, 9~58쪽.
[14] 김당택은 사전 혁파는 고려의 지배질서를 파괴하는 것으로 고려왕조의 부인과 다를 바 없는 조치였다고 하고 있다. 《이성계와 조준·정도전의 조선왕조 개창》, 광주: 전남대학교출판부, 2012, 205~239쪽.

고려시대 유자들의 불교관

충렬왕대 안향安珦 등에 의해 수입된 주자성리학을 역사적인 맥락에서 살펴보기 위해서는 고려 유학사의 흐름을 짚어보아야 한다.

고려 유학사는 주자성리학의 도입을 기점으로 두 가지 관점으로 나누어볼 수 있다. 첫째는 주자성리학 도입이전의 유자들은 현실적인 폐단 등의 문제로 인해 불교를 비판하기는 했으나 각기 나름대로의 의미와 존재의 필요성에 대해 인정했다. 둘째, 반면에 주자성리학의 도입이후 그 실천적인 경향으로 인하여 성리학 이외의 것은 이단으로 치부하며 현실적으로나 이론적으로 비판을 가했다.

성리학의 도입에서도 두 가지 경향을 엿볼 수 있다. 첫째, 충렬왕대에 수입된 성리학이 갑자기 몇몇 문인들에 의해 받아들여진 것이 아니라, 고려 유학의 자체 성숙과 발전 과정에서 필연된 것이라는 점이다.[15] 이는 유학사를 중심으로 연구해온 이들이 주장해온 내용으로 유교의 내재적 발전을 강조한 것이다. 둘째는 안향 등에 의해 수입된 주

---

[15] 대표적으로 이원명을 들 수 있다. 《고려시대 성리학 수용연구》, 서울: 국학자료원, 1997, 94쪽.

자성리학 이전과 이후를 별개로 보는 관점이다. 이는 무신의 난으로 문벌세력이 붕괴되는 과정에서 유학계의 인물들이 입산하여 승려가 되기도 했으며, 또한 이들 가운데 다시 환속하여 관계官界로 진출하는 이도 있었다. 따라서 고려 말에 불교를 배척하는 모습과는 달리 그 이전의 유학은 불교에 종속적인 차원으로 그 명맥을 유지하고 있었다고 보고 있다.[16]

유교의 내재적 발전이나 별개로 보는 관점을 성리학의 도입을 전후로 전적으로 수용할 수는 없다. 하지만 그 연관성이 전혀 없다고 할 수 없다. 그러므로 본 장에서는 고려 유학의 역사적인 맥락을 인물 중심으로 살펴보고자 한다. 물론 고려 말 이전의 불교 비판이 정도전에게 직접적인 영향을 주었다고 보기는 어렵다. 그러나 그 흐름을 살펴봄으로써 성리학의 도입 전후의 정도전으로 이어지는 유학자들의 불교관의 유사성과 차이점을 비교할 수 있을 것이다.

고려시대의 유학사상의 전개를 세분화하면 초기·중기·후기로 나누어볼 수 있다. 초기는 문종文宗 이전으로, 중기는 문종(1019~1083)에서 예종睿宗·인종仁宗(의종毅宗까지 포함)의 11~12세기 중엽까지(무신난 이전), 후기는 안향 등에 의한 주자성리학이 도입되는 시기부터다. 하지만 고려시대의 유학자들의 불교관은 크게는 주자성리학의 도입으로 인해 불교 비판의 성격이 뚜렷해진다. 그러므로 이를 기준으로 고려 말 이전과 이후로 나누어 살펴볼 수 있다.

[16] 진성규, 〈13세기 불교계 동향과 이승휴〉, 379쪽.

성리학 도입 이전

고려 전반기를 대표할 만한 유학자들로는 최승로崔承老(927~989), 최충崔沖(984~1068), 김부식金富軾(1075~1151), 이규보李奎報(1168~1241) 등을 들 수 있다. 이 가운데 고려 초의 최승로와 고려 중기의 이규보를 중심으로 살펴보겠다.[17] 전반적인 흐름을 이해하기 위해 고려 전반기까지 우리나라의 유교사를 간략하게 개괄해 보겠다.

우리나라에 중국의 유교가 언제 전래되었는지에 대해서는 아직 명확하게 밝혀지지 않고 있다. 우리나라의 유교의 기원에 대해서 이기백은 기자조선설箕子朝鮮說, 낙랑시대설樂浪時代說, 삼국시대설三國時代說 등 세 가지로 정리하면서 이 가운데 유교의 사회적 기능을 학교에서 찾으면서 고구려 소수림왕 2년에 설립된 태학을 중요한 기점으로 삼아 삼국시대설을 취하고 있다. 김충렬은 은·주교체기 발단설, 진·한시기 유입설, 삼국시대 기원설, 고구려 태학의 설립시점 기준설로 세분하여 설명하고 있다.

이런 점에서 우리나라의 유교는 전래라는 시발점보다는 유교의 전개라는 측면에서 일반적으로 고구려 소수림왕 2년(372) 태학太學의 설립을 중요한 기점으로 보고 있다.[18] 그 이후 신라의 강수强首(?~692),

---

[17] 정도전은 《삼봉집》 권3, 〈도은문집서〉에서 보면, 고구려의 을지문덕, 신라의 최치원, 고려의 시중 김부식, 학사 이규보, 익재 이제현, 가정 이곡, 초은 이인복, 목은 이색 등을 문학지유로 삼고 있다. 이 책에서도 정도전이 꼽은 성리학 도입 이전의 두 인물을 살펴보는 것이 좋을 듯하나, 그들은 비슷한 시기에 생존했으므로 이보다 앞선 고려 초기의 최승로를 살펴보기로 한 것이다.

[18] 이기백, 《신라사상사연구》, 서울: 일조각, 1986; 김충렬, 《한국유학사》, 서울: 예문서원, 1998.

설총薛聰(655~?), 최치원崔致遠(857~?) 등의 활약이 두드러지게 나타나고 있다.

고려 건국 초기에 최응崔凝(898~932)은 태조에게 간언하기를 "세상이 어지러울 때일수록 문덕을 닦아 인심을 얻어야 합니다. 왕자는 비록 전쟁터라 할지라도 반드시 문덕을 닦아야 합니다. 불교나 음양에 의지해서 천하를 얻었다는 말은 들어보지 못했습니다"[19]라고 했다. 이에 대해 태조 왕건은 다음과 같이 말하고 있다.

짐이 어찌 그걸 모르겠는가? …… 다만 부처와 신명의 은근한 도움과 산수의 영험을 입어 혹시 효험을 볼까 하는 고식책일 뿐이다. 어찌 그것으로써 나라를 살리고 백성의 인심을 얻기 위한 대경大經을 삼겠는가. 난亂이 평정되고 민인이 평안하기를 기다려 풍속을 바꾸어 교화를 아름답게 할 것이다.[20]

이를 통해 보면 고려는 건국 초기에 불교가 상하층을 막론하고 전반적으로 흥성했음에도 불구하고 정치적 지도이념, 즉 통치원리나 실천도덕으로서는 유학이 자리를 차지하고 있었음을 알 수 있다. 다시 말해 국가의 중요한 지위를 점하고 있던 문신계층은 기본적으로 불교를 신봉한다고 하더라도 유교의 준봉자들이었다는 사실이다.

이후 유학자들은 광종 9년(958) 귀화인인 쌍기雙冀의 건의에 따라 실

---

[19] 《보한집》 상, 1항, "參謀崔凝起柬曰 傳曰 當亂修文 以得人心 王子雖當軍旅之時 必修文德 未聞依浮屠陰陽 以得天下者."

[20] 《보한집》, "太祖曰 斯言朕豈不知之 …… 唯思佛神陰助 山水靈應 儻有效於姑息耳 豈以此爲理國得民之大經也 得定亂民安 正可以移風俗美敎化也."

시된 과거제科擧制에 의해 등용되었다. 과거시험과목들 중에는 시·서·역·춘추·예기 등의 유교경전들이 포함되어 있었기 때문에[21] 정치적 통치원리로 작용했음을 알 수 있다. 이것의 구체적인 예로는 현종 2년(1011) 거란족의 침입으로 소진된 궁궐의 복원 이후 불교적 명칭인 중광전이 유교식인 강안전으로 바뀐 것을 들 수 있다. 이러한 점에 비추어볼 때, 고려 말 문신들이 신왕조 건설의 이념으로 신유학인 성리학을 들고 나온 것은 인과에 의한 당연한 일이었을 수도 있다.[22]

물론 의종 24년(1170)에서 충렬왕 원년(1275)까지를 유학의 쇠퇴기이자 암흑기로 보아 유교의 역할을 인정하지 않는 견해도 있다.[23] 그럼에도 고려 말의 성리학자들은 선대의 유학자들이 도덕과 교화의 소임을 잃어버리고 오직 사리사욕을 추구하는 데 대한 반성없이 불교의 폐해상들을 지적하는 데 급급하고 있다. 이것은 불교가 점하는 사회적 중요도도 있었겠지만 반면에 모든 문제를 불교로 돌려 유학자들의 정치적 도의는 덮어버리고자 한 이유도 없지 않다. 이면에는 《고려사》의 찬자들이 조선 시대의 성리학자들이었음도 한 몫을 하고 있다. 어찌되었든 과거제의 시행 이후 유학은 크게 발전하여 성종대에 이르면 고려의 지배층에서 확실한 자리를 잡게 되었고 문종대에 이르러 그 위세를 크게 떨치게 된다.[24] 성종대에 유학이 확실하게 자

[21] 이원명, 《고려시대 성리학 수용연구》, 37~44쪽 도표 참고.

[22] 이상백, 〈유불양교 교대의 기연에 대한 일연구〉, 《한국문화사연구논고》, 서울: 을유문화사, 1984.

[23] 김충렬, 《한국유학사》, 227~229쪽.

[24] 김상기, 《신편 고려시대사》, 서울: 서울대학교출판부, 1985, 130쪽; 이원명, 《고려시대 성리학 수용연구》, 146~148쪽.

리를 잡아나가는 데 있어서 중요한 역할을 한 이가 바로 최승로다.

최승로

최승로(927~989)는 어려서부터 총명하여 12세(태조 21년, 938)에 태조의 부름을 받아 《논어》를 읽고 칭찬을 받았다[25]고 한다.

그런데 그의 출생과 출생 이후 생사의 기로에서 살아남을 수 있었던 것은 불교적 신앙과 관련되어 있다. 《삼국유사》 권3의 〈탑상〉 4 '삼소관음 중생사三所觀音 衆生寺' 조를 보면, 그의 출생과 유아기에 얽힌 재미있는 이야기가 실려 있다.

그의 부친 최은함崔殷諴(含)은 아들이 없어 당시 영험하기로 소문난 중생사 관음보살상 앞에 가서 아들 낳기를 기도했다. 그로 인해 낳은 자식이 승로였다. 그런데 태어난 지 겨우 3달도 되지 않아 진훤(견훤)의 후백제군이 침공하여 다급해진 그의 부친은 아들을 다시 중생사 관음보살상 아래 숨겨놓고 피난을 했다. 보름이 지나 다시 찾았음에도 젖 냄새가 입에 남아 있는 듯했다고 한다. 이처럼 그의 부모는 신심 깊은 불교도들이었다. 그의 손자인 시중 최제안崔齊顔은 경주 천룡사를 개축하여 석가만일도량을 설치할 정도[26]로 불교를 깊이 신행했다. 그러나 아이러니컬하게도 그만이 유교에 주력하고 있음을 알 수 있다.[27]

그의 불교와 관련된 또 다른 자료는 《고려사》의 〈열전〉에 나오는 '시무28조' 등이다. '시무28조'는 성종 원년(982) 정광행선관어사상

[25] 《고려사》 권93, 〈열전〉 6, "최승로전."
[26] "衆生寺大聖所乳崔殷諴之子承魯 魯生肅 肅生侍中齊顔 顔乃重修起廢 仍置釋迦萬日道場 受朝旨 兼有信書願文."
[27] 이기백, 〈최승로의 유교적 이상국가〉, 《한국사시민강좌》 제10집, 서울: 일조각, 1992, 37~47쪽.

주국正匡行選官御使上柱國이 되면서 황제의 명에 의해 나라를 올바로 이끌기 위한 방향을 제시하기 위해 올린 글이다. 여기에는 그의 불교관이 잘 드러나 있다.

'시무28조'는 기본적으로 중앙집권적 유교정치를 실현하기 위한 입장을 바탕으로 하고 있다. 28조 중 현전하는 것은 22개조이며 6개조는 전하지 않고 있다. 현전하는 22개의 내용들을 간략하게 정리하면 〈표 1〉과 같다. 전하지 않는 6개조는《고려사》기술의 성격 등과 관련하여 볼 때, 불교에 대한 긍정적인 언급이나 유자들의 태도나 유교에 대한 비판 부분이 빠졌을 것으로 보인다.[28]

이 가운데 불교와 관련된 내용들은 다른 조목에 비해 전체의 약 1/3로 많은 부분을 차지할 뿐만 아니라 상세하게 서술하고 있다.[29] 그 조목은 2·6·8·10·13·16·18·20조다. 이를 통해서 당시의 불교계 상황의 일면, 즉 공덕신앙[30]이나 황실의 불신숭배佛身崇拜, 현실적인 폐단 등을 이해할 수 있다.[31]

---

[28] 이병도는 경술병란庚戌兵亂 때 6개조가 없어졌다고 한다(《한국유학사》(서울:아세아문화사, 1987), 62쪽). 6개조의 내용에 대해서 김철준은 대송, 대거란과의 사대교린, 교린이도交隣以道의 외교관계, 중앙관제와 교육제도의 정비관계, 소목제도昭穆制度, 외척세력 내지 비빈문제, 토지제도, 조세제도에 관한 것으로 추정하고 있다(《최승로의 시무이십팔조에 대하여》,《조명기박사화갑기념 불교사학논총》, 서울: 동국대학교도서관, 1965). 김복순은 훈요십조의 영향이 두드러진 점을 감안할 때 고려조의 건국이념으로서의 불교에 대한 부분이 빠졌을 것으로 상정하고 있다(〈최치원과 최승로〉,《경주사학》제11집, 경주: 동국대학교 국사학과, 1992, 52쪽).

[29] 이에 대해서는 논자에 따라 8개조(2·4·6·8·10·16·18·20조—김철준,〈최승로의 시무이십팔조에 대하여〉, 238쪽), 9개조(김복순), 10개조(오지섭) 등 다양한 견해가 드러나고 있다.

[30] 김복순,〈최치원과 최승로〉, 50쪽.

[31] 김철준,〈최승로의 시무이십팔조에 대하여〉, 246쪽.

<표 1> 시무28조 정리

조	내용	조	내용
1	국경의 확정과 방어	12	섬사람들의 공물과 요역 경감
2	공덕재功德齋 등 불사의 제한보시布施	13	연등회, 팔관회의 축소와 우인偶人 사용 금지
3	왕실 시위 군졸의 축소	14	신하 예우와 법치의 실현
4	행려行旅에의 시여보다 상벌을 밝게 하여 권선징악勸善懲惡하면 복을 이룸	15	왕실 내속 노비와 기마騎馬의 수 감소, 광종대의 과도한 불교행사 비판
5	중국에 대한 사신 감축과 사무역 금지	16	적선積善을 이유로 한 무분별한 사찰 건립 금지
6	불보전곡佛寶錢穀의 이익행위 금지	17	신분에 따른 가옥제도家屋制度의 확립
7	지방관의 파견	18	불경·불상에 금·은 등 보물장식 금지
8	승려의 궁중 출입 금지	19	삼한공신三韓功臣과 세가世家의 자손 녹용
9	복식 제도의 정비	20	왕의 불법 숭신 억제, 유교 정치 실현
10	승려의 객관客館·역사驛舍 유숙 금지	21	산악성수山嶽星宿에 대한 초제醮祭의 금지
11	무분별한 중국 문물의 수용 제한	22	노비의 신분규제(노비안검법의 중단)

　불교적인 가정과 사회 환경 속에서 자란 그가 장성하면서 유학을 공부하고 '시무28조'를 통해 불교를 비판한 이유는 무엇일까? 이를 살펴보기에 앞서 먼저 그가 어떤 경로를 통해 유학을 공부하게 되었는지에 대해 짚어 보는 것도 유의미할 것이다. 하지만 그가 어떤 경로로 유학을 공부하게 되었는지 명확하게 알 수 있는 사료들은 아직까지 확인할 수 없다. 다만《고려사》〈열전〉에 "12세에《논어》를 읽고 문리文理를 알 정도였다"고 하고 있다.

　이는 당시 신라의 멸망과 고려의 건국을 기점으로 한 격동기에서 불교신앙심이 돈독했던 부모들 또한 불교의 폐해상과 정치적 변동에 영향을 받아 향후 정치적인 지위를 확보하기 위한 노력의 일환으로 유학을 공부시켰을 것으로 보인다. 그러나 그는 '시무28조'에서 겸사로써 표현한 말이기는 하겠지만 '학술조차 배운 것이 없다'는 표현 등으로 보아 12세에 원봉성元鳳省의 학생으로 문필의 임무[文翰]를 맡으면서부터[32] 더더욱 현실적인 정치상황의 중심에서 변화를 지켜보며 나름대로 익히고 키운 것이 아닌가 생각된다.

그렇다면 그가 불교를 비판한 이유는 무엇일까? 첫째는 중앙집권적 유교의 이상 정치를 실현하기 위함이었다.[33] 그는 시무 20조에서 다음과 같이 밝히고 있다.

> 사람의 화복과 귀천은 모두 다 출생할 때에 타고 난다고 하니 마땅히 순종하여 받을 것이며 하물며 불교를 숭상하는 자는 다만 내생의 인과를 심을 뿐이요 당대에 이익 되는 것이 적으므로 나라를 다스리는 요결이 아마도 여기에 있는 것 같지는 않습니다.[34]

여기서 그는 불교는 내생의 인과를 심을 뿐, 당대에 이익이 되지 않는다는 부분을 강조하고 있다. 이는 유교의 현세적인 사상에서 기인한 것이라 할 수 있다. 이는 일찍이 신라시대 최초의 유학자인 강수強首가 당시에 유행하던 불교가 아닌 유교를 선택한 이유를 불교는 세

---

[32] 《고려사》 권93, 〈열전〉 6, "최승로전", "年十二 太祖召見 使讀論語 甚嘉之 賜塩盆 命隷元鳳省學生 賜鞍馬·例食二十碩 自是 委以文柄."

[33] 그의 평가와는 별도로 광종은 과거제도 실시를 통해 중앙집권적 유교적 정치이념을 성립시키는 계기를 만들었다. 최승로의 정치적 주장 또한 중앙집권적 귀족정치의 이념실현에 있다고 하고 있다. 이기백, 《신라사상사연구》, 237~241쪽.

[34] 《고려사》 권93, 〈열전〉 6, "최승로전", "人之禍福貴賤 皆禀於有生之初 當順受之 況崇佛敎者 只種來生因果 鮮有益於見報 理國之要 恐不在此."

외교世外教요, 유교가 현세적現世的이기 때문이라고 밝힌 것[35]과 같은 맥락이라 할 수 있을 것이다.

둘째는 당대 불교계가 안고 있었던 현실적인 폐단을 비판하기 위함이었다. 이는 크게 정치와 경제, 사회 부문으로 나누어 볼 수 있을 것이다. 그 내용을 보면 첫째, 정치부문은 왕이 인과응보설因果應報說에 미혹되어 자기의 죄악을 없애고자 백성의 고혈을 짜내서 설행하고 있는 공덕재功德齋 등 불교행사를 폐지할 것(2조), 승려를 궁중으로 맞아들이지 말 것(8조) 등이다. 둘째, 경제부문으로는 백성에게 피해를 주는 불보전곡佛寶錢穀의 장리長利 행위를 금지시킬 것(6조), 불경의 사경과 불상조성에 금은 등 진귀한 보물을 장식하지 말 것(18조), 왕의 과다한 불사 설행은 백성들의 재산을 허비하고 그들을 괴롭히는 일이므로 불사를 제한할 것(20조) 등이다. 셋째, 사회부문으로는 승려들이 군현을 왕래하여 객관·역사에 숙박하여 관원과 백성들을 괴롭히는 폐해가 있으니 이를 금할 것(10조), 봄의 팔관회와 겨울의 연등회로 백성들의 부역이 심한 것을 중지할 것(13조), 서울과 지방의 승려들이 사택을 짓기 위해 백성을 징용하는 것을 금지시킬 것(16조) 등이다.

이러한 비판에도 불구하고 《삼국사기》에는 "불법을 받들고 믿는 것이 비록 선善하지 않다고 할 수 없다"고 하여 불교를 믿는 것 자체가

---

[35] 《삼국사기》 46, 〈열전〉 6, 〈강수전〉, "아버지가 그의 뜻을 알아보기 위해 물었다. '불교를 배우겠느냐 유교를 배우겠느냐? 대답하기를 '제가 듣기로는 불교는 세외교世外敎라고 합니다. 저는 속세 사람이온데 어찌 불교를 배우겠습니까? 유자의 도를 배우고자 합니다[父欲觀其志 問曰 爾學佛乎 學儒乎 對曰 愚聞之佛世外敎也 愚人間人 安用學佛爲 願學儒者之道].'"

나쁘지 않음을 말하고 있다.[36] 다시 말해서 불교를 배척하거나 비난을 위한 것은 아니라는 사실이다.[37] 이는 당시 불교계의 폐해상이 그만큼 컸다는 반영이자 한편으로는 그가 그려놓은 중앙집권적 유교정치의 실현을 위한 초석으로 광범위하게 영향력을 행사하고 있던 불교계에 타격을 입히고자 하는 의도도 다분히 포함되었으리라 생각된다. 하지만 그는 '삼교각유소업三敎各有所業' 이라고 하여, 유교와 불교, 선교가 각각의 역할이 있다고 보았다.

> 3교(유교, 불교, 선교)는 각기 다른 목적을 가지고 나가므로 이것을 혼동하여 하나로 할 수는 없습니다. 즉 불교를 행하는 것은 자신을 다스리는 근본이 요 유교를 행하는 것은 국가를 다스리는 근원입니다. 자신을 닦는 것은 내 생의 밑천이며 나라를 다스리는 것은 오늘의 급무입니다. 금일과는 가깝고 내생은 지극히 머니 가까운 것을 버리고 먼 것을 구함은 또한 그릇됨이 아니겠습니까?[38]

이상에서 알 수 있듯이, 유교는 나라를 다스리는 근원이며 오늘의 급무이고 불교는 자신을 다스리는 것으로 내세의 복을 구하는 것이라며 차이를 두고 있다. 이러한 관점에서 결국 현세에 시급한 일로서 유

---

[36] 《삼국사기》 46, 〈최승로전〉, "崇信佛法 雖非不善."
[37] 김충렬은 최승로의 시무28조를 고려 말 정도전의 불교 배척에 못지않을 만큼 불교의 폐단을 신랄하게 비판하고 있다고 하여 정도전과의 연관성을 언급하고 있으나, 정도전의 그것과는 차이가 있음을 알 수 있다. 김충렬, 《한국유학사》, 168쪽.
[38] 《삼국사기》 46, 〈최승로전〉, "三敎各有所業而行之者 不可混而一之也 行釋敎者 修身之本 行儒 敎者 理國之源 修身是來生之資 理國乃今日之務 今日至近來生至遠舍近求遠不亦謬乎."

교를 앞세우고자 불교에 대한 비판을 했던 것으로 볼 수 있다.

이규보

백운거사 이규보(1168~1241)는 12세기 후반 무인란이 일어나기 2년 전에 태어나 무인정권기武人政權期를 살았던 인물이다. 그는 혼란스러운 유년기를 보내고 최충헌이 집권할 즈음 과거에 등제(1191)했지만 39세에 이르러서야 겨우 첫 벼슬을 했다. 그는 스스로를 유자儒者라고 자임했으며,[39] 유자들에 의해서는 해동공자로 일컬어지고 있다.[40] 그러나 일반적으로 불교사상에 초점을 맞추어 볼 때 그를 거사불교의 대표적인 인물로 꼽고 있다.[41] 먼저 그의 유교관은 그가 김창金敞 (?~1256)에게 쓴 고율시 〈김학사에게 부쳐[寄金學士]〉에 나타나고 있다.

유문의 성현들이 12도徒를 만들어 도마다 재齋를 설치하며 그 문도가 많건 적건 간에 늘 여름에 한차례씩 모여 과업을 익혔는데 그 명칭을 하천도회[42]

---

[39] 그럼에도 그는 유자였음만을 말하지는 않았다. 〈명일박환고유시주필화지明日朴還古有詩走筆和之〉에는 "나는 노자를 잇는다[我繼仙李君]"라고도 하고 있다.

[40] 이수, 〈묘지명〉, "江左汾陽 海東孔子 溫良恭儉."
이규보 외에도 최충은 "東方學敎之興 蓋由沖始 時謂海東孔子"(《고려사》 권95, 〈열전〉 8, 최충조)라 했고, 윤언이는 "人嘗與子儀日 公乃海東孔子也"(허흥식, 〈윤언이묘지〉, 《한국금석전문》 중세 상)라 하여 이들 3명이 해동공자로 일컬어지고 있다.

[41] 서경수, 〈고려의 거사불교〉, 《박길진박사화갑기념 한국불교사상사》, 이리: 원불교사상연구원, 1975, 585~587쪽; 정제규, 〈고려후기 재가불교신앙 연구〉, 서울: 단국대학교 박사학위논문, 2000, 2쪽.

[42] 최충의 문도 등 고려 사학 12도의 제생들이 여름철에 절에 가서 공부를 하는 것을 하과夏課를 닦는다고 하며 이를 하천도회夏天都會라 한다. 대개 오뉴월에 시작하여 50일 동안 고문, 고시와 당송의 시를 외며 시부를 지었다. 변동명, 〈성리학의 초기수용자와 불교〉, 《이기백선생고희기념 한국사학논총》上, 서울: 일조각, 1994, 108쪽.

라 했다. 요즈음에는 국가가 가난하기 때문에 이 풍습이 거의 없어졌다. ……

우리들의 옛 법도가 떨어지는 위기였네. 내 죽지 않고 남은 목숨 보존하여 학자들이 모여들어 하과夏課함을 듣게 됐네. …… 생각하니 이 모두 그대의 노력이라 감격하고 기쁜 가슴에 눈물 흐르네.[43]

라고 하여 그가 젊었을 때는 성했던 하천도회夏天都會의 풍습이 무인정권하의 사회풍토와 국가 재정난으로 인해 거의 사라졌음을 매우 안타까워했다. 하지만 강화도로 천도(1232) 이후 어느 정도 안정을 되찾아 서서히 유풍이 다시 살아나자 감격과 감회의 눈물을 흘리고 있다.

또한 그의 유자로서의 면모는 사후 정지鄭芝가 지은 〈애도문[誄書]〉에서 "우리 공은 일대의 유종儒宗이었다"[44]라는 표현에서도 유자로서의 당대 명성을 단적으로 알 수 있다.

이러한 그의 유교사상은 9세 때부터 스승 이모에게 교육을 받으면서 체계적으로 형성되었다. 이는 〈이 이부에게 보내다[投李吏部]〉에서 "공이 집에서 매번 남자들冠童을 모아 교수했는데 나도 어렸을 때 또한 거기에 참여했다"[45]라고 했다. 그의 연보에 따르면, 14세 때 문헌공도의 구재 중 성명재誠明齋에 입학하여 2년간 수학했다고 하고 있

---

43 《동국이상국집》 후집 권7, 〈古律詩寄金學士〉, "先賢於儒門 制十二徒 徒各置齋 有多有少 每夏
   一集隸業 名日夏天都會 近因國家多梗此風幾絶 …… 吾徒舊範危墮地 賴子不死餘喘存 得聞夏
   課群學子 …… 細思此是君之力 感古喜今還扠淚."
44 이규보, 《동국이상국집》 후집 권종, "我公一代儒宗."
45 이규보, 《동국이상국집》 전집 권8, "公於宅中 每集冠童敎授 子少時亦預之."

다.[46]

이처럼 그의 유교사상 형성과정이 스승과 정규교육에 의한 것이었다면 불교나 도교사상은 독서나 이 계통의 인물들과의 교제를 통해 이루어졌다. 그가 승려들과 처음으로 교제한 것은 16세쯤으로 파악되고 있다. 이후 약 40여 명의 승려들과 관계를 가진 것으로 보인다.[47]

그는 여러 종파의 많은 스님들과 교류했다. 선종계의 승려들로는 대표적으로 혜문惠文(?~1234)[48]이나 국사를 지낸 지겸志謙(1145~1229), 그에게 삼교의 차이에 대해 깊은 이치를 깨우쳐 준 응應 선사 등이 있었다. 천태종계의 승려로는 그가 2~30대에 지관, 공관, 가관, 중관에 대해 묻고, 공에 대해 이야기를 나누며 교류한 종의鍾義 등이 있었다.[49] 화엄종계의 승려로는 강도에서 대장경 판각의 총교정을 맡아 《고려국신조대장경교정별록高麗國新雕大藏經校正別錄》30권을 짓기도 하고 의천에 의해 폄하되었던 균여均如를 높여 그의 저술을 대장경 보판으로 추가한 수기守其,[50] 영통사 주지로 있으면서 1215년 《해동고승전海東高僧傳》을 완성한 각월(각훈, ?~1221) 등이 있었다. 유가종계에는 경조景照 등도 있었다. 이처럼 그의 불교사상은 다양한 종파의 많은 승려들과의 교류를 통해 형성되었다는 것을 보여준다.[51] 또한 그의 불

---

46 이규보, 《국역 동국이상국집》 1, 해제, 서울: 민족문화추진회, 1981, 2쪽.

47 노평규, 〈이규보 철학사상연구〉, 서울: 성균관대학교 박사학위논문, 1991, 38~84쪽.

48 〈醉後亂導代言示文長老〉, 《동국이상국집》 권14, 古律詩.

49 그가 젊은 시절 "옛 사대부는 법화경을 많이 읽어 마음을 닦는 요체로 삼았다"는 훈계를 듣고 법화경을 읽었으며, 또한 지관止觀의 대의를 지도받았다고 한다. 이후부터 본격적으로 불서를 접한 것으로 보인다. 노평규, 〈이규보 철학사상연구〉, 85쪽.

50 그는 이규보를 아난에 비유하기도 했다고 한다. 〈수기공이 화답한 시에 차운하다[大韻其公見和]〉 "진실로 이내 몸 아난에 비유했다[信然許作阿難比]."

51 정제규는 이규보의 불교인식은 70대 이후에야 깊어지고 그의 불교경향은 당시 시대적 상황

교사상형성은 이인로李仁老나 최당崔讜(1135~1211) 등 당시의 유학자들의 친불교적 경향과도 관련이 깊다고 할 수 있다.[52] 그가 젊었을 때부터 이러한 성향을 가졌음은 그의 글을 통해서도 알 수 있다. 그가 30세 때 재상 조영인趙永仁에게 올린 서에서 다음과 같이 밝히고 있다.

9세부터 독서하여 지금까지 책을 놓지 않았는데 육경六經, 제자백가諸子百家, 사필문史筆文에서 유경幽經, 벽전僻典, 범서梵書, 도가설道家說까지 깊이 탐구하여 숨은 뜻까지는 찾아내지 못했으나 섭렵은 했습니다.[53]

젊은 나이였음에도 불구하고 그는 삼교의 서적들을 탐독하여 섭렵할 정도의 수준이었다. 또한 혜문 장로(?~1235)[54]에게 보이는 고율시 〈취한 뒤 큰 소리를 어지러이 지껄여서 혜문장로에게 보이다[醉後亂道 代言示文長老]〉에는 다음과 같은 시가 있다.

이백, 두보는 매미가 우는 것 같아
나는 내려다보고 박수치며 희롱한다.
달마, 혜가는 개미가 가는 것 같아

등으로 보아 선중심의, 그것도 조계종에 기원하고 있다고 단정하고 있다(〈이규보의 불교이해와 《수능엄경》 신앙〉, 《동양고전연구》 제7집, 서울: 동양고전학회, 1996, 192~195쪽).
52 노평규, 〈이규보 철학사상연구〉, 83~87쪽.
53 《동국이상국집》 권26, 〈서, 상조태위서〉, "僕自九齡, 始知讀書, 至今手不釋卷, 自詩書六經諸子百家史筆之文, 至於幽經僻典梵書道家之說, 雖不得窮源探奧, 鉤索深隱."
54 속성은 남씨, 자는 빈빈, 고성인으로 가지산에서 출가하여 30여 세에 승과에 급제, 나중에 대선사가 되었다. 1232년 몽고군의 침입으로 강화도로 천도시 운문사로 피하여 3년간 머물다 입적했다.

스님의 웃음소리 천지를 흔든다. ……

법은 무심無心에 이르고 시는 소로 돌아간다.

나는 스님과 대도를 창唱하기 시작하리라.

아아, 성인은 다른 것이 아니니

사람들에게 석가와 공자를 다시 보게 하리라.[55]

이 시는 불교의 선과 유교의 시가 완전히 합일함과 석가와 공자가 다르지 않음을 읊은 것이다. 그의 삼교회통에 관해서는 정지가 지은 〈애도문〉에서도 알 수 있는데, 여기서 "삼교의 깊은 뜻이 통하지 않음이 없었다"고 밝히고 있다. 그는 문학지유文學之儒로서 자타가 공인하는 유자였음에도 불구하고 불교에 대한 이해도 깊었을 뿐만 아니라 유불儒佛이 합일함을 밝히고 있다.

고려 현종대 활약한 유학자인 채충순蔡忠順(962?~1036)은 〈현화사비음기〉에서 "이미 안으로 불교로 준수하고 밖으로 유풍으로 교화하여 내외를 함융(含融)하고 고금을 통달하여 환하게 하니, 이른바 임금님의 탁월한 식견은 선왕, 제불의 도를 합한 것이라는 것은 곧 우리 왕을 이른 것이다"[56]라 하여 불유佛儒 각각의 역할과 장점을 함융하고 통효함을 강조하고 있다. 김부식金富軾(1075~1151)도 스스로 거사라 칭한 삼교조화의 유자로 알려져 있다.[57]

---

55 《동국이상국집》 권14, "李白杜甫似蟬噪 我下視之拍手戲 達磨慧可如蟻行 師之笑聲殷天地 …… 法到無心詩反素 我始與師唱作大道始 咄哉聖人非異物 使人重見釋迦與孔子."

56 허흥식, 〈현화사비음기〉, 《한국금석전문》 중세 상, 447~453쪽, "卽內遵以佛教 內外含融 古今 通曉 所云聖鑑合先王諸佛之道 卽我當邸之謂也."

57 노평규, 〈이규보 철학사상연구〉, 14~15쪽. 그러나 한종만은 '김부식은 사대주의적 사상 아

이상에서 살펴본 바와 같이 고려 말 이전까지의 유자들은 산사나 정자를 찾아가 여름 한철을 보내는 하과의 풍속이 남아 있었기 때문에 불교와 유교 사이에는 병존과 교섭이 자연스럽게 이루어질 수 있었다.[58] 이런 문화적 풍토로 인해 '삼교정립'의 원칙이나 "삼교가 각각 나름대로 필요성을 지닌다[各有所用]"는 원칙에 입각하여 실용적인 차원에서 불교를 비판하거나 이해하고 있다. 그렇기 때문에 그 근본 사상이나 불교교리에 대해서는 크게 언급하지 않았다. 또한 이들은 고려 말이나 조선 성리학자들과 다르게 유교적인 합리주의가 갖는 한계로 인해 불교를 배척하지 않고 내세來世를 위한 가르침이라 하여 서로 병존할 수 있었다.[59]

성리학의 도입과 변화

신유학인 성리학이 고려에 유입된 것은 안향에 의해서였다. 안향安珦(1243~1306)은 원에 의해 정동행성에 속한 종5품의 관리였던 유학제거에 임명되어 충렬왕 15년(1289) 11월 충선왕을 따라 원의 연경(현, 북경)에서 4개월간 머무르게 되었다. 안향은 그곳에서 《주자전서朱子全書》를 보고, 이를 유교의 정통이라 생각하여 손수 베끼고 주자의 초

래 유교사상을 배경으로 하여 불교를 특별한 이유나 조건 없이 일방적으로 철저히 비난하고 있다'(《불교와 유교의 현실관》, 이리: 원광대학교출판국, 1981, 293쪽)고 하여 상반되는 주장을 하고 있다.

[58] 이원명, 《고려시대 성리학 수용연구》, 서울: 국학자료원, 1997, 27쪽.
[59] 이기백, 《한국사신론》, 서울: 일조각, 1990, 182쪽.

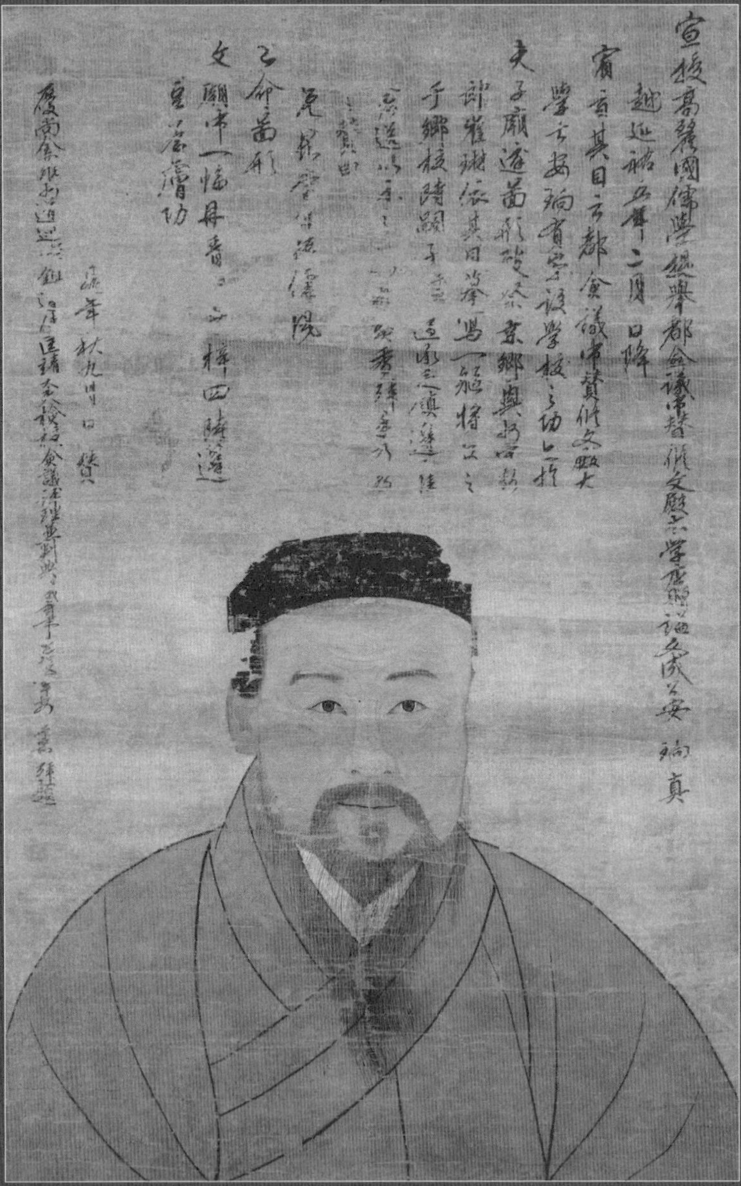

안향 초상(소수박물관 제공)

상을 가지고 들어왔다. 이후 그는 신유학을 연구하여 우리나라 최초의 성리학자가 되었다.[60] 그럼에도 안향은 주자학에 대해 깊이 있게 공부하고 이해하기보다는 대략적인 요지들만 파악했을 것으로 생각된다. 실제로 성리학을 배우고 보급한 이는 백이정白頤正(1260~1340)이었다. 그는 1298년 충선왕을 따라 원에서 10년간 머무르다가 1308년에 귀국하여 이제현 등에게 성리학을 가르쳤다. 이처럼 고려인들은 성리학을 주체적으로 수용한 것으로 보인다.

성리학이 국내에서 급속하게 보급된 것은 1314년 충선왕이 원의 연경에 설치한 독서당인 만권당萬卷堂과 원의 사신·정동성관·유학제거사 등 원의 제과를 통한 대對고려 교화정책에 의해서였다.[61] 이를 바탕으로 성리학은 권부權溥(1262~1346), 우탁禹倬(1263~1342), 최해崔瀣(1287~1340), 최문도崔文度(1291~1345) 등에 의해 배양되다가, 이색李穡(1328~1396), 정몽주鄭夢周(1337~1392), 이숭인李崇仁(1347~1392) 등에 의해 꽃피기 시작했다. 결국 정도전, 김자수金子粹(1350?~1405?), 권근權近(1352~1409), 길재吉再(1353~1419) 등에 의해 열매를 맺었다.[62]

그러나 정주학은 안향이 사후 문묘·종사에서 반대를 받았던 점《고려사》, 〈열전〉 18 안향)이나 민지閔漬가 주자의 소목설昭穆說을 비판하고 있었던 점[63] 등으로 미루어 볼 때 우리나라에서 쉽사리 광범위하게 수용되지는 않았던 것으로 보인다.[64]

---

[60] 송석구, 《한국사상의 유불대론》, 서울: 사사연, 1985, 369쪽.

[61] 송석구, 《한국사상의 유불대론》, 369쪽.

[62] 김충렬, 《한국유학사》 1, 서울: 예문서원, 1998, 354~355쪽.

[63] 《고려사》, 〈열전〉 20, '且不知性理之學 其論有背於聖人.'

[64] 장동익, 《고려후기외교사연구》, 서울: 일조각, 1994, 230쪽.

주자성리학이 원과의 관계에서 고려로 유입되는 과정은 크게 3단계를 거쳐 질적으로 심화되어갔다. 1단계는 성리학의 소개 보급 단계로, 안향이 원나라에 들어가 성리학을 수입하거나 백이정의 성리학 관계 서적 구입과 이를 계승한 권부의 전파 노력 단계다. 2단계는 성리학의 전수 단계로, 만권당의 설치 이후 고려와 원의 문인의 본격적인 교류로 직접 성리학을 수용하는 한편 고려내 정동유학제거사征東儒學提擧司에서 원나라 사람이 직접 전수시키던 단계이자 원의 제과制科에 응시하기 위해 이제현, 권한공, 이곡 등 고려인 스스로가 성리학을 학습하던 시기이다. 3단계는 고려인이 원의 국자감에서 수학하거나 사환仕宦을 통해 직접적으로 원의 학자들에게 성리학의 진수를 교육받던 단계다. 대표적인 인물로는 이색, 민선 등을 들 수 있다.[65] 이러한 과정을 거쳐 고려로 유입된 신유학의 성격은 원시 유학이나 한당漢唐 유학을 본받았던 고려 초기와는 사뭇 다른 것이었다.

원시 유학이 주로 효孝·제悌·충忠·신信 등의 윤리에 중점을 두었고, 한당 유학은 예악禮樂과 형정刑政 등 전장제도와 문장 사조를 숭상했고, 송대의 신유학[66]은 원시 유학이 탐구했던 심성과 도덕의 문제를 형이상학적인 영역으로 끌어올려서 한층 근본적이고 철학적인 측면에서 그 문제를 궁구하는, 이른바 궁리진성窮理盡性의 학문이었다. 즉 유교가 현세간만을 긍정하면서 현세간에서 모든 이상을 구현하려는 현세적인 미래주의를 지향했다. 반면에 불교는 현세간을 긍정하기는

---

[65] 장동익, 《고려후기외교사연구》, 224~234쪽.

[66] 송대의 유학도 크게 남북 두 계통으로 나누어진다. 북방은 장횡거가 주창한 허기대립설虛氣對立說이고 남방은 주렴계가 주창한 무극태극설無極太極說이다(구보타 료온, 최준식 옮김, 《중국유불도 삼교의 만남》, 서울: 민족사, 1990, 179쪽). 여기서는 후자를 일컫는다.

하되[有世界] 현세간을 초월하는 출세간을 더욱 가치 있는 것으로 상정하면서[無世界] 우선적으로 출세간을 추구해 나가는 초탈적인 각세주의覺世主義를 지향했다.[67]

하지만 신유학은 이미 11세기 초에 송나라에서 성숙되고 있었으며, 이는 남송과 원을 거치면서 각 단계마다 특성을 부과 받고 있기 때문에 단일 개념으로서 파악하기는 어렵다.

성리학의 대체적인 내용은 본체론·우주론 등과 같은 순수 철학적 측면과 인성론·윤리론 등과 같은 사회적 적용 측면의 범주로 나누어진다. 이 가운데 고려에서 받아들인 성리학은 전자인 우주론적인 이기론보다도 지경持敬(거경居敬)[68]을 위주로 하는 실천 윤리적 학풍이었다.[69] 이로 인해 성리학적 학풍은 철학적이고 이론적인 학문 자체보다는 심성과 직결되는 수행과 현실정치를 뒷받침하는 실용적이고 사회문화적인 면으로 발전했다.

그 결과 당시의 성리학자들은 실천 행동에서는 제사나 상제喪制 등의 변화와 가묘건립을 통한 주자가례의 실천, 이단과 음사의 배척이 성리학에 대한 이해의 척도로 생각하고 있었다. 이러한 경향은 조선시대 들어 주거문화에도 적용되었다. 즉 가부장적 대가족제도에 따라 동족부락을 형성하게 되었다. 풍산 유씨의 하회마을, 월성 손씨, 여강 이씨의 양동마을이 이렇게 만들어진 동족촌으로서 마을의 구성과 주

---

[67] 김충렬, 《한국유학사》 1, 서울: 예문서원, 1998, 358쪽.

[68] 지경은 거경이라고도 한다. 주자학의 학문 수양 방법의 하나로서, 늘 한 가지를 주로 하고 다른 것으로 옮김이 없이, 심신이 긴장되고 순수한 상태를 유지함으로써 덕성을 함양함을 이른다.

[69] 문철영, 〈여말 신흥사대부들의 신유학 수용과 그 특징〉, 《한국문화》 3, 서울: 서울대학교 한국문화연구소, 1982, 98쪽.

거형태를 잘 보여주고 있다.

성리학의 도입에 앞장섰던 고려 문인 관료층들은 원의 간섭과 부원배附元輩의 횡행과 같은 대외적 모순이나 정치·경제적 혼란, 그리고 사회사상적으로 불교의 폐단과 같은 대내적 모순 등 당대의 정치적, 사회적 혼란 속에서 그 사회모순을 해결하려 했다.[70]

이러한 성리학의 도입은 격동기였던 고려 말 유학자들의 불교관을 완전히 바꾸어 놓는데 일조를 했으며, 불교에 대한 비판의 강도를 높여가는 결과를 가져오게 했다.[71] 그 주된 이유는 성리학은 공자와 맹자로 이어진 유교의 도통道統이 불교와 도교라는 이단에 의해 가려지고 끊어졌다고 보기 때문에 이들을 물리치는 것을 제일의 과업으로 삼았기 때문이다.[72]

우리나라에서 불교를 최초로 이단으로 규정한 이는 최해(1287~1340)다.[73] 하지만 일반적으로 최해의 불교인식 태도는 이론적인 차원에서였지 불교 자체에 대한 비판의 단계에는 이르지 못했다.

훗날 이단을 물리치는 벽이단의 전통은 조선 후기의 서학인 천주교에서도 강력한 힘을 발휘하게 된다.[74] 그럼에도 우리나라에서의 불유

---

[70] 장동익, 《고려후기외교사연구》, 234쪽.

[71] 한우근은 당시 척불운동의 배경이 사회경제적인 문제와 같은 가장 실제적인 문제에 집중적으로 나타난 것으로 이 때 전래된 주자학이 불교배척운동에 있어서 어떠한 동기를 부여한 것은 아니라고 하고 있다. 〈여말-태종조의 억불책과 불교전승〉, 《유교정치와 불교》, 서울: 일조각, 1993, 11~12쪽.

[72] 윤영해, 〈한국에서 불교와 유교의 만남과 그 관계변화〉, 《한국불교학》 제19집, 서울: 한국불교학회, 1994.

[73] 최해, 《졸고천백拙藁千百》 2, 〈問學業諸生第二道〉, "惟天生民 民有秉彝 天下之理 一而已矣 政而求道 寔日異端 今夫以道 教人於東方者 盍共捨諸."

[74] 윤사순, 〈한국유학의 의식기반〉, 《공자사상과 현대》 2, 서울: 사사연, 1990, 469~470쪽.

佛儒대론의 특징은 중국과는 달리 이론 자체에 천착한 정치한 논쟁이
아니었다.[75]

성리학의 도입 이후

고려 말 조선 초의 사대부들은 불교를 어떻게 보았으며, 그들의 불
교에 대한 태도는 어떠했을까? 고려 후기 불유佛儒관계에서 불교계의
입장은 불교와 유학의 일치로 보았다.[76] 한편 유학자들의 불교관은 당
시의 사회전반에 널리 퍼져있던 불교를 인정하면서도 그것이 가지는
여러 폐단을 지적하는 불유의 조화론調和論과 성리학적인 입장에서
철저하게 불교를 배척 내지 도외시 하는 불교 배척론排斥論으로 나누
어 볼 수 있다. 이것을 조금 더 세분화하여 세 가지로 나누어 보면, 첫
째는 유불의 조화론으로 이제현, 권근 등을, 둘째는 소극적 배불론으
로 안향, 최해, 이색[77] 등 대부분의 사류들을 들 수 있으며, 셋째는 적
극적인 배불론으로 김자수, 김초, 정도전 등을 위시하여 성균관의 학
관과 생도들 등을 들 수 있다. 이에 반해 호법론을 펼친 이들은 김전,
이첨, 정사척 등을 들 수 있다.

먼저 불교 배척론을 펼쳤던 유학자들의 태도와 그 논리를 살펴보자.

[75] 김기영, 〈조선시대 호불론 연구—涵虛와 白谷을 중심으로〉, 서울: 동국대학교 박사학위논문,
1999, 5~6쪽.

[76] 안계현, 〈이색의 불교관〉, 《조명기박사화갑기념 불교사학논총》, 서울: 동국대학교도서관,
1965, 319쪽;《한국불교사상사연구》, 서울: 동국대학교출판부, 1983 재수록.

[77] 이색은 불교교리를 수용하고는 있으나 도통론에서는 비판하고 있기에 이렇게 분류했다.

고려 말의 불교가 사회적으로 어떠한 위치에 있었는지에 대해서는 정도전의 표현을 빌려 확인해보면 다음과 같다.

우리 동방은 그 폐단이 더욱 심하여 모든 사람들이 이단을 돈독하게 믿어 근엄하게 받들고 있습니다. 또 명색이 대유학자라 불리는 자까지도 도리어 찬송하고 노래 불러서 성세를 도와 고무하고 진동시킵니다. ……
강보에 싸인 어린아이가 처음 말을 배울 적에도 이단의 말을 외며, 소꿉장난할 시절에도 문득 그 의식을 베풉니다. 그 습관이 성품으로 성장되어 태연히 여깁니다.[78]

이처럼 당시 불교는 대유학자에서부터 말을 배우는 어린 아이에게 조차도 알려질 정도로 전 사회에 광범위하게 퍼져 있었음을 확인할 수 있다. 그럼에도 불구하고 당시 일부 유학자들은 불교에 대해 거의 알려고 하지 않았을 뿐만 아니라 알고자 하는 이들을 비난하기까지 이르렀다. 정몽주가 불교경전인 《능엄경楞嚴經》을 읽는 것을 보고 그가 불교에 현혹되었다는 말을 듣고 정도전이 그에게 다음과 같이 글을 올리기도 했다.

'나는 달가達可[79]가 부처에게 아첨하지 않는다는 것을 보증할 수 있다. 그

---

[78] 〈상정달가서〉, 200쪽, "若東方卽其弊尤甚 人皆好之篤而奉之謹 又號爲大儒者 反爲讚誦歌詠 助揚聲勢 鼓舞振動 …… 襁褓孩兒 學語之時 卽誦其言 嬉戲之時 便設其儀 習與性成 恬不知非."

[79] 달가는 정몽주의 자字다. 정도전이 위 글에서 굳이 정몽주의 이름이나 호인 포은 대신 자인 달가를 쓴 이유는 그것이 담고 있는 불교적인 요소와 관련되어 있기 때문이다. 따라서 의도적으로 쓴 것으로 보고 있다(조남국, 〈麗末鮮初 儒佛交涉에 관한 硏究〉, 《강원대학교 논문집》 제15집, 춘천: 강원대학교, 1981, 441쪽).

러나 옛날에 한창려韓昌黎(한퇴지의 호)가 태전과 더불어 한 번 이야기 나눈 것이 후세에 구실이 되고 있는 것으로 보면, 달가는 사람들의 믿음과 존경을 받고 있는 처지여서 그 하는 바가 우리 도의 흥폐를 가름하고 있으므로 자중하지 않을 수 없다' 라고 했습니다.[80]

여기에서 알 수 있듯이 불경佛經을 읽는 것조차도 불교에 현혹되었느니, 아첨하느니 하면서 그것을 경계하라고 말하고 있다. 이때는 공민왕대로 정도전이 비교적 평탄한 관직생활을 유지하고 있던 때[81]의 불교관이라 할 수 있다. 이를 통해보면 정도전은 불교계에 대한 비판뿐만 아니라 유교계 자체 내의 불교적 취향에 대한 비판도 아울러 하고 있음을 알 수 있다. 이것은 곧 유학자들 사이에서 불교를 이해하기 위한 공부자체도 금기시 되었다는 점을 알 수 있다.[82]

윤택尹澤(1289~1370)도 당시 왕이 불교를 깊이 느껴서 세상 만물 밖에 동떨어져 있다는 생각을 하고 있다고 보고, "전하께서 위로는 종묘를 모시고 아래로는 백성들을 통치하는데 어찌하여 필부처럼 인간된 윤리, 도덕을 없애 버리려고 합니까? 만일 저의 말씀을 들어주신다면 저는 공자의 가르침이 아니면 아무 것도 될 수 없음을 강조하고자 합니다. 잘 생각하여 주시기를 바랍니다. …… 내가 죽거든 불교의 법식

---

[80] 〈상정달가서〉, 200쪽, "吾保達可必不侫佛 然昌黎一與太顚言 後世遂以爲口實 達可爲人所信服 其所爲繫於斯道之廢興 不可不自重也."

[81] 이익주, 〈삼봉집 시문을 통해 본 고려 말 정도전의 교유관계〉, 《정치가 정도전의 재조명》, 서울: 경세원, 2004, 61쪽.

[82] 박해당, 〈기화의 불교사상 연구〉, 서울: 서울대학교 박사학위논문, 1996, 10~11쪽.

을 쓰지 말라"[83]라고 했다. 정몽주도 또한 상제喪祭의 풍속을 유교식으로 전환시켜 주자가례朱子家禮를 본떠 행하게 했으며, 가묘家廟를 세워 선사先祀를 받들게 했다.

충렬왕대 안향에 의해 성리학이 유입된 이후 이색과 김구용金九容(1338~1384), 정몽주에 이어 정도전, 김자수, 김초, 정총 등이 불교를 배척하고 성리학의 진흥에 힘썼던 시기를 성리학의 확산기라고 한다. 이 시기는 충목왕 즉위년(1344) 이후로 볼 수 있다.[84] 이 시기에 이르면 성리학을 신봉하는 많은 신진사대부들이 성리학적인 관점에 입각하여 불교 자체를 배격하고자 하는 강력한 의지를 표명하고 있었다. 물론 그 이전에도 유학자의 태도에 벽불의 정서가 없었던 것은 아니다. 성리학 도입 이전인 무인집권기에도 이런 태도를 엿볼 수 있다. 이규보가 72세(1239) 되던 해의 어느 날에 자신의 집에서 불경을 독송하고 있었다. 때마침 자신의 집을 방문한 고관高官이 그가 불경을 읽고 있는 것을 보고, "군자의 돈독한 의義는 바름을 쓰고 잡됨을 쓰지 않는데 이런 불법을 어찌 유가에서 하느냐?"라는 일화가 있다. 이것은 고관 개인의 편협한 관점이 아니라 유학의 쇠퇴기였다고 하는 고려 중기의 단적인 예다.

이와 같은 분위기는 성리학의 확산기에 더욱 성행했다. 유학자들의 불교 배척을 보여주는 또 다른 상징적인 일화가 있다. 당대 고승으로 추앙받던 나옹혜근懶翁慧勤(1320~1376)과 관련된 것이다.

---

[83] 《고려사》 106, 〈윤해전 부 택전〉, "時(恭愍)王深味釋教 超然有物外之想 (尹)澤曰 上奉宗廟 下保生靈 奈何欲效匹夫 廢絶倫理之事 如聽臣言 非孔子之道不可 願加聖意 …… 我死 毋用浮屠法."
[84] 변동명, 《고려후기 성리학수용연구》, 서울: 일조각, 1995, 120쪽.

나옹화상이 회암사에 머물 때 남녀들이 세찬 물결처럼 몰려들었다. 유생 3
인이 서로 말하기를 "저 중이 어떤 환술을 부리기에 사람들을 이와 같이
놀라게 하는가? 우리들이 가서 보고 제압하자." 드디어 방장에 도착하니
나옹이 의자에 앉아 있었다. 용모는 웅위하고 눈빛은 밝고 밝아 바라봄에
위엄이 있었다. 갑자기 큰소리로 부르기를 "삼인이 함께 왔으니 필시 지혜
로운 자가 한 명은 있을 터이다. 지혜로운 자가 이르지 않은 곳에 대해 한
마디 일러 보아라" 하니 세 유생이 혼이 빠진 듯 정례하고 돌아갔다.[85]

나옹화상은 공민왕 7년(1358) 원나라에서 돌아온 후 공민왕 19년
(1370) 8월부터 1년 혹은 몇 개월씩 회암사에 머무르다가 공민왕 23년
(1374) 봄에 주지하면서 중창불사를 일으켜 우왕 2년(1376) 4월에 낙성
법회를 열 때까지 줄곧 머물러 있었다. 따라서 이 일화는 공민왕 19년
8월 이후부터 우왕 2년(1376) 4월 사이의 어느 시기에 있었던 일로 보
인다. 유생 3명이 회암사에 머무르던 나옹화상을 제압하려고 찾아갔
다가 오히려 스님의 큰소리에 혼이 빠져서 정례하고 돌아갔다는 일화
이다. 하지만 여기서 주목할 점은 유생들이 불교계의 고승을 핍박하
려고 시도했다는 사실이다.

　나옹화상과 관련하여 또 하나 주목할 점은 공민왕 22년(1374) 9월
소재법석消災法席을 주관하면서부터 회암사의 전각을 크게 중창하기

---

[85] 《용재총화》 6, 〈나옹주회암사〉조, "懶翁住檜巖寺 士女奔波 有儒生三人 相謂曰 彼髡有何幻術
而使人驚駭如此 吾輩往見壓之 遂到方丈 翁踞榻而坐 容貌雄偉 眼波明瑩 望之儼然 忽大聲唱云
三人同行 必有一智 智不到處 道將一句來 三人魄遁 頂禮而還."

나옹화상 진영(신륵사 소장)

시작하여 우왕 2년 4월에 중창을 마치게 된다.[86] 4월 15일 낙성회를 겸하여 문수회를 베풀고 국왕은 기로대신을 행향사로 삼아 참석시켰다. 낙성회는 수도와 지방, 그리고 신분을 막론하고 많은 일반인과 불교계의 사부대중이 구름처럼 모여들어 그 수효를 헤아리기 어려울 정도였다고 한다.

이와 같이 전국의 사부대중이 모이는 현상을 보고 성리학으로 무장하기 시작한 어사대의 중신 유자들의 비판이 일어났다. 그들은 회암사가 개경에 가깝고 남녀[士女]들이 밤낮으로 오가는 바람에 생업을 폐지하는 지경에 이르렀다고 비판했다. 마침내 왕지王旨를 내려 나옹화상을 멀리 밀양의 영원사瑩原寺로 옮기도록 조치했다.[87] 나옹화상은 영원사로 추방되어 가는 도중에 질병이 생겨, 결국 여흥(현 여주)의 신륵사에서 입적했다.

고려에서는 적어도 무인집권기 이래로 유자들이 승려에게 학문을 익히는 일이 드물지 않았다. "나라의 풍속에 어릴 때 반드시 스님들을 따라 글귀를 익힌다"든지 혹은 "지금 그 배우는 자들이 모두 불자를 따라 장구를 익힌다"라는 등의 기록으로써 충분히 짐작할 수가 있다.[88] 그리하여 고려 말에 주자성리학 수용의 시초를 열었던 안향은 유학의 부흥운동을 추진하는 과정에서 승려를 모셔다 유생들을 가르

---

[86] 이색, 〈선각왕사지비〉, 《한국금석전문》 중세 하편, 서울: 아세아문화사, 1984, "師曰先師指空 盖嘗指畫重營而懼于兵 敢不繼其志 迺謀於衆 增廣殿宇."

[87] 〈나옹행장〉《한불전》6), 708쪽, "至丙辰春 脩營己畢 四月十五日 大設落成會 上遣具官柳之璘 爲 香使 京外四衆 雲集輻湊 莫知其數 會臺評 以爲檜巖密邇京邑 四衆往還 晝夜絡繹 或至廢業 於是有旨移住瑩原寺."

[88] 《고려사》108, "閔宗儒傳 附 頔傳, 國俗 幼必從僧 習句讀"; 《역옹패설》 전집 1, 〈又問臣日條〉.

치도록 하기도 했다.

대덕 말에 문성공 안향은 재상이 되어 국학을 지었다. …… 또 들으니 낭중
유함자가 승려가 되어 사주에 살았는데 능히 사기와 한서를 읽었다. 임금의
부름으로 서울에 이르러 윤신걸·김승인·서인·김원식·박리 등이 그의 말
씀을 전수받았다.[89]

이 기사를 통해서도 알 수 있듯이, 유교 부흥을 위해 조정에서 공식
적으로 승려들에게 유생들을 교육하도록 했다는 것이다. 그러므로 앞
의 자료에서 살폈던 것처럼 유생이 승려를 압박하여 골탕 먹이고자
꾀했다는 것은, 기왕의 불유 관계에서 비추어 보자면 대단히 이례적
인 사건이라고 할 수 있다. 예전 같으면 승려로부터 학문을 익혀야 할
처지였을 유생들이 오히려 불교계의 고승을 시험하여 압도하려고 시
도했다는 사실에서, 성리학을 받아들인 이후 점차 불교배척의 목소리
를 높여 가던 유학자들의 모습을 찾아보는 것이 그리 어려운 일만은
아니었다.[90] 또 다른 경우는 함허득통涵虛得通(1376~1433)의《현정론顯
正論》에서 찾아볼 수 있다.

내가 출가하기 전 해월海月이라는 승려가 나에게《논어》를 배웠다. …… 병
자년 무렵 삼각산에 놀러갔다가 승가사에 이르러서 한 노선사와 밤에 대

---

[89] 《역옹패설》전집 2, 〈國家伐叛耽羅條〉, "大德末 安文成珦爲宰相 葺國學 …… 又聞故郎中兪咸
子爲僧者 居泗州 能讀史(記漢書) 驛召至京 而遣尹莘傑金承印徐諲金元軾朴理等 受其說."
[90] 변동명, 〈고려후기 성리학의 수용과 승려의 유불관〉,《국사관논총》제71집, 과천: 국사편찬위
원회, 1996, 244~245쪽.

화를 하던 차에 선사가 말하기를 "불교에는 십중대계十重大戒가 있는데 맨
처음이 불살생이다" 했다. 내가 이에 환하게 마음으로 따라 …… 이로부터
유교와 불교 사이를 다시 의심하지 않았으며 이에 시를 지었다.
본디 유교경전과 사서, 정주학에서 헐뜯음만 듣고
불교가 옳은지 그른지를 알지 못했구나.
반복하여 가만히 생각하기 이미 오래되었는데
이제 비로소 진실을 알고 귀의하네.[91]

함허는 조선 태조 4년(1396)에 21살의 나이로 출가하기 전까지는 성
균관에 몸담고 있으면서 유교를 공부했으며 승려인 해월에게 《논어》
를 가르칠 정도의 유학자였다. 그런데 불교에 대해서는 기초적인 계율
인 '불살생계'에 대해서도 알지 못할 정도로 불교 자체에 관한 한 문외
한이었다. 불교에 대해 가지고 있던 지식이란 오직 유교경전과 사서,
정주학 등을 통해 배불론자들이 전해주는 불교에 대한 비난밖에 없었
다. 당시는 불교가 성행하고 있을 무렵이었음에도 불구하고 불교에 대
해 전혀 모르고 있었다는 것이다. 이는 성리학에 입각한 선입견으로
인해 불교를 접하지 않았거나 그 자체에 무관심했기 때문이다.
　이상에서는 고려 말 유학자들의 불교를 대하는 태도를 중심으로 살
펴보았다. 그들의 태도에서 불교관을 반영하는 하나의 형태를 여실히
확인할 수 있다. 고려 말의 성리학을 이끌었으며 정도전의 스승이었

---

91 《현정론》《한불전》7), 220쪽 상, "余未出家 有釋曰海月者 讀論語於子 …… 越內子許 遊三角山
　到僧伽寺 與一老禪 夜話 話次 禪 云佛有十重大戒 一不殺生 子 於是 釋然心服 …… 從此不疑
　於儒釋之間 而遂有詩云 素聞經史程朱毁 未識浮圖是與非 反復潛思年已遠 始知眞實却歸依"

던 목은 이색과 동학이었던 포은 정몽주를 중심으로 불교관에 대해 조금 더 살펴보자.

이색은 이곡李穀의 아들이자 이제현의 제자로서 고려 말 성리학의 정맥을 계승했다. 고려 말 대다수의 유학자들이 불교 비판에 참여했는데 그 또한 예외는 아니었다.

오교와 양종이 이익을 도모하는 소굴로 변하여 시냇가나 산굽이에 사찰 아닌 곳이 없었다. 승려들이 점점 비루해지는 것만이 아니라 또한 국가의 백성으로 놀고먹는 자가 많으니, 식자가 늘 이를 마음 아파한다.[92]

당시 불교계가 안고 있던 문제를 지적한 이 대목은 태고보우도 지적하고 있는 부분이기도 하다. 이색은 〈천보산 회암사를 고쳐 지은 기록[天寶山檜巖寺修造記]〉에서 "나는 본래 부처를 좋아하지 않았으나"라고 하여 스스로 불교를 신봉하지 않는다고 밝히고 있다.[93] 그럼에도 불구하고 "성性이란 내가 마땅히 길러야 되는 것이니, 이 점은 유교나 불교가 같아서 조금의 차이도 없다"[94]라고 말하고 있다. 즉 유교의 '양성養性'과 불교의 '견성見性'을 상통하는 것으로 이해하고 있는 것을 보면, 그는 유교와 불교의 조화를 추구했다고 할 수 있다. 또한 실천 윤리로서의 효뿐만 아니라 불교의 교리와 유교상의 이론을 서로

---

[92] 《동문선》 권53, 〈진시무서〉, "五教兩宗爲利之窟 川傍山谷 無處非寺 不惟浮屠之徒浸以卑陋 亦是國家之民 多於遊食 識者每痛心焉."
[93] 《동문선》 권73, "子素不樂釋氏."
[94] 《동문선》 권75, 〈설산기〉, "性吾所當養 儒與釋共無少異焉."

회통시키기도 했다.[95] 정리해보면 그는 불교에 대해 사회현실적인 폐단을 비판하고 정주학의 도통론의 입장에서 비판하면서도 교리적 측면에서는 불교를 수용하고 있다.[96]

포은 정몽주는 고려 말 대표적인 유학자로 동방이학지조東方理學之祖로 불리고 있다. 그는 31세에 성균관 박사에 임명되면서 대사성 이색의 문하에서 김구용·박상충·박의중·이숭인·정도전과 함께 학관으로서 새로운 학풍을 일으키는데 핵심적인 역할을 했다. 그의 불교비판은 이색이 불교의 현실적 병폐를 지적하던 차원과 달리 유교적 진리관에 입각하여 불교교리의 근본개념을 비판하고 있다.[97]

'하늘이 둥글다고 하여 만사에 상응하지는 못하며, 거울이 비춘다고 해서 정밀한 의리를 궁구할 수 없다.' 이것은 불교의 도와 심을 비유해서 말함이니 유가의 이치에도 근접해 있다고 할 수 있다. 그러나 그 둥근 것이 만사에 응할 수 있으며 그 비추임이 정의精義를 궁구할 수 있겠는가?[98]

이는 유교적 입장에서 불교의 심이 객관적 현상세계의 원리가 될 수 없다는 것을, 불교와 유교의 교리적인 차원의 문제를 통해 비판한

---

[95] 안계현, 《한국불교사상사연구》, 서울: 동국대학교출판부, 1983, 321쪽.

[96] 금장태, 〈정도전의 벽불사상과 그 논리적 성격〉, 37쪽. 이색은 주렴계→정사→허형으로 이어지는 도통론적 인식 속에서 정주학을 유학의 정통으로 파악하고 불교배척을 정주학의 핵심적 과제라 주장했다.

[97] 이를 통해 정도전의 체계적이고 적극적인 불교 비판 단계로 심화시켜 갔다고 할 수 있다. 금장태, 〈정도전의 벽불사상과 그 논리적 성격〉, 49쪽.

[98] 《고려사》 권3, 〈잡저〉, "如天之圓 廣大無邊 如鏡之照 了達微妙 此浮屠之所以喩道與心 而吾家亦許之以近理 然其圓也 可以應萬事乎 其照也 可以窮精義乎."

것이다. 불교의 비윤리성과 현상계를 환영이라 한 것은 본체에 이를 생성시키는 법칙이 없기 때문이며[寂滅] 반면에 성리학은 이것을 갖추었다는 주장이다.

유자의 도는 모두 일용평상적인 것이다. 마시고 먹는 것과 남녀관계는 사람이면 누구나 같은 바로서 지극한 이理가 그 속에 있다. 요순의 도는 또한 이를 벗어나지 않으니 동정어묵에 그 바름을 얻으면 곧 요순의 도일 뿐 처음부터 높고 멀어 행하기 어려운 것이 아니다. 저 불교는 그렇지 않아서 친척관계를 떠나고 남녀관계를 끊어 홀로 바위굴에 앉아 초의목식하면서 관공적멸觀空寂滅로써 종지를 삼으니 이 어찌 평상의 도道이겠는가?[99]

그는 유자의 도는 일용평상적인 것으로 현실 초월적인 것이 아님을 내세운다. 이어서 불교는 친척관계나 남녀관계 등 기본적인 인간세상의 관계를 끊어버림으로써 일용평상적인 도가 될 수 없다고 비판하고 있다. 55세(1391) 때 성균관의 박사 김초가 불상을 깨뜨리도록 요구하여 왕의 진노함을 사자 "부처를 배척하는 것은 유자로서 떳떳한 일이니, 예로부터 임금 된 이는 이를 내버려 두고 논하지 않았습니다"라고 하여 불교 배척의 정당성을 옹호하고 나서기도 했다.

무엇보다도 그는 성리학의 이념을 기반으로 하여 당시 불교의식으로 시행되던 상례나 제례 등을 주자가례로 바꾸도록 했다. 이런 면에

---

[99] 《포은집》 권1, 〈경연계사〉, "儒者之道 皆日用平常之事 飮食男女人所同也 至理存焉 堯舜之道 亦不外此 動靜語黙之得其正 卽是堯舜之道 初非甚高難行 彼佛氏之敎 卽不然 辭親戚絶男女 獨坐岩穴 草衣木食 觀空寂滅爲宗 豈是平常之道."

서는 정도전이 이념투쟁의 선봉이었다면 그는 민간의 풍속을 바꿔나
가는 문화투쟁의 최선봉에 있었던 인물이라 할 수 있다.

이상에서 살펴본 바와 같이 고려 말 성리학자들은 적극적인 벽불에
참여한 인물과 현실적인 폐단은 지적하되 불유의 조화를 주장하는 세
력이 비등했다고 할 수 있다.

그러나 사회변혁이라는 거대한 역사의 흐름 앞에서 집권층과의 관
계를 유지하던 보수 불교계에 대한 벽불의 바람은 더욱 거세게 몰아
치게 되었다. 반면에 불교계에서 이런 흐름을 안일하게 바라보고 제
대로 대응을 하지 못하고 있었으므로 이런 현상은 강화되어 갔다. 그
내용들은 대부분 중국 등 이전 유학자들이 비판하던 무부무군無父無
君·허무적멸·화복설 등의 주장을 답습하고 있다. 이것은 고스란히 조
선시대로 이어졌다. 한국 유학사의 우뚝한 봉우리로 꼽히는 퇴계 이
황(1501~1570)의 경우에서도 그대로 드러나고 있다.

군자가 도를 강론하고 말을 세우는 것은 어찌 한 때를 위한 계책이겠는가.
또 이단의 학문을 배척하는 것 같은 일은 어찌 지금 세상에 그러한 사람이
있고 없는 것을 알아서 먼저 물리치는 일이겠는가. 또 성인의 무리가 되지
못하면 문득 양묵(중국 전국시대의 양주와 묵적—옮긴이주)의 무리가 되는 것이
요 중립하여 양쪽을 다 화평하게 하는 이치는 없다. 가령 내가 저 쪽 이단
을 행하고 보면 비록 온 세상에 한 사람도 선禪을 배우는 자가 없더라도 이
미 금수나 오랑캐의 지경에 빠지고 있는 것이다. 그러니 어찌 오직 남을 빠
뜨리는 것뿐이랴. 내가 이미 스스로 간사한 무리에 빠지고 있는 것이다.[100]

100 《퇴계문집》, "君子講道立言 豈直爲一時計 若排學異學 亦豈問今世其人之有無 而爲之前郤乎

내가 불경을 보고서 그 삿되고 도에서 달아나려는 것을 밝혀보고 싶었다. 하지만 마치 물을 건너는 이가 처음에는 얕고 깊음을 시험하려고 하다가 마침내 끝내는 빠져버리고 마는 것과 같은 잘못이 있을까 두렵다. 그러니 (유교를) 배우는 이는 다만 마땅히 성현의 글만을 읽어서 아는 것을 다 알고 믿는 것을 다 믿으면 되지, 이단의 문자 같은 것은 전혀 알지 못한다 해도 무방하다.[101]

이 글에서도 알 수 있듯이 벽불의 근거를 논리나 이성적인 면에서 찾으려 하지 않음을 알 수 있다. 그 이유는 불교의 심오한 진리를 인정하여 그에 빠질까 두렵기 때문이라고 밝히고 있다. 그러므로 불교의 문자까지도 배우는 것을 금기하고 있다. 일찍이 송대 유학자였던 장상영張商英(?~1122)은 이렇게 기술하고 있다.

"불교를 배척하려면 마땅히 불서를 다 읽고 그 이치를 분명하게 파악하여 우리 유도의 내용과 불교의 견해가 맞지 않는 부분을 따내어 의혹을 확실하게 가린 뒤에 배척하는 것이 옳다"고 말해왔다. 이제 그 이치도 모르고 망령스럽게 배척만 한다면 형편없이 작은 뱁새가 한없이 큰 곤붕을 비웃고, 아침에 돋아난 버섯이 사계절에 늘 푸르른 송백을 업신여기는 것이나 다를 바 없다.[102]

且不爲聖人之徒 則便爲楊墨之徒 無中立兩和之理 假使吾有涉於彼 則雖擧世無一人學禪者 我已陷入於禽獸夷狄之域矣 豈惟陷人 我已自陷於邪彼之徒矣."

[101] 《퇴계언행록》, "我欲看佛經 以蘇其邪道遁 而恐如涉水者 初欲試其深淺 而竟有沒溺之虞耳 學者但當讀聖賢書 知得盡信得及 如異端文字 全然不知 亦不妨也."

[102] T52, 638쪽b, "欲排其教 則當盡讀其書深求其理 撫其不合吾儒者 與學佛之見 折疑辨惑 而後排之可也 今不通其理 而妄排之則是斥鷃笑鵬鵬 朝菌輕鬆松柏耳."(《대정신수대장경》은 T경번호로

그는 《호법론》에서 불교를 배척하려면 불서를 읽고 난 뒤에 배척하는 것이 옳음을 지적하고 있다. 그러나 고려 말 이후 불교를 비판한 유자들 대부분은 이러한 기본적인 태도조차 갖추고 있지 못했음을 알 수 있다.

아전인수식의 해석을 통해 불교의 본질을 알지도 못한 채 배척하는 성리학 사대부들에 대한 적극적인 변론이나 변호, 호법의 활동이 미비해 조선조에 들어서서는 벽불론은 더 큰 영향력을 발휘하게 되었다. 태조대의 도첩제 강화를 시작으로 태종대의 사찰 토지 몰수, 사찰 수 제한, 팔관회·연등회 등 불교의례의 철폐 내지 축소, 세종대의 불교종파의 선교양종으로의 통폐합, 성종대의 염불소 금지 등으로 이어졌다. 또한 명종대 불교의 부흥을 위해 두드러진 활약을 하여 한국불교의 중흥조라 불리는 허응보우虛應普雨에 대한 비난과 유배 등 불교 부흥 운동에도 철저한 견제와 억압을 펼쳤다. 조선 초중기까지의 제도적, 정책적인 측면에서는 배불을 넘어 억불의 시기를 거치면서 우리나라에서 1천여 년 동안 전성기를 누려왔던 불교는 역사상 유래가 없는 탄압기를 맞는다. 이것은 불교라는 일개 종교의 탄압에 그치는 것이 아니라 그간 우리나라의 정치, 사회, 문화, 사상 등의 근간을 이루어왔던 정신문화의 일대 말살을 가져왔다.

표기했다. 이하 동일)

3

정도전
불교 비판의 논리 전개

정도전의 불교 비판에 대한 내용은 《삼봉집》 전14권 가운데 권10의 《심기리편心氣理篇》, 《심문心問》, 《천답天答》과 권9의 《불씨잡

변》에 담겨 있다. 《심문》, 《천답》은 우왕 원년(1375), 그의 나이 34세에 지었다. 형식은 간단한 운문체로 되어 있다. 내용은 불교의 인

과응보설을 부인하고 인간의 요수天壽와 길흉·화복이 하늘과 인간의 상관관계의 운수[氣數]임을 천명하려 했다. 《심기리편》은 태조

3년(1394), 그의 나이 53세에 저술한 것으로 《심난기心難氣》·《기난심氣難心》·《이유심기理論心氣》의 3편으로 이루어져 있다. 《불씨

잡변》은 태조 7년(1398) 8월에 이방원이 일으킨 무인정사戊寅靖社에 의해 살해되기 직전인 윤5월 16일에 완성한 것으로 그의 벽불사

상을 집대성한 것이다. 여기에서는 불교교리를 윤회, 인과, 심성, 작용시성作用是性, 심적心迹, 매어도기昧於道器, 훼기인륜毁棄人

倫, 자비慈悲, 진가, 지옥, 화복, 걸식, 선교, 유석동이儒釋同異, 벽이단闢異端에 이르기까지 15항목으로 구분하여 비판하고 있다. 또

한 전대의 역사적인 사실들을 근거로 4항목을 들어 불교를 비판하고 있다.

정도전 불교 비판의 체계와 동기

정도전의 불교 비판에 대한 내용은 《삼봉집》 전14권 가운데 권10의 《심기리편心氣理篇》, 《심문心問》·《천답天答》과 권9의 《불씨잡변》에 담겨 있다.[1] 여기서는 쓰여진 순서대로 간략하게 정리해보도록 하겠다.

《심문》, 《천답》은 우왕 원년(1375), 그의 나이 34세에 지었다. 형식은 간단한 운문체로 되어 있다. 내용은 불교의 인과응보설을 부인하고 인간의 요수夭壽와 길흉·화복이 하늘과 인간의 상관관계의 운수[氣數]임을 천명하려 했다. 《심문》은 마음[心]이 상제에게 착한 사람이 복을 받고 악한 사람이 화를 당한다는 복선화악福善禍惡의 법칙이 제대로 준행되지 않는 까닭을 질문한 것이다. 상제의 이에 대한 답변이 《천답》이다. 그 내용을 보면, 하늘과 인간은 기가 상응하여 인간이 죄악을 저지를 때에는 하늘의 기를 손상하여 하늘이 상도를 잃게 되며

---

[1] 《삼봉집》은 판본에 따라 다르게 편집되어 있다. 적상산성본(한국학중앙연구원 장서각 소장)은 권9 《불씨잡변》, 권10 《심기리편》, 《심문》·《천답》이 실려 있으나, 태백산본(서울대 규장각 소장)은 각각 권5와 권6으로 엮여 있다. 이들의 내용은 다르지 않다.

《삼봉집》(한국학중앙연구원 장서각 제공)

복선화악의 법칙도 어그러지는 수가 있다. 하지만 천리天理가 다시 안정되면 다시금 하늘이 상도를 되찾아서 인간을 지배하게 된다는 것이다. 말하자면 이 글은 인간 사회를 주재하는 천리의 우위성을 인정하여 불교철학을 비판한 것이다.

《심기리편》은 태조 3년(1394), 그의 나이 53세에 저술한 것으로 〈심난기心難氣〉·〈기난심氣難心〉·〈이유심기理諭心氣〉의 3편으로 이루어져 있다. 매우 간결하고 세련된 사언운문체로 구성되어 있다. 여기서 심·기·리는 각각 불교·도교·유교를 상징한다.

〈심난기〉는 4언 22구 88자로 이루어져 있다. 마음[心]이 기를 비난하는 내용으로, 석씨(불교)의 수심설로 노씨(도교)의 주기설을 비난한 것이다. 〈기난심〉은 기가 마음을 비난하는 내용으로 4언 28구 112자로 이루어져 있으며, 노씨의 양기법으로 석씨의 주심설을 배척하는 것이다.

〈이유심기〉는 4언 36구 148자로 이루어져 있으며, 이理가 마음과 기氣의 잘못을 깨우쳐 준다는 내용으로 유교의 주리설로써 석씨의 주심설과 노씨의 주기설의 편벽된 것을 일깨워서 깨닫도록 하여 바른 데로 돌아오게 하는 형식을 취하고 있다. 다시 말하면, 불교와 도교의 오류를 상호 비판한 다음에 유학으로 하여금 양자의 오류를 비판한다는 내용이다.

그러나 이 글은 한편으로는 당시 유자들 사이에서도 '삼교가 일치하므로 선생이 이를 지어 그 도의 동일함을 밝힌 것'으로[2] 이해되기도 했다. 이는 유교의 입장에서 불·도를 흡수하여 삼교일치를 지향하는 인상마저 준다. 그렇기 때문에 《불씨잡변》과 같은 벽불서라고 단정하기는 어려워 보이며, 상대적으로 배타적인 입장이 약하다고 볼 수도 있다.[3]

《불씨잡변》은 태조 7년(1398), 그의 나이 57세 8월에 이방원이 일으킨 무인정사戊寅靖社에 의해 살해되기 직전인 윤5월 16일에 완성한 것으로 그의 벽불사상을 집대성한 것이다. 또한 그해 4월 20일에 권근과 함께 성균관제조가 되어 4품 이하의 선비와 주요 관청의 유생을 모아 강습의 임무가 주어졌으므로 교육용 교재로 활용하고자 했을 것이다.

여기에서는 불교교리를 윤회, 인과, 심성, 작용시성作用是性, 심적心迹, 매어도기昧於道器, 훼기인륜毀棄人倫, 자비慈悲, 진가, 지옥, 화복, 걸

---

[2] 《심기리편》, 〈서〉, "以爲三敎一致 故先生作此以明其道之同耳."
[3] 한영우, 《정도전사상의 연구》, 41~42쪽.

식, 선교, 유석동이(儒釋同異), 벽이단(闢異端)에 이르기까지 15항목으로 구분하여 비판하고 있다. 또한 '불법이 중국에 들어오다(佛法入中國)', '불교를 섬겨 화를 입다(事佛得禍)', '천도를 버리고 불과를 말하다(舍天道而談佛果)', '불교를 극진히 섬길수록 연대는 더욱 단축된다(事佛甚謹 年代尤促)' 등 전대의 역사적인 사실들을 근거로 4항목을 들어 불교를 비판하고 있다.

이《불씨잡변》은 쓰인 동기나 연대로 보아 정도전의 불교 비판에 대한 결정판적인 성격을 가지고 있다. 먼저 그가 이 잡변을 쓰게 된 이유인 저술동기를 살펴보고 이어서 그 구성과 내용에 대해 살펴보자.

무인년(태조 7년, 1398) 여름에 병으로 며칠 동안 휴가를 얻었을 때 이 글을 저술하여 나에게 보여 주면서 말씀하셨다.

"불씨[4]의 해가 인륜을 헐어 버린지라 앞으로는 반드시 금수를 몰아와서 인류를 멸하는 데까지 이를 것이오. 유교[名教]를 주장하는 사람으로서는 그들을 적으로 삼아 힘써 공격하여야 할 것이오. 일찍이 '내 뜻을 얻어 행하게 되면 반드시 말끔히 물리쳐 버리겠다'고 했다. 그런데 이제 성상께서 알아주심을 힘입어, 말을 하면 듣고 계획하면 따르시니 뜻을 얻었다고 하겠는데 아직도 저들을 물리치지 못했으니, 끝내 물리치지 못할 것만 같소.

그러므로 내가 분을 참지 못해 이 글을 지어 무궁한 후인들에게 사람마다 다 깨달을 수 있기를 바라는 것이오. 이 때문에 비유를 취한 것이 비속하고

---

[4] 정도전이나 유학자들에 의해 불교를 경시하는 명칭으로 주로 불씨佛氏 또는 석씨釋氏라는 용어를 사용하고 있다. 물론 승려들의 문집에서도 볼 수 있는 표현이다. 하지만 승려들의 겸사와는 달리 유자들은 비하의 성격이 들어 있다. 이 책에서는 가급적 그들의 의도를 살려서 그대로 두기로 한다.

자질구레한 것이 많으며, 저들을 함부로 덤비지 못하게 하기 위해 글을 쓰는 데 분격함이 많았소. 그러나 이것을 보면 유교와 불교의 분변을 환히 알 수 있을 것이니, 비록 당장에는 행할 수 없다 하더라도 후세에 전할 수 있으니 내 죽어도 편안하오."[5]

이상은 양촌 권근이 쓴 《불씨잡변》의 서문에서 정도전이 잡변을 지어 건네주면서 밝힌 저술동기이다. 여기서 그는 불교의 해독이 윤리를 허물어 버려서 인류를 멸망시키는데 까지 이르게 될 것이므로 이를 말끔히 물리치기 위함이라고 신념에 찬 어조로 본인의 뜻을 밝히고 있다. 한마디로 윤리를 없애고 나라를 해친다는 '멸륜해국滅倫害國' 이 그의 벽불의 중심점임을 알 수 있다.

또한 그가 고려 말의 적폐를 해소하고 그가 바라는 뜻을 이루면 불교를 말끔히 물리치겠다고 마음먹고, 새 왕조를 건설했다. 하지만 태조는 유독 불교를 물리치라는 말씀을 듣지 않았던 것이다. 이런 까닭으로 이단을 말끔히 배척해야 한다는 그의 뜻을 다 이루지 못할 것을 염려하여 분을 참지 못해 후인들에게도 깨우침을 주고자 잡변을 썼음을 강조하고 있다. 분격하여 썼기에 그의 논리를 정당화하기 위해 비속하고 자질구레한 것도 많다고 밝히고 있다.

스스로 이 글을 다 완성하고 난 뒤의 심정은 유불의 분변을 명확하

---

[5] "戊寅夏 告病數日 又著是書示予曰 佛氏之害 毁棄倫理 必將至於率禽獸而滅人類 主名敎者 所當爲敵而力攻者也 吾嘗謂得志而行 必能闢之廓如也 今蒙聖知 言聽計從 志可謂得矣 而尙不能闢之 則是終不得闢之矣 憤不自己 作爲是書 以望後人於無窮 欲人之皆可曉也 故其取此多鄙瑣 欲彼之不得肆也 故其設詞多憤激 然觀於此則儒佛之辨 瞭然可知 縱不得行於時 猶可以傳於後 吾死且安矣."

게 했으며, 이제 죽어도 편안하다고 할 만큼 대단한 자긍심과 사명감을 가지고 있었던 것으로 보인다.

> 내 어둡고 용렬하면서도 힘이 부족함을 알지 못하고, 이단을 물리치는 것으로 나의 임무로 삼은 것은 앞서 열거한 여섯 성인과 한 현인의 마음을 계승하고자 함이 아니라, 세상 사람들이 이단의 설에 미혹되어 모두 빠져서 사람의 도가 없어지는 데 이를까 두려워하는 까닭이다.
> 아아! 난신적자는 사람마다 잡아 죽일 수 있으니, 반드시 형벌을 다스리는 관리를 기다릴 필요가 없다. 사특한 말이 넘쳐서 사람의 마음을 무너뜨리면 사람마다 물리칠 수 있으니, 반드시 성현을 기다릴 필요가 없는 것이다. 이것은 내가 여러 사람에게 바라는 바이며 아울러 내 스스로 힘쓰는 것이다.[6]

정도전은 일생의 임무로 삼은 것이 다름 아닌 이단을 물리치는 것이라 밝히고 있을 정도로 오직 이단을 배격하는 사상투쟁에 전심을 기울였음을 알 수 있다. 그 이유도 성현의 마음을 계승하는 데 있지 않고 오로지 세인들이 이단의 설에 미혹되어 사람의 도가 없어지는 것을 두려워했기 때문임을 명확히 하고 있다.

성균생원 박초 등이 공양왕에게 올린 상소문을 보면, 다음과 같은 내용이 있다.

---

[6] 〈벽이단지변〉, "以子惛庸 不知力之不足 而以闢異端爲己任者 非欲上繼六聖一賢之心也 懼世之人惑於其說 而淪胥以陷 人之道至於滅矣 嗚呼 亂臣賊子 人人得而誅之 不必士師 邪說橫流 壞人心術 人人得而闢之 不必聖賢 此子之所以望於諸公 而因以自勉焉者也."

정도전은 천인성명天人性命의 연원을 발휘하고 공자·맹자·정자·주자의 도학을 창명하여 불교 백대의 속임수를 타파하고, 삼한三韓의 오랜 미혹을 깨우쳐서 이단을 배척하고 삿된 가르침을 멈추게 하여 천리를 밝히고 인심을 바로잡았으니 우리나라의 참된 유자는 이 한 사람뿐입니다.[7]

정도전이 이단을 배척하여 인심을 바로잡았으니 참된 유자는 오직 그 뿐이라는 찬사를 보내고 있다. 이상의 내용을 정리해 보면 정도전 은 이단을 물리치는 데 온 힘을 쏟았으며,《불씨잡변》또한 그런 명백 한 의도를 가지고 썼음을 알 수 있다.

---

[7] 권14, 부록, "事實: 成均生員朴礎等上疏曰 兼大司成鄭道傳 發揮天人性命之淵源 唱鳴孔孟程朱 之道學 闢浮屠百代之誑誘 開三韓千古之迷惑 斥異端息邪說 明天理而正人心 吾東方眞儒一人而 已."

《불씨잡변》의 구성

　　정도전은 원래 불씨잡변 15편을 짓고 전대사실 4편을 진서산의《대학연의大學衍義》에서 인용하여 이를《불씨잡변》에 함께 엮었다.[8] 여기서 불씨잡변 15편이란, ① 불씨윤회지변佛氏輪廻之辨, ② 불씨인과지변佛氏因果之辨, ③ 불씨심성지변佛氏心性之辨, ④ 불씨작용시성지변佛氏作用是性之辨, ⑤ 불씨심적지변佛氏心跡之辨, ⑥ 불씨매어도기지변佛氏昧於道器之辨, ⑦ 불씨훼기인륜지변佛氏毀棄人倫之辨, ⑧ 불씨자비지변佛氏慈悲之辨, ⑨ 불씨진가지변佛氏眞假之辨, ⑩ 불씨지옥지변佛氏地獄之辨, ⑪ 불씨화복지변佛氏禍福之辨, ⑫ 불씨걸식지변佛氏乞食之辨, ⑬ 불씨선교지변佛氏禪敎之辨, ⑭ 유석동이지변儒釋同異之辨, ⑲ 벽이단지변闢異端之辨를 말하고, 전대사실 4편은 ⑮ 불법입중국佛法入中國, ⑯ 사불득화事佛得禍, ⑰ 사천도이담불과舍天道而談佛果, ⑱ 사불심근연대우촉事佛甚謹年代尤促이다. 앞에 붙인 번호는《불씨잡변》에 실린 순서다.

　　《불씨잡변》 19편의 내용을 간략하게 정리해보면 다음과 같다.

---

8 《불씨잡변》, "著佛氏雜辨十五篇 前代事實四篇 旣成."

① 윤회의 변에서는 사람이 죽어서 다시 태어난다는 불교의 윤회설을 유교의 혼백론과 정수윤회설로 비판하고 있다.

② 인과의 변에서는 사람이 살아 있을 때의 선악에 따라 죽어서 인과응보를 받는다는 내용을 유교의 음양오행설로 비판하고 있다.

③ 심성의 변에서는 불교의 심과 성에 대한 구별이 애매하고 논리적 일관성이나 논리적 비약이 있음을 비판하고, 이를 근거로 유교는 실이며 하나이고 연속적이지만 불교는 허이고 둘이며 간단적이라고 비판하고 있다.

④ 작용시성의 변에서는 작용은 기로서 유위이지만 성은 이로써 무위이므로 작용을 성이라고 해석하는 것은 오류임을 비판하고 있다.

⑤ 심적의 변에서는 심과 적이 하나인데, 둘로 해석하는 불교논리를 비판하고 있다.

⑥ 매어도기의 변에서는 도道와 기氣는 다르지 않으나 이를 둘로 해석하는 불교 이론을 비판하고 있다.

⑦ 훼기인륜의 변에서는 불교가 사대를 버리고 군신·부자 등 인륜을 버렸다고 비판하고 있다.

⑧ 자비의 변에서는 불교의 자비와 유교의 인이 서로 비슷한 듯하지만, 불교의 자비는 오륜을 무시하고 만물을 사랑하기 때문에 실제로는 사람을 이롭게 하고 만물을 구제하는[利人濟物] 기능이 없음으로 다르다는 것이다.

⑨ 진가의 변에서는 불교가 천지만물을 가환假幻이라고 하고, 심성을 진상眞常이라고 말하는 것은 억설이라고 비판하고 있다.

⑩ 지옥의 변에서는 사후에 지옥이 아니라 천당에 가기 위해 공불과 반승에 많은 재산을 들임을 비판하면서 아울러 하근기의 사람들로 하여금 선을 행하도록 하는 방편설도 부정하고 있다.

⑪ 화복의 변에서는 불교에 귀의하면 모든 죄가 면제되고 복을 받게 된다

《삼봉집》목판 중《불씨잡변》목록판(삼봉기념관 소장)

는 주장은 공도가 아니라고 비판하고 있다.

⑫ 걸식의 변에서는 불교의 걸식을 아무런 일도 하지 않는 것으로 간주하면서 간사한 백성이라 비판하고 있다. 더욱이 왕처럼 호화로운 불당에서 잘 입고 잘 먹고 큰 농장과 많은 노비들을 거느리고 사는 것은 청정과욕에도 어그러질 뿐 아니라 천지의 큰 좀이라고 비난하고 있다.

⑬ 선교의 변에서는 달마가 중국에 온 이후 불립문자·언어도단·견성성불을 주장하는 선교가 시작되어 그나마 있던 권선징악의 도마저 끊어버려 더욱 방자해지고 타락하게 되었음을 비판하고 있다.

⑭ 유석동이의 변에서는 유교에서 말하는 허, 적, 심, 수작만변과 불교에서 말하는 허, 적, 심, 수순일체는 용어는 같지만 뜻이 다르며, 결론적으로 유교는 일一이자 연속임에 반해 불교는 이二이자 그치거나 끊어짐間斷이라고 비판하고 있다.

⑭ 벽이단의 변에서는 양묵과 불교가 이단으로서 해로운 까닭을 비판하고 있다.

⑮ 불법입중국에서는 한나라 명제이후 서역에서 불교가 들어온 과정에 대해 설명하고 있다.

⑯ 사불득화에서는 중국 양나라 무제는 불교를 숭상하여 자비정치를 베풀었음에도 국가기강이 문란해져 반란자에 의해 사찰에 감금되어 굶어 죽은 사실을 소개하여 부처를 섬기면 화를 입는다고 비판하고 있다.

⑰ 사천도이담불과에서는 중국의 당나라 대종은 재상 원재와 왕진이 안사의 난을 토벌하고 회흘과 토번을 물리친 것을 인과응보설로 설명하는 것을 듣고 숭불로 기울어졌으나 이는 곽자의나 광필과 같은 인사에 의한 것이지 인과응보가 아님을 강조하고 있다.

⑱ 사불심근연대우촉은 불교를 숭상하던 위진남북조시대의 왕조 생명이 짧았음을 논한 것이다.

이 가운데 ⑮~⑱은 전대사실 4편으로 진서산의 《대학연의》 권14 〈명도술明道術〉의 이단학술지차異端學術之差에서 내용을 그대로 인용하는 대신 4편으로 나누어 각각의 제목을 달았다. 이중 ⑮~⑯은 한유의 〈논불골표〉에도 있는 내용이다.

여기서 한 가지 짚어보아야 할 점은 《불씨잡변》의 구성 편수다. 권근은 서문을 통해 '이제 삼봉선생의 불씨잡변 20편을 보니 ……' 라고 하고 있다.[9] 이것을 근거로 하여 논자에 따라 표현 방식은 다르나 20편으로 보는 견해들이 있다. 송재운은 별다른 설명 없이 위의 19편에

[9] 《불씨잡변》 권9, "今觀三峯先生佛氏雜辨二十篇."

다 '부권미비설^{附卷尾備說}'을 추가하여 20편이라 하고 있다.[10] 이정주는 《불씨잡변》을 총 20편이라 하여 위의 19편에다 《불씨잡변》 저술의 이유를 추가로 부연하여 책 끝에 논설 1편을 추가했다. 그 근거를 권근의 서문에서 언급한 내용을 들고 있다. 이후 일반적으로 20편 전체를 《불씨잡변》이라 한다고 했다.[11] 이영춘은 19편에 《심기리편》을 더하여 20편이 된다고 했다.[12] 그러나 이는 권근의 서문에도 나와 있듯이 《불씨잡변》보다 먼저 지은 것으로 이 견해에는 무리가 있을 듯하다. 이들의 견해를 종합하면, ⑳ 권말비일설^{卷末備一說}을 추가하여 20편으로 해석하고 있음을 알 수 있다.

하지만 《불씨잡변》은 19편으로 보는 것이 타당하다. 왜냐하면 첫째로는 불씨잡변 제목에 19항목만을 명시한 것으로 보아 정도전은 19편으로 나누었으므로 그의 견해에 따라 19편으로 보아야 하기 때문이다. 둘째로 20편을 주장하는 이들은 '권말비일설'의 내용 때문이다. 이것은 윤회지변에 대한 보충과 당시 일반적으로 유행한 방광^{放光}과 사리신앙^{舍利信仰}에 대한 비판을 하고 있다. 그렇지만 그는 그것이 한낱 신비로운 것에 대해 취하는 행위정도로 파악하고 있을 뿐이다. 방광과 사리신앙이 불교도들의 뿌리 깊은 신앙형태였음을 이해하고 있지 못했던 듯하다. 따라서 하나의 변으로 하지 않고 자지^{自識}의 형식으로 남겨두었을 것이다. 그럼에도 내용상의 비중은 높이 볼 수 있어

---

[10] 송재운, 〈삼봉 정도전과 함허당의 유불대론〉, 《국민윤리연구》 37호, 서울: 한국국민윤리학회, 1997, 9쪽.

[11] 이정주, 〈여말선초 유학자의 불교관〉, 서울: 고려대학교 박사학위논문, 1997, 138~139쪽.

[12] 이영춘, 〈정도전의 배불론과 그 성격〉, 《한국사상과 문화》 제1집, 서울: 한국사상문화학회·수덕문화사, 1998, 167쪽.

이 책에서도 이것을 신앙적인 면으로 별도로 다루었다.

이상에서 간략하게 살펴본 바에 따르면, 정도전은 불교에 대해서 나름대로 논리적인 비판을 가하고 있다. 한영우는 《불씨잡변》에 나타난 정도전의 불교교리에 대한 비판은 철학적 깊이에서나 비판의 철저성에서나 이론체계의 논리성에서 당시의 중국과 일본을 통틀어서 가장 높은 수준에 있었던 것으로 평가되고 있다. 불교가 중국과 우리나라와 일본에 들어온 지 2천여 년이 지나도록 유자에 의한 사소한 비판은 있었어도 이처럼 철저한 비판은 정도전이 최초라고 알려져 있으며, 그 이후에도 이를 능가할 만한 비판이 나온 일이 없었다"라고 하고 있다.[13]

정도전은 조선왕조 개국의 일등공신이었으며 신왕조의 통치이념과 행정체계를 정립하고 국가 운영의 기초를 닦은 정치가이자 경세가였다. 그의 불교에 대한 비판은 곧 조선왕조의 불교정책이 되었고 그것이 500여년이 넘게 항구적인 영향을 미치게 되었다. 또한 조선왕조의 유교적 통치 이데올로기를 정립하는 데 기여했으며, 불교중심의 사회에서 유교중심의 사회로 전환되는 과도기의 이정표가 되었다.

[13] 한영우, 《정도전사상의 연구》, 52쪽.

불교 비판의 내용

정도전이 불교를 체계적으로 비판하고자 했다면, 오늘날 그의 불교 비판은 크게 두 형식으로 연구되고 있다. 하나는 그의 논변을 일일이 논하는 경우[14]와 다른 하나는 그의 논리를 큰 틀로 나누어서 보는 경우다. 이 두 가지 방식은 나름대로의 의미를 지니고 있다. 그러나 전자의 경우는 중복되는 부분과 더불어 논의할 만한 수준에 미치지 못할 정도로 간략하게 언급했거나 타인의 논리를 그대로 옮겨놓은 경우도 있는 것이 사실이다. 또한 각 논변들 간의 유기적인 부분을 간과할 소지를 지니고 있다. 이에 따라 정도전의 불교 비판 연구 초기 단계에서는 전자의 형식이 대부분이었으나 최근 들어서는 논변들의 유기적 관계와 총체적 설명을 위해 후자의 방법을 많이 채택하고 있다. 예를 들면 윤사순은 종교적인 측면, 철학적 측면, 윤리적 측면, 국가·사회적인 측면으로, 한영우는 인식론, 인성론, 우주본체론으로, 한종만은 윤회·인과면, 심성론면, 실천윤리면, 사회·역사면으로, 송석구는 신

---

[14] 대표적으로 이종익을 들 수 있다.

앙적 측면, 철학적 측면, 사회적 측면으로, 이정주는 현상적 측면, 형이상학적 측면, 당위적 측면 등으로 분류하고 있다. 이처럼 논리의 틀은 논자들의 관점에 따라 다양하게 나타나고 있다.[15]

여기서는 정도전의 불교 비판의 유기적이고 총체적인 조망을 위해 심성설, 윤회인과설, 사회윤리적인 면, 신앙적인 면, 역사적인 면 등 다섯 가지의 큰 틀로 나누어 살펴보고자 한다.

이 가운데 역사적인 면은 별도로 다루지 않기로 하겠다. 정도전은 불씨잡변 15편과 전대사실 4편으로 나누고 있는데, 정조 때 규장각에서 《삼봉집》을 편찬하면서 '안按'으로 쌍주를 추가한 부분에서, "여기서부터 〈부처 섬기기를 극진히 할수록 연대는 더욱 단축되었다[事佛甚謹年代尤促]〉까지는 진씨(덕수)의 《대학연의》의 설을 인용"한 것이라고 밝혔기 때문이다.[16] 앞 시대의 역사적인 사실에 대한 내용은 이처럼 《대학연의》 권14 〈명도술〉의 이단학술지차異端學術之差에서 그대로 인용했다. 다만 정도전은 그것을 4편으로 나누어 각각의 제목을 달았다. 이로써 전대사실 4편은 진덕수의 설을 인용하는 수준에 그치고 있으므로 따로 고찰하지 않겠다. 따라서 이 책에서는 전대사실을 제외한 불씨잡변 15편과 지識에서 언급하는 내용을 심성설, 윤회인과설, 사회윤리적인 면, 신앙적인 면에서 살펴보겠다.

---

[15] 윤사순, 〈삼봉 성리학의 특성과 그 평가문제〉, 《삼봉정도전연구》, 서울: 삼봉선생기념사업회, 1992; 한영우, 《정도전사상의 연구》; 한종만, 《불교와 유교의 현실관》; 송석구, 《불교와 유교》; 금장태, 〈삼봉 벽불론〉, 《삼봉정도전연구》, 서울: 삼봉선생기념사업회, 1992; 이영춘, 〈정도전의 배불론과 그 성격〉; 이정주, 〈여말선초 유학자의 불교관〉.

[16] 〈불법입중국〉, "此以下至事佛甚謹年代尤促 引用眞氏大學衍義說."

심성론

심성론적인 불교 비판은 〈불씨심성지변〉, 〈불씨작용시성지변〉, 〈불씨심적지변〉, 〈불씨진가지변〉, 〈유석동이지변〉과 《심기리편》 등을 중심으로 이루어지고 있다.

《심기리편》에서는 불교뿐만 아니라 도교사상까지도 비판의 대상으로 삼아 유교의 우위를 나타내 보이려고 하고 있다. 불교의 심心으로 도가의 기氣를 부정하는 〈심난기〉와 도교의 기로서 불교의 심을 비난하는 〈기난심〉 두 편을 제시하여 심과 기가 각각 일면 치우쳐 있음을

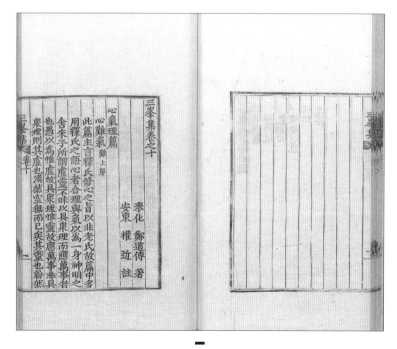

《삼봉집》 권10 《심기리편》(한국학중앙연구원 장서각 제공)

보여준 뒤 〈이유심기〉에서 심과 기를 포괄할 수 있는 근원적인 개념으로서의 이理를 제시하여 유교의 정당성과 우월성을 밝히고자 했다. 〈심난기〉에서는 불교의 심은 현상을 부정하고 가환假幻이라고 보는 초월심만을 주장한다고 하고 있다. 〈기난심〉에서는 불교의 심은 사량분별의 무명심으로서 신기를 해치는 마음이라 하고 있다. 따라서 이는 심과 기의 근원으로서 이는 천지보다 앞에 있어 기는 이로 인해 생기고 마음 또한 선천적으로 타고나 덕이 된 것이라고 했다.[17] 따라서 〈이유심기〉에서 이를 근원으로 했을 때에만 심은 이로 인해 더욱 영철하고 허명해지며 기는 호연하게 생할 수 있게 될 것이라고 주장하고 있다.[18] 이것은 성리학의 이기론에 입각하고 있다.

다음은 《불씨잡변》에서 말하는 심과 성의 개념을 살펴보기로 하겠다. 그는 〈불씨심성지변〉에서 다음과 같이 말한다.

마음[心]이란 사람이 하늘에서 얻어서 생겨난 기로서, 공허하고 고요하여 흔들리지 않고 신령하여 사물에 감동하며, 어둡지 않아서 모르는 것이 없어서[19] 한 몸의 주인이 되는 것이요, 본성이란 사람이 하늘에서 받아서 생겨난 리로써 순수하고 지극히 착하여 한 마음에 갖추어져 있는 것이다. 마음은 앎과 행위가 있으나 본성은 앎도 행위도 없다. 그러므로 "마음은 능히 본성을 다할 수 있으나 본성은 마음을 잡도리하지 못한다"고 했다. 또

<hr>

17 〈이유심기〉, "於穆厥理 在天地先 氣由我生 心亦稟焉."
18 〈이유심기〉, "我存爾心 瑩徹虛明 我養爾氣 浩然而生"; 한종만, 《불교와 유교의 현실관》, 이리: 원광대학교출판국, 1981, 304~306쪽.
19 《대학》, "명덕이라는 것은 사람이 하늘로부터 얻은 것으로 허령불매하며 모든 이치를 갖추고 있음으로 만사에 응하는 것이다[明德者 人之所得於天 虛靈不昧 具衆理 應萬事者也]."

말하기를 "마음은 정과 본성을 모두 통괄한다"[20]고 하고, 또 "마음이란 신명의 집이요, 본성은 그 집에 갖추어진 이치[理]다"[21]라고 했다. 이것으로 볼 때 마음과 본성은 구분됨을 알 수 있다.[22]

마음이란 하늘에서 얻어서 생겨난 기의 산물이며, 앎과 행위가 있으며, 능히 본성을 다할 수 있으며, 성정을 통합한 신명의 집이라고 하고 있다. 하늘에서 생겨난 이, 즉 본성이 갖추어져 있다는 것이다. 그러므로 마음은 기의 산물일 뿐이라는 것이다. 본성이란 하늘에서 얻어서 생겨난 이로써 순수 지선하여 마음에 갖추어져 있는 것으로 앎도 행위도 없으며, 그 갖추어진 바의 이치라고 하고 있다. 이렇게 볼 때 마음과 성품의 성격은 확연히 구별됨을 알 수 있다. 이러한 정도전의 관점은 송대의 성리학에서 가장 중요시한 심성론과 같다고 할 수 있다. 일반적으로 성리학에서는 성과 심을 분리하여 본다. 즉 '심즉기 성즉리'의 관념이 그것이다.[23]

---

[20] 인의예지는 함께 성에 갖추어져 있으나 그 체는 혼연하여 얻어 볼 수 없다. 물物에 감응하여 움직인 연후에야 그 측은·수오·사양·시비의 용用을 보게 되고, 인의예지의 단서가 이에 드러난다. 곧 이른바 정이니 정자가 양기발처라 한 것이 이것이다. 대저 인의예지는 성이며, 측은·수오·사양·시비는 정이며 심은 성정을 통합하는 것이다. 이로서 보면 구역을 나누되 그 같음을 해치지 않고 맥락이 관통하되 그 차별을 해치지 않으니 거의 완벽하다. 《주자문집》 권56, 〈答方賓王〉.

[21] 《맹자》, 〈진심장구상〉 주, "心者 神明之舍 性則其所具之理."

[22] 〈불씨심성지변〉, "心者 人所得於天以生之氣 虛靈不昧 以主於一身者也 性者 人所得於天以生之理 純粹至善 以具於一心者也 蓋心有知有爲 性無知無爲 故曰 心能盡性 性不能知檢其心 又曰 心統情性 又曰 心者 神明之舍 性則其所具之理 觀此 心性之辨可知矣."

[23] 성리학은 기본적으로 '심즉기 성즉리'를 주장한다. 이런 관점에서 유가는 불교의 심즉성心卽性을 비판하며, 불교의 영향을 받은 양명학의 심즉리 역시 비판한다. 한자경, 〈정도전의 불교 비판에 대한 비판적 고찰〉, 82쪽.

그런데 불교의 심성론은 그렇지 못하여 마음을 그대로 본성이라 하여 동일하다고 보다가 그 개념이 혼동되므로 심과 성을 구분하기도 한다는 것이다.

저 불씨는 마음을 본성으로 삼아 그 설을 구하다가 되지 않으니까, 이윽고 말한다. "혼미하면 마음이요, 깨달으면 본성이다." 또 말하기를 "마음과 본성의 이름이 다른 것은 안眼과 목目의 명칭이 다른 것과 같다" 했다.[24]

정도전은 불교의 심성관을 통찰한 듯하면서도 경우에 따라 전혀 상반된 것이므로 가장 근본적인 내용을 표현하는 개념에 있어서 때로는 혼란을 일으키며 그 개념도 모호하다고 비판했다.[25] 그는 또 《능엄경》을 인용하여 "원묘는 명심이요, 명묘는 원성이다[圓妙明心, 明妙圓性]"라는 것은 명을 심으로, 원을 성으로 나누어 말했다. 하지만 그가 인용한 《능엄경》의 구절은 그대로는 나오지 않는다. 비슷한 구절은 광본의 한역본인 밀교부의 《대불정여래밀인수증료의제보살만행수능엄경 大佛頂如來密因修證了義諸菩薩萬行首楞嚴經》 권2에 "어찌하여 너희들은 본래 묘하고 원만하고 밝은 마음의 보배처럼 밝고 묘한 성품을 잃어버리고 깨달음 속에서 미혹迷惑을 자기 마음으로 잘못 아는 것이냐?"라고 나온다.[26] 이 구절을 그는 말을 바꾸어 마치 심과 성, 명과 원이 서

---

[24] 〈불씨심성지변〉, "彼佛氏以心爲性 求其說而不得 乃曰 迷之則心 悟之則性 又曰 心性之異名 猶眼目之殊稱."

[25] 금장태, 〈정도전의 벽불사상과 그 논리적 성격〉, 《유교학논총》, 서울: 동교민태식박사고희기념논총, 1972, 21쪽.

[26] 《大佛頂如來密因修證了義諸菩薩萬行首楞嚴經》 2(T19), 110쪽c, "云何汝等遺失本妙圓妙明心寶

로 엇바뀌어 얽혀있는 것처럼 해놓았다. '원묘명심圓妙明心·보명묘성
寶明妙性'은 체묘를 탄미하여 덧붙인 것일 뿐이다. 결국 심은 곧 성이
라는 것이다. 깨달으면 원명성圓明性이요, 미망에 빠져 깨닫지 못하면
망신심妄身心일 뿐이다. 이것을 명과 원을 구분한 맥락에서 이야기한
것으로 잘못 인용하고 있다.

보조국사의 "마음 밖에 부처가 없으며 성 밖에 법이 없다[心外無佛·性
外無法]"[27]라는 것은 불과 법을 심과 성으로 나누어 말한 것으로서, 깊
이 통찰한 듯 보이지만 실은 그 모두가 방불한 가운데 상상으로 얻은
것이요, 활연하게 진실되게 본 것이 없으며, 그 설에 헛된 말[遊辭]이
많아 일정한 이론이 없다고 비판했다.[28] 이것의 근거는 앞에서 말한
심은 기로써 성은 이로써 규정한데 따른 것이다.

보조국사의 《수심결修心訣》에는 '심외유불·성외유법心外有佛·性外有
法'이라고 하고 있다. 내용을 이해하기 위해 인용해보자.

만약 마음 밖에 부처가 있고 본성 밖에 진리가 있다고 말하면서 이런 뜻에
집착하여 불도를 구하고자 한다면 아무리 오랜 세월동안 몸을 불사르고
팔을 태우고, 뼈를 부수어 골수를 내고, 피를 내어 경전을 베끼며, 눕지 않
고 오래 앉아 참선만 하며, 아침 한 끼만 먹으며 나아가 모든 대장경을 다
읽고, 온갖 고행을 닦는다 해도 이는 모래를 삶아 밥을 짓는 것과 같아서

明妙性, 認吾中迷."
27 김용옥,《삼봉 정도전의 건국철학》, 107쪽.
28 〈불씨심성지변〉, "至楞嚴日圓妙明心·明妙圓性 以明與圓 分而言之 普照日 心外無佛·性外無法
    又以佛與法分而言之 似略有所見矣 然皆得於想象髣髴之中 而無豁然眞實之見 其說多爲遊辭而
    無一定之論 其情可得矣."

다만 스스로 수고로움만 더할 뿐이다.[29]

여기서 보면, "마음 밖에 부처가 있고[心外有佛] 성품 밖에 진리가 있다[性外有法]"는 것을 부정적인 맥락에서 말하고 있다. 그런데 정도전은 긍정적 맥락으로 바꾸어 인용했음을 알 수 있다. 보조국사는 부처나 진리는 마음이나 성품의 밖에 있지 않음을 강조한 것이다. 이어서 그는 "마음을 관하면 성을 보나니, 마음이 곧 성이다"고 한 설명에 대해서도 "일심이라면 이 한 마음을 본다는 것이니 어찌 마음이 둘이 있단 말인가?"라고 하면서 이것이 논리적인 모순을 가졌다고 비판하고 있다. 즉 이는 따로 한 마음을 가지고 이 한 마음을 본다는 것이므로, 마음이 둘이 있게 된다는 것이다. 이와 같은 명제에 대하여 불교에서는 "마음으로 마음을 보는 것은 입으로 입을 씻는 것과 같으니, 관하지 않는 것으로써 관해야 하느니라"는 식으로 회피하려고 말한다고 설명하고 있다.[30]

불교의 심성론에는 또한 사람들을 방종하게 하는 요소가 있음을 비판하고 있다. 불교에서 말하는 "비고 고요하며 신령스럽게 하는 마음은 연을 따라 변하지 않는다[空寂靈知 隨緣不變]"라든가 "연을 따라 되는 대로 하고, 본성에 맡겨 자연스럽게 한다[隨緣放曠 任性逍遙]"[31]라는 인식이 그것이다. 이는 그 사물이 하는 대로 따를 뿐이요, 다시 그 사물

---

[29] "若言心外有佛 性外有法 堅執此情 欲求佛道者 縱經塵劫 燒身燃臂 敲骨出髓 刺血寫經 長坐不臥 一食卯齋 乃至轉讀一大藏教 修種種苦行 如蒸沙作飯 只益自勞爾."

[30] 〈佛氏心性之辨〉, "佛氏之說曰 觀心見性 心卽性也 是別以一心見此一心 心安有二乎哉 彼亦自知其說之窮 從而遁之曰 以心觀心 如以口齕口 當以不觀觀之."

[31] 〈불씨심성지변〉.

에 대한 시비를 절제하여 주체적으로 처리함이 없다는 것이다. 이에 비해 유가에서는 안으로 마음과 몸으로부터 밖으로 사물에 이르기까지 하나이고 연속이라 하고 있다.[32]

〈불씨진가지변〉에서는 불교의 심성을 진상이라 하고 천지만물은 가합이라 보아 현상세계를 부정하고 있다면서 《원각경》의 예를 들어 비판하고 있다.[33]

〈불씨작용시성지변〉에서는 불교에서 말하는 '작용이 곧 성'이라고 보는 관념에 대해서도 비판하고 있다. 방거사의 게송에서 "물을 긷고 땔나무를 옮기는 것이 모두 묘용 아닌 것이 없다"[34]는 말은 바람을 부르고 비를 내리게 하거나 산을 옮기고 물을 건너는 등의 불가사의한 것만을 신통으로 아는 태도를 경계하고 일상생활이 바로 진리의 신묘한 작용임[35]을 설한 선불교의 진수를 묘사한 것이다. 그러나 주자의 말을 빌려 "만일 작용을 가지고 성이라고 한다면, 사람이 칼을 잡고 함부로 휘둘러 인명을 살상하는 것도 성이라고 하겠는가?"라고 비판한다. 그는 '성즉리'는 형이상이요, '심즉기'는 형이하인데, '작용이 곧 성'이라는 것은 형이하를 말한 것으로서, 불교가 고묘무상하다고 하면서도 도리어 형이하에 빠졌다[36]고 비판했다.

〈불씨심적지변〉에서는 불교에서 마음[心]과 그 자취[跡]를 구분하는

---

[32] 〈불씨심성지변〉, "釋氏虛 吾儒實 釋氏二 吾儒一 釋氏間斷 吾儒連續."

[33] 〈불씨진가지변〉, "佛氏以心性爲眞 常以天地萬物爲假合 其言曰 一切衆生 種種幻化 皆生如來 圓覺妙心 猶如空華及第二月."

[34] 〈불씨작용시성지변〉, "愚按佛氏之說 以作用爲性 龐居士曰 運水搬柴 無非妙用 是也."

[35] 한종만, 《불교와 유교의 현실관》, 307~308쪽.

[36] 〈불씨작용시성지변〉, "朱子亦曰 若以作用爲性 則人胡亂執刀殺人 敢道性歟 且理 形而上者也 氣 形而下者也. 佛氏自以爲高妙無上 而反以形而下者爲說 可笑也已."

것을 비판하고 있다. 유교적 관점에서는 마음이란 것은 한 몸에 주인이 되는 것이요, 적跡이란 것은 마음이 사물에 접하여 반응하는 것이라고 했다. 그러므로 "이 마음이 있으면 반드시 이 자취가 있다"[37]고 하여, 둘로 나눌 수 없는 것으로 보았다.

그러나 불교에서는 그 마음만을 취하고 그 자취는 중요시하지 않고서는 오히려 "문수보살이 술집에서 놀았는데, 그 행적은 비록 그르나 그 마음은 옳다"고 한다고 비난한다. 이는 곧 마음과 행적이 판이하여 이를 소통한 자는 방자하게 되고 막히어 고루한 자는 고고한 데로 들어간다[38]고 비판하고 있다.

정도전은 이와 같은 관점에서 "석씨는 허무이고 우리 유가는 진실이며, 석씨는 둘이고 우리 유가는 하나이며, 석씨는 간단이 있고 우리 유가는 연속되는 것이다"[39]라는 논리로 이어져 불교는 이원성, 단절, 개념의 혼란, 논리의 비약 등을 가져온다고 단정하고 있다. 이는 곧 불교의 비이원적인 직관의 논리를 비합리적이라고 본 것이며 비이원적인 직관과 현상을 망이라고 보는 부정적 논리의 비일관성을 공격한 것이다.[40]

---

[37] 〈불씨심적지변〉, "心者 主乎一身之中 而跡者 心之發於應事接物之上者也 故曰 有是心 必有是跡 不可判而爲二也."

[38] 〈불씨심적지변〉, "彼之學 取其心 不取其跡 乃曰文殊大聖 遊諸酒肆 跡雖非而心則是也 他如此類者甚多 非心跡之判歟 程子曰 佛氏之學 於敬以直內則有之矣 義以方外則未之有也 故滯固者 入於枯槁 疏通者歸於恣肆 此佛之敎所以陷也."

[39] 〈불씨심성지변〉, "釋氏虛 吾儒實 釋氏二 吾儒一 釋氏間斷 吾儒連續 學者所當明辨也." 이는 《주자어류》 제30단, "釋氏虛 吾儒實 釋氏二 吾儒一"에서 인용했다.

[40] 한종만, 《불교와 유교의 현실관》, 310쪽.

윤회인과론

윤회설

중국을 비롯한 우리나라의 배불론자들은 윤회설에 대한 비판을 첫머리에 두고 매우 중요하게 다루고 있다. 정도전도 역시 마찬가지였다. 이러한 사실은 불교를 옹호하는 호법론적 입장에서 논쟁을 정리한 중국 양나라 승우僧祐(445~518)가 편찬한 《홍명집》에서도 잘 드러난다. 《홍명집》에서는 당시의 불·도·유 삼교의 융합과 교류, 반박의 모습을 엿볼 수 있다. 여기에는 육체적으로 죽는다 하더라도 정신이나 영혼[神]은 멸하는가, 멸하지 않는가라는 신멸·신불멸 논쟁이 실려 있다. 이 논쟁은 동진시대인 4세기 후반에 〈갱생론更生論〉을 지은 나함과 이에 반박한 손성이나 비슷한 시기에 활동한 여산혜원(334~416)의 〈삼보론〉과 〈사문불경왕자론〉에 의해 시작되었다. 이후 이 주제는 끊임없는 논쟁의 대상이 되고 있으며, 우리나라에도 그대로 이어졌다. 이것이 계속 논쟁의 대상이 되었던 이유는 유교의 현실적 실천을 중시하는 관점에서 용납할 수 없는 요소가 있었기 때문이다.[41]

정도전도 윤회설이 불교의 세계관 혹은 인생관의 핵심이라고 보았으며, 다른 불교교리의 근원이 되는 것으로 보고 있었던 것 같다.[42]

---

[41] 한종만, 《불교와 유교의 현실관》, 299쪽.

[42] 뒤에서 다시 밝히겠지만 윤회전생설輪廻轉生說은 인과응보설과 결부되어 지속적으로 깊은 영향을 미친 사상체계이다. 이것은 불교에서도 비교적 단순한 학설에 속할 뿐이며 불교의 중심적 견해는 아니지만 불교가 종교로서 명맥을 유지할 수 있게 한 중요한 사상이었던 것도 사실이다(김용조, 〈변계량의 불교관과 불교소문〉, 《경상사학》 제10집, 진주: 경상대학교, 1994, 37쪽). 반면에 윤회의 주체에 대한 논쟁은 불교 내에서도 끊임없이 이어졌다.

따라서 그는 다른 부분에 비해 많은 분량으로 윤회와 인과에 대한 변을 하고서도 자지自識의 권말비일설에서 윤회에 대해서 제 삼자를 개입시킨 듯한 스스로의 문답을 추가하여 또다시 부연하여 설명하고 있다.

정도전은 우주만물의 무궁한 원리를 사람과 만물이 무궁하다는 생생무궁설과 《주역》의 음양오행설에 기초하여 설명하고 있다.

사람과 만물[43]이 나고 나서 무궁한 것은 바로 천지의 조화가 운행하여 그치지 않기 때문이다. 원래 태극에 움직임과 고요함이 있어 음양이 생기고, 음양이 변하고 합하여 오행이 갖추어졌다. 이에 무극과 태극의 참된 원리와 음양오행의 정기가 미묘하게 합하여 형기를 이루어서 사람과 만물이 생겨나고 생겨난다. 이렇게 하여 이미 생겨난 것은 가면서 과거[過]가 되고 아직 나지 않은 것은 와서 계속[續]한다. 이 과와 속 사이에는 한 순간의 정지도 용납되지 아니한다.[44]

이는 《주역》과 주돈이(1017~1073)의 《태극도설太極圖說》을 인용한 것이다. 《태극도설》에서 생생은 "음양의 두 기가 교감하여 만물을 화생化生하니 만물이 나고 남에 변화가 무궁하다[二氣交感 化生萬物 萬物生生 而變化無窮]"라 하고, 오행은 "양이 변하고 음이 합하여 수·화·목·

---

[43] 인물人物은 인과 물로 나누어서 사람을 제외한 모든 것을 물物이라는 의미로 사용되었다. 여기서는 그러한 의미를 파악하면서도 편의상 만물로 번역했다.

[44] 〈불씨윤회지변〉, "人物之生生而無窮 乃天地之化 運行而不已者也 原夫太極有動靜而陰陽生 陰陽有變合而五行具 於是無極太極之眞 陰陽五行之精 妙合而凝 人物生生焉 其已生者往而過 未生者來而續 其間不容一息之停也."

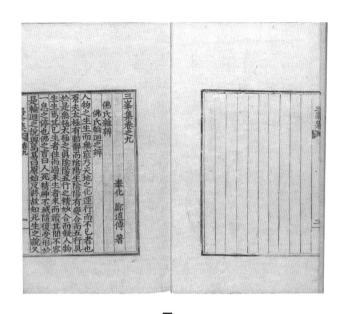

《삼봉집》 권9 〈불씨윤회지변〉(한국학중앙연구원 장서각 제공)

금·토를 생生하고 …… 오행은 하나의 음양이요 ……[陽變陰合 而生水火木金土 …… 五行一陰陽]"이라 했고, 무극은 "무극이면서 태극 …… 무극의 진과 이오二五(음양과 오행의 정精)가 묘하게 합하여 형기를 이루어서 ……[無極而太極 …… 無極出眞 二五出精 妙合而凝 ……]"라고 각각 말하고 있다. 생생은 계속하여 낳고 낳는다는 뜻이고, 오행은 천지간의 만물을 조성한 5가지 원기인 수·화·목·금·토를 말한다. 무극은 극이 없다는 뜻으로, 태극의 별칭이다.

그는 태극에는 동과 정이 있어서 태극이 동하면 양이 생기고 정하면 음이 생겨나며, 음양에서 사상이 나오는데, 음양이 변화하고 합하여 오행이 갖추어진다고 하고 있다. 일동—動·일정—靜이 서로 그 뿌리가 되어 음으로 나뉘고 양으로 나뉘어 양의가 생겨난다는 것이다. 이에 사람과 만물은 무극·태극의 진[이]과 음양오행의 정[기]인 이오가 묘합에 의해 응집되어 생성한다고 하고 있다. 정신이라는 것은 사람이 생길 때, 기氣가 모이는 것과 함께 생기는 것으로 죽을 때 기와 함께 흩어지는 것이며, 육체와 별도로 떨어져 존재하는 것이 아니라고 보았다. 그리고 한 번 흩어진 기는 다시는 원래의 모양으로 형상화될 수 없다는 것이다. 만물의 생성과 소멸에 대하여 다음과 같이 설명하고 있다.

천지 음양의 기가 교합하여 사람과 만물을 이룬다. 혼기는 하늘로 올라가고, 체백은 땅으로 돌아가는데 이것은 변화하게 되는 것이다. 정은 백이 되고 기는 혼이 된다. 떠도는 혼이 변화한다는 것은 이 혼백이 서로 떨어져 떠돌아 흩어지는 것을 말하는 것이다. 이미 변하게 되면 굳은 것은 썩고 존재하는 것은 망실되어 다시 사물이 될 수 없다.[45]

그는 인간과 사물의 개별적 정신의 절대성이나 고유한 독립적인 존재임을 믿지 않았다. 다시 말해서 그는 음양오행의 묘합성의 고정된 체계를 인정하지 않고 무궁한 생동성을 생각하고 있다. 그렇기 때문에 생이란 음양의 두 기氣가 서로 합하여 드러난 일회적인 사건에 불과하며, 사란 기가 흩어져 사라진다고 봄으로써 그 개체적 존재성 또

---

[45] 〈불씨윤회지변〉, "天地陰陽之氣交合 便成人物 到得魂氣歸于天 體魄歸于地 便是變了 精氣爲物 是合精與氣而成物 精魄而氣魂也 游魂爲變 變則是魂魄相離 游散而變 變非變化之變 旣是變則堅者腐存者亡 更無物也."

한 흩어져서 사라져 버린다는 것이다.[46] 그는 이러한 현상을 천지의 사이는 뜨거운 화로와 같아서 비록 사물이 나더라도 모두 녹아 없어지는 자연스러운 현상이라고 보았다.[47] 그 외에도 사람의 몸에서는 숨을 내쉬고 들이쉬는 기식으로, 사물로는 초목이나 우물속의 물, 백곡의 자라남 등을 예로 들고 있다.

그러나 그의 이런 설명에도 불구하고 남는 한 가지 의문은 《주역》에 있는 "유혼은 바뀌게 된다"는 해석으로, 사람이 죽으면 혼과 백이 각각 하늘과 땅으로 돌아간다는 것이다. 이는 사람은 죽어도 정신은 사라지지 않는다는 불교의 가르침이 아니냐는 것이다.[48] 그러나 그는 이 문제를 나무가 불에 타서 연기와 재로 변화하는 원리에 비유하여, 이미 흩어진 것이 다시 합쳐지거나 이미 가버린 것은 다시 살아 올 수 없다고 설명하고 있다.

불이 나무를 매개로하여 존재하는 것은 혼과 백이 합하여 사는 것과 같다. 불이 다 꺼지면 연기는 하늘로 올라가고 재는 떨어져 땅으로 돌아가게 되니 이는 사람이 죽으면, 연기는 하늘로 올라가고 체백은 땅으로 내려가는 것과 같다. 불의 연기는 곧 사람의 혼기이며 불의 재는 곧 사람의 체백이다. 또 화기가 꺼져버리게 되면 연기와 재가 다시 합하여 불이 될 수 없는

---

[46] 여기서는 정도전 스스로가 모순을 드러내고 있다. 즉 사람과 물이 있게 됨은 진리(眞理)와 정기(精氣)의 묘한 합응에 의해서라는 점에서 이원론인데 반해 태극→음양의 과정은 일원론이라고 하고 있다. 김해영, 〈정도전의 배불사상〉, 《청계사학》 1, 성남: 한국정신문화연구원 청계사학회, 1984, 57쪽.

[47] 〈불씨윤회지변〉, "天地間如烘爐 雖生物 皆銷鑠已盡 安有已散者復合 而已往者復來乎."

[48] 〈불씨윤회지변〉, "解易之游魂爲變曰 魂與魄相離 魂氣歸於天 體魄降于地 是人死則魂魄各歸于天地 非佛氏所謂人死精神不滅者耶."

것이니 사람이 죽은 후에 혼기와 체백이 또 다시 합하여 생물이 될 수 없다는 이치가 또한 명백하지 아니한가?[49]

삼봉이 윤회설을 비판한 또 한 가지 근거는 생물의 총수가 정해져 있다는 정수윤회설[50]에 대한 불교적 관념이었다.

혈기가 있는 모든 것은 스스로 일정한 수[定數]가 있어, 오고 오고 가고 가도 더하거나 덜함이 없다.[51]

이러한 윤회전생의 관념에 의하면, 모든 생물은 인류가 되지 아니하면 새, 짐승, 곤충, 생선 등이 될 것이므로 그 수가 정해져 있게 된다. 이것이 번성하면 저것이 감소될 것이며, 이것이 감소되면 저것이 번성할 것이다. 이렇게 본다면 생물은 한꺼번에 모두 번식하지도 않을 것이고 한꺼번에 모두 감소하지도 않을 것이다.

그러나 그는 생물의 총수에 일정하게 정해진 수가 있어 증감하는 것이 없다는 것은 여러 가지 자연 현상으로 보아 있을 수 없는 것이라고 했다. 그가 보기에는 성대한 세상을 만나면 인류가 번성해지고 새나 짐승 기타 동물들의 번식도 많아지며, 쇠약한 세상을 만나면 인물이 감소하고 다른 동물들 또한 감소한다.

---

[49] 〈불씨윤회지변〉, "火緣木而存 猶魂魄合而生 火滅則煙氣升而歸于天 灰燼降而歸于地 猶人死則 魂氣升于天 體魄降于地 火之煙氣 即人之魂氣 火之灰燼 即人之體魄 且火氣滅矣 煙氣灰燼 不 復合而爲火 則人死之後 魂氣體魄 亦不復合而爲物 其理豈不明甚也哉"

[50] 이홍순, 〈정도전의 배불사상〉, 《애산학보》, 서울: 애산학회, 1992, 132~133쪽.

[51] 〈불씨인과지변〉, "凡有血氣者 自有定數 來來去去 無復曾損"

유교적 자연관에 의하면 사람과 만물은 천지의 기운을 받아서 나는 까닭에 기가 왕성하게 되면 일시에 번성하고, 기가 쇠퇴하면 일시에 감소하는 것이라고 설명하고 있기 때문이다.

인과설

불교의 인과설은 세상의 모든 일과 업이 인과관계로 전개된다는 것이다. 그런데 삼봉이 말한 인과설이란 좀 더 정확하게 표현하면 인과보응설을 의미하고 있다.

> 살아 있을 때 착한 일을 했거나 악한 일을 한 것에 모두 보응報應이 있다. 살아 있을 때 착한 일을 했거나 악한 일을 하는 것을 인因이라고 하고, 다른 날에 보응을 받는 것을 과果라고 한다.[52]

그러나 정도전은 사물의 탄생이나 운명에 있어서 보응이란 것을 믿지 않았다. 그에 의하면 인간세계뿐만 아니라 만물의 현상 전체는 천도에 따라 무심한 가운데 음양오행의 작용으로 저절로 그렇게 되는 것일 뿐, 일정한 의지에 의해 결정되는 것은 아니라고 보았다. 이는 그의 윤회설에 대한 비판적 인식으로 보아 당연한 귀결이라고 할 수 있다. 그는 다음과 같이 설명하고 있다.

> 이른바 음양오행이란 교차하면서 운행되며, 들쭉날쭉하여 가지런하지도

---

[52] 〈불씨인과지변〉, "生時所作善惡 皆有報應者 不其然乎 且生時所作善惡 是之謂因 他日報應 是之謂果."

않다. 그러므로 그 기는 통하고 막히고, 치우치고 바르고, 맑고 탁하고, 두꺼고 얇고, 높고 낮고, 길고 짧은 차이가 있다. 그리하여 사람과 만물이 생겨날 때에 마침 그때를 만나 바르고 통하면 사람이 되고, 치우치고 막히면 만물이 된다. 사람과 만물의 귀하고 천함이 여기에서 나뉘진다.

또 사람에게 있어서도 그 기가 맑으면 지혜롭고 어지나 흐리면 어리석고 불초하며, 두터우면 부자가 되나 엷으면 가난하고, 높으면 귀하게 되나 낮으면 천하게 되고, 길면 장수하게 되나 짧으면 요절하게 되는 법이다. 이것이 대략이다.[53]

다시 말해서 어떤 사람의 운명이나 화복은 전생의 과업에 의해 결정되는 것이 아니라 인간이 형성될 때 품부된 기의 성향에 따라 결정된다는 이른바 기품편정설氣稟偏正說로써 인과론을 대치한 것이다. 이는 개별적 인간 정신의 고유성이나 불멸성을 인정하지 않는 성리학적 인간관의 당연한 귀결이라고 할 수 있다. 이러한 의미에서 본다면 불교의 인과설에서 주장하고 있는 전세의 업보에 의해 현세가 결정된다는 것은 옳지 않다는 것이다.

정도전은 일면 다른 유학자들과 달리 정자의 말을 인용하여 인과설의 교화적 효용에 대한 방편론에도 찬성하지 않고 있다.

어떤 사람은 말하기를, "석씨의 지옥설은 다 낮은 근기[下根]의 사람들을

---

[53] 〈불씨인과지변〉, "夫所謂陰陽五行者 交運迭行 參差不齊 故其氣也有通塞偏正淸濁厚薄高下長短之異焉 而人物之生 適當其時 得其正且通者爲人 得其偏且塞者爲物 人與物之貴賤 於此焉分 又在於人 得其淸者智且賢 得其濁者愚不肖 厚者富而薄者貧 高者貴而下者賤 長者壽而短者夭 此其大略也."

위해 이렇게 겁나는 지옥설을 만들어 착한 일을 하게 할 뿐이다"라고 한
다. 정자程子는 이에 이르기를, "지극한 정성이 천지를 관통하여도 오히려
사람이 감화되지 못하는데, 어찌 거짓된 가르침에 사람이 감화될 수 있겠
느냐?" 했다.[54]

불교에서 방편론으로 지옥설을 내세우는 것을 두고 정자의 말처럼,
정도로 사람을 교화하는 일도 쉽지 않은 것인데 방편으로 지어낸 설
로써 교화하기는 어렵다는 점을 강조하고 있다. 방편설은 방편일 뿐
이라는 것이다.

하늘의 도는 선한 이에게 복을 주고 악한 이에게 화를 주며, 사람의 도는
선한 이에게 상을 주고 악한 이에게 벌을 준다. 대개 사람에게는 마음가짐
에 사특함과 바름이 있고, 행동에 옳고 그름이 있어서, 화와 복이 각각 그
부류에 따라 응하는 것이다.[55]

그러나 다른 일면에서는 위에서 말한 것처럼 천도와 인도는 선한
이에게는 복과 상을 주고 악한 이에게는 화와 벌을 준다고 하여 인과
자체를 부인하지 않고 있음을 알 수 있다. 이것은 화복설로 이어지고
있다.

화복설을 보면, 하늘의 도는 선한 이에게 복을 주고 악한 이에게 화

---

[54] 〈불씨지옥지변〉, "或曰 釋氏地獄之說 皆是爲下根之人 設此怖令爲善耳 程子曰 至誠貫天地 人
尙有不化 豈有立僞敎而人可化乎."
[55] 〈불씨화복지변〉, "天道福善而禍淫 人道賞善而罰惡 蓋由人操心有邪正 行己有是非 而禍福各以
其類應之",

를 주며, 사람의 도는 선한 이에게 상을 주고 악한 이에게 벌을 준다고 하고 있다. 이에 불교를 비판하는 논거로 누구의 말인지 알 수 없으나 '삿되거나 바르거나 옳거나 그르거나를 논하지 않고, 우리 부처에게로 오는 자는 화를 면하고 복을 얻을 수 있다'는 말을 인용하여 비판하고 있다. 그렇게 되면 비록 십악의 대죄를 지은 사람이라도 부처에게 귀의하여 화를 면하게 되고, 아무리 도가 높은 선비일지라도 부처에게 귀의하지 않으면 화를 면할 수 없다는 말이 되어 사리에 맞지 않는다는 것이다.[56]

비록 그 말이 거짓이 아니라 할지라도 그것이 모두 사심에서 나온 것이요, 공도가 아니므로 경계해야 할 것이라고 했다. 이는 오늘날 기독교의 배타적 신앙행위가 다른 종교의 구원가능성을 배척하는 것과 유사하다고 할 수 있다.[57]

또한 정도전은 한퇴지의 "부처 섬기기를 더욱 공경히 할수록 연대는 더욱 단축되었다"[58]는 말을 자주 인용하기도 했다. 불교가 일어난 후 수천년 동안에 부처 섬기기를 극히 독실하게 했던 양 무제나 당 현종과 같은 이도 모두 비참한 화를 면하지 못했다는 사례를 들어 그 효과가 없음을 실증하고자 했다. 이에 대해서는 공양왕 3년(1391)에 쓴 〈상공양왕소〉에서도 "불씨의 이른바 '선을 닦아 복을 얻는다.'는 것이 과연 어디에 있다 하겠습니까? 공민왕께서도 불교를 숭상하여 ……부처를 섬겼으니 가히 지극하다고 이를 만합니다. 그런데 끝내는 복

---

[56] 〈불씨화복지변〉, "彼佛氏則不論人之邪正是非 乃曰歸吾佛者 禍可免而福可得 是雖犯十惡大憝者."

[57] 류성태, 〈정도전의 불씨잡변고〉, 《논문집》 3집, 이리: 원광대학교대학원, 1989, 25쪽.

[58] 〈불씨화복지변〉, "韓退之所謂事佛漸謹 年代尤促者."

을 얻지 못했으니 이 어찌 밝은 전대의 귀감이 아니겠습니까?"[59]라고 하고 있다. 비근한 예로서 공민왕(1351~1374)이 불교를 숭상했으나 시해로 생을 마감한 일을 들고 있다.

대개 군자는 화복에 대하여 자기 마음을 바르게 하고 자기 몸을 닦을 뿐이다. 그러면 복은 구태여 구하지 않아도 저절로 이르고, 화는 구태여 피하지 않아도 저절로 멀어지는 것이라 했다. 그러므로 군자는 밖으로부터 화가 닥쳐오더라도 순순히 그것을 받을 뿐이고, 추위나 더위가 지나가는 것처럼 해서 나 자신은 그것에 관여하지 않을 뿐이어야 한다.

윤회보응설은 조선시대 유학자들도 계속적으로 비판하고 있다.

(가) 석씨는 자비로서 살생을 하지 않는다고 유혹하고 윤회보응輪回報應으로 겁을 준 것이니, 임금께서 믿을 바가 아닙니다.[60]

(나) 불씨의 보응설報應說이 모두 어둡고 어두운 가운데에 있어서 명백한 증험이 없으니, 어찌 믿을 수 있겠는가?[61]

(다) 석가의 말은 정밀한 것도 있고 또 조잡한 것도 있다. 조잡한 것은 윤회보응설로써 죄와 복을 넓혀 어리석은 사람들을 유인하여 분주하게 공양하

---

[59] 《삼봉집》 권3, 〈상공양왕소〉, "佛氏所謂修善得福者 果安在哉 此猶異代也 玄陵崇尙佛敎 …… 事佛可謂至矣 卒不獲福 豈非明鑑乎."

[60] 《정종실록》 권3, 정종2년 1월 을해조, "故釋氏以慈悲不殺誘之, 以輪回報應怯之, 非人主所宜信也."

[61] 《태종실록》 권5, 태종3년 3월 갑진조, "佛氏報應之說 皆在冥冥之中 未有明驗 豈可信哉."

게 할 뿐이다.[62]

(라) 다만 영혼은 죽지 않는다는 말은 석씨의 말과 다름이 없으니 유교에서의 도는 아니다.[63]

(가)는 정종이 경연에서 하륜과 나눈 대화의 일부분이다. 하륜은 포악한 서역사람들을 겁주기 위해 윤회보응설을 말한 것이라고 하고 있다. (나)는 태종이 명백한 증험없는 보응설은 믿을 수가 없다고 우대언 이응에게 한 말이다. 이처럼 조선 초기의 왕실 경연에서 주제가 되기도 했다. (다)는 율곡 이이(1536~1584)의 말로써 불교의 설 가운데 조잡한 것으로 윤회보응설을 들고 있다. (라)는 조선 후기 순암 안정복(1712~1791)이 서학(천주학)이 전래되었을 때 서학에서 주장하는 영혼은 죽지 않고 부활한다는 데 대해서 불교와 같은 주장임을 들어 비판하고 있는 대목이다. 이와 같이 인과윤회설은 중국에 불교가 전래된 이래로 정도전을 거쳐 조선시대에도 배불의 논리로서 계속적으로 이어지고 있음을 알 수 있다.

---

[62] 《율곡전서》, 〈성학집요〉 2, "佛氏之說 有精有粗 粗者不過以輪廻報應之說 廣張罪福 誘脅愚迷 使之奔走供養而已."

[63] 《순암문집》 권17, 〈천학문답〉, "但靈魂不死之言 與釋氏無異 吾儒之所不道也."

사회윤리적인 면

훼기인륜

정도전은 불교의 사회적 폐단 중 가장 중점을 두고 비판했던 내용은 인륜을 헐고 깨뜨린다는 것이었다. 그 이유는 유교 윤리의 핵심은 바로 오륜 즉 사람이 지켜야 할 다섯 가지 도리인 부자유친, 군신유의, 부부유별, 장유유서, 붕우유신 등 인간관계에 토대를 두고 있기 때문이다. 정도전의《불씨잡변》의 근본핵심은 이것으로부터 시작하여 이것으로 끝난다고 해도 과언이 아닐 정도라 할 수 있다. 그렇다면 그가 비판하고 있는 내용들은 무엇인지 살펴보기로 하겠다.

석가모니라는 사람은 남녀가 같은 방에서 사는 것을 옳지 않다고 했다. 인륜을 벗어나 출가하고 농사일을 버리고, 나고 나는 근본을 끊어 버리고는, 그런 도로써 천하를 바꾸려고 하고 있다.[64]

불씨의 말에 폐해가 많다. 하지만 인륜을 끊어버리고도 조금도 어렵게 여기거나 거리낌이 없음이 이 병의 근원이니, 침과 약을 쓰지 않을 수 없다.[65]

정도전은 먼저 불조인 석가모니는 '남녀가 같은 방에서 사는 것을 옳지 않다'고 하며 인륜을 벗어난 것은 잘못이라 지적하면서 비판을 시작하고 있다. 또한 인륜을 벗어나서 나고 나는 근본을 끊어버리고

---

[64] 〈불씨걸식지변〉, "釋迦牟尼者 以男女居室爲不義 出人倫之外 去稼穡之事 絶生生之本 欲以其道 思以易天下."

[65] 〈불씨진가지변〉, "佛氏之言 其害多端 然滅絶倫理 略無忌憚者 此其病根也 不得不砭而藥之也."

도 어렵게 여기지 않고 거리낌이 없으며, 더군다나 천하를 바꾸려 하고 있다는 것이다. 이러한 그의 관점은 《조선경국전》상의 〈예전〉 '혼인' 조에 '남녀란 인륜의 근본이며 만세의 시작'[66]이라는 관점과도 맥을 같이하고 있다. 그러므로 출가하여 인륜을 벗어났다고 비판하고 있으며, 불교의 많은 폐해 가운데 윤리를 끊어버리고도 조금도 어렵게 여기지 않고 거리낌이 없는 것을 근본으로 한다고 비판하고 있다.

내 어리석고 용렬하면서도 역량이 부족함을 알지 못하고, 이단을 물리치는 것을 내 임무로 삼은 것은 앞서 열거한 여섯 성인과 한 현인의 마음을 계승하고자 함이 아니라, 세상 사람들이 이단의 설에 미혹되어 모두 그 설에 빠져서 사람의 도가 없어지는데 이를까 두려워하는 까닭이다.[67]

게다가 이단을 물리치는 근본목적은 요·순·우·탕·공자·맹자 등 여섯 성인들이나 주자 같은 현인의 마음을 받아 잇고자 함에 있지 않고 오히려 세상 사람들이 이단의 설에 미혹되어 사람의 도가 없어질까 두려워함에 있다고 밝히고 있다. 그는 공자나 맹자, 주자 등의 가르침보다 사람의 도[人倫]를 중시하고 있음을 알 수 있다. 여기에서 주목할 점은 정도전은 세상 사람들이 이단의 설에 미혹되어 도가 없어지는 것을 두려워한다는, 이단배척이라는 자기주장의 강도를 높이기 위해 그 도의 근원을 제공해주고 있는 성현들의 마음을 계승하는 것

---

[66] 〈불씨진가지변〉, "男女者人倫之本 而萬世之始也."
[67] 〈벽이단지변〉, "以子惛庸 不知力之不足 而以闢異端爲己任者 非欲上繼六聖一賢之心也 懼世之 人惑於其說 而淪胥以陷 人之道至於滅矣."

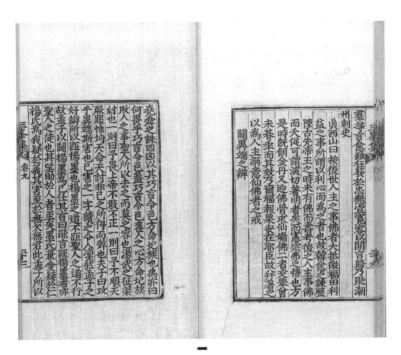

《삼봉집》 권9 〈벽이단지변〉(한국학중앙연구원 장서각 제공)

조차도 도외시하고 있다는 점이다.

그의 이런 주장은 중국에 불교가 전래된 이래 계속 제기된 문제이
자 송대 유학자들의 벽불 공격의 중심목표의 연장선상에 있다.[68] 이는
주자의 다음과 같은 말에서 비롯되었다.

불교와 노자의 학문은 특별히 깊이 따져 보지 않아도 분명하다. 다만 삼강

68 김병규, 〈송학과 불교〉, 《백성욱박사송수기념 불교학논문집》, 서울: 동국대학교 백성욱박사송
   수기념사업위원회, 1959, 149쪽.

과 오상을 폐하는 이 한 가지 일만으로도 죄명이 극대한 것이다. 그 나머지는 말할 필요도 없다.[69]

그렇다면 그가 성인이나 현인의 마음보다 더 중시한 '사람의 도'란 무엇일까? '사람의 도'를 밝히기 이전에 먼저 그가 말하고 있는 도가 무엇인지를 살펴보기로 하겠다.

도란 이이니 형이상의 것이요 …… 도의 근원은 하늘에서 나와서 만물마다 있지 않음이 없고 어느 때나 그러하지 않음이 없다.[70]

도 밖에 만물이 없고 만물 밖에 도가 없다. 이것은 하늘과 땅 사이에 어디를 가나 도가 아님이 없다는 것이다.[71]

도道란 이이며 형이상이며 그 근원은 하늘에서 나와서 만물마다 있으며 언제나 그러한 것이다. 그러므로 도와 만물은 상호불가분의 관계에 있으며 잠시라도 떠날 수 있다면 도道가 아니라는 것이다.

심신에는 심신의 도가 있어서 가까이는 부자·군신·부부·장유·붕우에서부터 멀리는 천지만물에 이르기까지 각각 그 도가 있지 않음이 없다. 사람이 하늘과 땅 사이에 하루도 그 만물을 떠나서는 독립할 수가 없다. 이런

---

[69] 《주자어류》 권126, 〈석씨〉 제24단, "佛老之學 不待深辨而明 只是廢三綱五常 這一事已是極大 罪名 其他更不消說."

[70] 〈불씨매어도기지변〉, "道則理也 形而上者也 …… 蓋道之大原 出於天 而無物不有 無時不然."

[71] 〈불씨훼기인륜지변〉, "道之外無物 物之外無道 是天地之間 無適而非道也."

까닭에 내가 모든 일을 처리하고 만물을 접촉함에 또한 마땅히 그 각각의 도를 다하여 혹시라도 그르치는 바가 있어서는 안 되는 것이다.[72]

또한 도와 만물이 잠시라도 떠날 수 없듯이, 인륜인 부자·군신·부부·장유·붕우의 관계는 모두 도가 아님이 없다고 하고 있다. 그러므로 모든 것에 각각의 그르치는 바가 없도록 도를 다해야 한다는 것이다.

이상의 〈불씨훼기인륜지변〉에서의 도에 대한 정의는 북송대 중기의 성리학자인 정명도(1032~1085)의 《근사록》에서 인용한 것이다. 예를 들면 "부자에게는 부자의 친親한 바에 있고, 군신君臣에게는 군신의 엄嚴한 바에 있고, 부부夫婦와 장유長幼와 붕우朋友에게는 각각 도가 되지 않는 바가 없다. 이는 그것이 잠시도 떠날 수 없는 것이기 때문이다"라는 것이다.[73] 이렇듯 이 변에서는 정명도의 설을 인용하고 있음을 알 수 있다.

불씨는 인륜이 임시적으로 모인 것[假合]이라 하여, 아들은 그 아버지를 아버지로 여기지 않고, 신하는 그 임금을 임금으로 여기지 않는다. 그래서 은혜와 의리는 쇠퇴하고 각박한지라 자기의 지극히 가까운 친척 보기를 길 가는 사람같이 하고, 공경해야 할 어른 대하기를 어린아이 대하듯이 한다.

---

[72] 〈불씨매어도기지변〉, "卽身心而有身心之道 近而卽於父子君臣夫婦長幼朋友 遠而卽於天地萬物 莫不各有其道焉 人在天地之間 不能一日離物而獨立 是以 凡吾所以處事接物者 亦當各盡其道 而不可有所差謬也 此吾儒之學所以自心而身而人而物 各盡其性而無不通也."

[73] "卽父子而父子在所親 卽君臣而君臣在所嚴 以至爲夫婦 爲長幼爲朋友 無所爲而非道 所以不可須臾離也."

먼저 그 근원을 먼저 잃어버린 것이다.[74]

이는 송나라 서산 진덕수眞德秀의 《대학연의》에서 인용한 것이다. 상하의 질서 유지를 강조하는 《대학연의》는 고려 말부터 조선시대로 이어지면서 정치지침서이자 군주의 교육 교재로 활용되었다.[75] 〈사불득화〉에서 "진서산이 말하기를 …… '천륜을 가합이라고 하기 때문에 신하는 그 임금을 임금으로 여기지 않고, 아들은 그 아버지를 아버지로 여기지 않아, …… 풍속은 모두 무너지고 강상綱常은 땅에 떨어졌으니'"[76]라고 한 내용을 인용한 것이다.

불교에서는 인륜을 인연에 의해 이루어진 실체가 아닌 임시적으로 합해진 가합假合이라 한다. 그래서 정도전은 〈불씨자비지변〉에서 은혜와 의리를 모르고 아버지나 임금, 가까운 친족까지도 길 가는 사람 같이 본다고 했으며, 어른들도 어린아이를 대하듯 하여 근본과 이를 허물어뜨렸을 뿐만 아니라 그 도에서 멀어졌다고 주장하고 있다.

또 한편으로 불교는 언행에서는 비록 모든 것에 걸쳐 있다고는 한다. 하지만 실제로는 인륜에서 벗어나 도를 멀리하고 있다고 지적하고 있다. 〈불씨훼기인륜지변〉은 〈불씨매어도기지변〉의 정명도의 말을 인용하여 자신의 논리를 다시 한 번 확인하고 있다. 여기서도 비슷한 논조로 불교에서의 용심적력用心積力을 인정하고 있다. 그러면서도 이는 대롱으로 하늘을 보는 것처럼 위로만 올라갈 뿐이며 한쪽으로

---

[74] 〈불씨자비지변〉, "佛氏以人倫爲假合 子不父其父 臣不君其君 恩義衰薄 視至親如路人 視至敬如弁髦 其本源先失."

[75] 오항녕, 《조선의 힘》, 서울: 역사비평사, 2010, 103쪽.

[76] "眞西山曰 …… 以天倫爲假合 故臣不君其君 子不父其父 …… 風俗淪胥 綱常掃地."

치우쳐 버리고 만다고 치부하고 있다. 《동문선》 권105 《불씨잡변》의 내용 중 이 변은 빠져 있다.

저 불씨는 도에서는 비록 얻은 바가 없으나 그 마음을 쓰고 힘을 쌓은 지 오랜 까닭에 방불하게 본 곳이 있는 것 같다. 그러나 그것은 대롱으로 하늘을 본 것과 같은 것이라, 한결같이 한갓 위로만 올라갈 뿐이요, 사통팔달할 수가 없어서 그 본 바가 반드시 한쪽의 치우친 대로 빠진다.[77]

이상의 정도전이 주장하고 있는 불교가 인륜을 버렸다는 문제는 이미 송대 유학자들의 중심 공격 대상이었다. 이는 정도전 이전의 최해 (1287~1340)에게서도 찾아볼 수 있다. 그는 "세상에서 부처를 말하는 자는 '부처가 되려면 먼저 모름지기 친애를 끊어버려야 한다' 했다. 무릇 사람의 도는 친한 이를 친하는 데서 근원되었다. 친한 마음이 없어지면 사람이 없는 것인데 누가 불자가 된단 말인가. 이로써 부처를 구한다는 것은 생각해보면 납득이 되지 않는다"[78]라고 했다. 그는 이제현과 동년생으로서 성리학의 수용 초기 신봉자에 해당하는 인물이었음에도 불구하고 불교를 반인륜적이라고 공격했다.[79]

이상에서 살펴보았듯이 정도전이 주장한 내용들은 송대의 정명도, 진덕수와 고려 말의 선대 유학자인 최해 등의 견해를 정리했음을 볼

[77] "彼佛氏於道 雖無所得 以其用心積力之久 彷彿若有見處 然如管窺天 一向直上去 不能四通八達 其所見必陷於一偏見."

[78] 《졸고천백》 1, 〈송반룡여대사서〉, "世之說佛者曰 爲佛先須棄絶親愛 夫人道原於親親 滅親無人 誰爲佛者 以是求佛 竊所未喻."

[79] 변동명, 〈성리학의 초기수용자와 불교〉, 113~118쪽.

수 있다.

지옥설

지옥의 실체는 있지도 않거니와 이를 증명한 사람이 없음을 내세워 부정하고 있다. 또한 지옥설의 방편적 효과에 대해서도 인정하지 않았다.

지옥설은 다 낮은 근기의 사람들을 위해 이렇게 겁나는 지옥설을 만들어 착한 일을 하게 할 뿐이다.[80]

만일 지옥이 없다면 사람이 무엇이 두려워 악한 짓을 안 하겠는가?[81]

정자의 말을 인용하여 하근기의 사람들을 겁주는 거짓된 가르침으로는 사람들을 감화시킬 수 없다[82]고 했다. 한편으로 당대 승려의 교화 방편설을 인용하여 자기의 논리가 한층 높은 것으로 증명해 보이고 있다.

옛날에 어떤 승려가 나에게 묻기를,

"만일 지옥이 없다면 사람이 무엇이 두려워 악한 짓을 안 하겠느냐?"

하기에, 내가 대답하여 말하기를,

"군자가 선을 좋아하고 악을 미워함은 …… 모두 마음속에서 우러나오는

---

80 〈불씨지옥지변〉, "釋氏地獄之說 皆是爲下根之人 設此怖令爲善耳."
81 〈불씨지옥지변〉, "若無地獄 人何畏而不爲惡乎."
82 〈불씨지옥지변〉, "豈有立僞敎而人可化乎."

것이지 무엇을 위해서 하는 것은 아니다. 한번이라도 악명이 있게 되면 그 마음에 부끄러워하기를 마치 시장에서 종아리를 맞은 듯이 여기나니, 어찌 지옥설 때문에 악한 짓을 하지 않는다고 하겠느냐?"

했더니, 그 승려는 아무 말도 못했다.[83]

즉 군자가 선을 좋아하고 악을 미워함은 모두 마음속에서 자연히 우러나오는 것이지 지옥설 때문에 악한 짓을 하지 않는 것은 아니라는 것이다.

걸식설

정도전은 사람에게 먹는다는 것은 매우 큰 일[84]이라고 보았다. 그러므로 〈홍범〉의 팔정[85]에서 식과 화를 앞에 두었고, 백성에게 오교를 두면서 식을 처음에 두었다. 팔정이란 나라를 다스리는데 필요한 여덟 가지 일로, 식食·화貨(민생 문제)·사祠(제사)·사공司空(농지개간)·사도司徒(교육)·사구司寇(치안)·빈賓(외교)·사師(국방)를 말한다. 공자도 "먹을 것부터 만족하게 하라"고 했다[86]는 것이다. 이처럼 식이라는 문제는 중요한 것이다. 먹지 않으면 목숨을 해치고 구차스럽게 먹으면 의리를 해친다고 했다. 옛 성인들도 이러한 점을 잘 알아서 정사를 했

---

83 〈불씨지옥지변〉, "昔有僧問子曰 若無地獄 人何畏而不爲惡乎 子曰 君子之好善惡惡 如好好色 如惡惡臭 皆由中而出 無所爲而爲之 一有惡名至 則其心愧恥 若撻于市 豈待地獄之說然後不爲 惡乎 其僧默然."

84 〈불씨걸식지변〉, "食之於人 大矣哉."

85 《서경》, 〈홍범〉, 329쪽, "八政 一曰食 二曰貨 三曰祀 四曰司空 五曰司徒 六曰司寇 七曰賓 八曰 師."

86 〈불씨걸식지변〉, "洪範八政 食貨爲先 重民五敎 惟食居首 子貢問政 則夫子以足食告之."

다고 하고 있다.

그런데《금강경》을 읽다가 '걸식'이라는 단어를 보고 불씨의 의도 없고 이도 없는 말들이 책을 펴니 곧 보였다고 했다. 그가 본 대목은 《금강경》의 제1〈설회인유분〉의 첫 대목 "그 때 세존께서 공양을 드실 때인지라 가사를 입으시고 발우를 가지시고 사위성에 들어가 그 성에서 걸식을 했다"[87]이다. 정도전은 식은 사람의 대사인데 빌어먹는다는 것을 용인할 수 없었던 것이다. 그렇기 때문에 여기에 논하여 옳고 그름을 가리어 논박한다[88]고 했다.

석가모니는 사람은 남녀가 같은 방에 사는 것을 옳지 않다고 하면서 인륜을 벗어났고, 또 농사를 버리고 나고 나는 근본을 끊어버렸다. 이러한 도로써 천하를 교화시키고자 했으나, 참으로 그의 도와 같이 된다면 천하에는 사람이 없어지게 될 것이며, 마침내는 빌어먹을 사람인들 남지 않게 된다.[89]

이런 사람은 하루에 쌀 한 톨을 먹을지라도 모두 떳떳하지 않게 먹는 것이라고 했다. 진실로 불교의 가르침과 같이 하려면 지렁이처럼 아예 먹지 않은 뒤에라야 가능하다는 것이다. 자기 힘으로 벌어서 먹는 것을 옳지 않다고 했다. 그렇다면 빌어먹는 것은 과연 옳은 일인지를 반문하고 있다.

---

87 〈불씨걸식지변〉, "爾時 世尊食時 着衣持鉢 入舍衛城 乞食於其城中."
88 〈불씨걸식지변〉, "佛氏之言 無義無理 開卷便見 故於此論而辨之."
89 〈불씨걸식지변〉, "釋迦牟尼者 以男女居室爲不義 出人倫之外 去稼穡之事 絶生生之本 欲以其道思以易天下 信如其道 是天下無人也 果有可乞之人乎 是天下無食也 果有可乞之食乎."

하지만 그가 걸식에서 말하고자 하는 바의 핵심은 그것이 아니었던 듯하다. 걸식이라 하면서도 오히려 정반대로 생활하는 것을 비판하고자 했다. 즉 당시 승려들이 화려한 전당과 큰 집에서 사치스러운 옷과 좋은 음식으로 편안히 앉아서 향락하기를 왕자 받들듯이 하고, 넓은 전원과 많은 노복을 두어 문서가 구름처럼 많은 것이 공문서를 능가했고, 분주하게 공급하기는 공무보다 더욱 엄하게 했다는 것이다.

그러므로 불교에서 이른바 번뇌를 끊고 세간을 떠나 청정하고 욕심 없이 수행한다는 정신을 찾아볼 수 없게 되었다고 한탄했다. 이어서 승려들은 가만히 앉아서 옷과 음식을 소비할 뿐만 아니라, 좋은 불사라고 거짓으로 핑계를 대고 갖가지 공양으로 음식이 낭자하고 비단을 찢어 불전을 장엄하게 꾸미며서, 대개 평민 열 집의 재산을 하루아침에 소비한다[90]고 비난했다.

정도전이 비판하고자 하는 핵심은 걸식이라는 유교적인 관점에서의 의리를 저버린 행위에도 문제가 있다는 것이었다. 하지만 그보다는 당시의 불교계 일부에서 안고 있었던 현실적인 폐단을 비판하기 위한 것으로 보인다.

〈불씨선교지변〉에서는 앞에서 스스로 비판한 인연과보는 비록 백성을 속이고 꾄다 하더라도 권선징악과 지계로 방사하게 하지 않았다고 하고 있다. 나아가 인륜을 저버리긴 했으나 의리를 모두 상실하지는 않았다고 한편으로는 치사를 하고 있다.

---

[90] 〈불씨걸식지변〉, "今也華堂重屋 豐衣厚食 安坐而享之如王者之奉 廣置田園臧獲 文簿雲委 過於公卷 奔走供給 峻於公務 其道所謂斷頃惱出世間 淸淨寡欲者 顧安在哉 不惟坐費衣食而已 假乇好事 種種供養 饌食狼藉 壞裂綵帛 莊嚴幢幡 蓋平民十家之産 一朝而費之."

불씨의 설이 처음에는 인연과 과보를 말해서 어리석은 백성을 속이고 꾀는 데 불과한지라, 비록 허무를 근본으로 삼아 인사를 저버렸지만 선을 행하면 복을 얻고 악을 행하면 화를 얻는다는 설은 있었다. 그래서 사람들에게 악을 징계하고 선을 권장하며, 몸가짐을 계율에 맞춤으로써 제멋대로 하는 데까지는 이르지 않게 했다. 그러므로 인륜은 비록 저버렸으면서도 의리를 모두 상실하지는 않았다.[91]

그러나 이는 곧바로 달마 이후 선교禪敎를 비판하는 것으로 이어지고 있다. 즉 선종禪宗의 전래로 인륜은 저버렸어도 의리는 남아있던 불교가 그마저도 상실했다고 비난하고 있다.

신앙적인 면

정도전은 권말비일설에서 신앙적인 면 가운데 방광이나 사리신앙을 별도로 다루고 있다. 권말비일설에서 방광과 사리에 대해 말을 하지 않을 수 없다고 하면서, 먼저 부처가 빛을 발하는 것에 대한 언급에 앞서 마음과 유사함을 언급하고 있다.

하물며 그들이 말하는 방광의 상서로움이나 사리가 나눠진다는 이적이 가끔 있음에랴. 이것이 세속에서 감탄하고 경이롭게 여겨 믿고 따르는 까닭

---

[91] 〈불씨선교지변〉, "其初不過論因緣果報 以誑誘愚民耳 雖以虛無爲宗 廢棄人事 尙有爲善得福 爲惡得禍之說 使人有所懲勸 持身戒律 不至於放肆 故人倫雖毀 義理未盡喪了."

이다. 자네는 아직도 공박할 말이 있느냐?[92]

대개 마음이란 본래 광명하며 오로지 정일하기가 이와 같아서 마음속에 쌓여 밖으로 뿜는 것 역시 당연한 자연의 운수인데 부처의 방광이 어찌 괴이하겠는가?[93]

여기에서는 부처의 방광은 이적을 나타내는 것이다. 하지만 이는 본래 마음이 광명하고 정일하기 때문에 방광이 생긴다는 것은 가능한 일이다. 그렇기 때문에 방광은 당연한 것으로 감탄하고 복종할 것이 아니라는 것이다. 그는 이어서 실용적인 측면을 내세워서 다시 한 번 방광의 허상에 대해 반박하고 있다.

또 하늘이 …… 아무런 쓸모없이 한갓 만물의 영장으로 만들어 낸 것은 아니다. 마치 하늘이 불을 만든 것은 본디 사람을 이롭게 하기 위한 것이다. 그런데 이제 어떤 사람이 불을 재 속에 파묻어, 추운 사람은 따뜻함을 얻지 못하고, 배고픈 사람은 밥을 지을 수 없다면, 비록 불의 열기가 있다 하더라도 재 속에서 발한 것이니, 마침내 무슨 이익이 있으랴? 부처의 방광을 내가 취하지 않는 까닭이 이것이다.[94]

대개 썩은 풀이나 나무에도 밤에 빛남이 있거늘 하필 이것만을 의심하겠

---

[92] "況其所謂放光之瑞 舍利分身之異 往往有之 此世俗所以歎異而信服之者 子尙有說以攻之也",

[93] "蓋心本是光明物事 而專精如此 積於中而發於外 亦理勢之當然也 佛之放光 何足怪哉".

[94] "且天 …… 非徒爲長物而無所用也 如天之生火 本以利人 而今有人焉 埋火於灰中 寒者不得熱 飢者不得爨 則雖有光焰發於灰上 竟何益哉 佛之放光 吾所不取者 此也."

는가?[95]

하늘이 아무런 쓸모없이 한갓 만물의 영장으로 만들어 내지 않았다고 하면서, 불을 만든 것도 또한 사람을 이롭게 하기 위한 것으로 추운 사람은 따뜻하게 하고 배고픈 사람은 밥을 지을 수 있도록 하기 위한 것이라는 사람의 생활에 실질적인 이익을 주는 것으로 파악하고 있다. 나아가서는 썩은 풀이나 나무가 밤에 빛을 내는 것과 마찬가지로 현실생활에 이로움이 없으면 아무런 소용이 없다고 비판하고 있다. 즉 실용적이며 현실적인 관점에서 판단하고 있다. 그리고 사리신앙에 대해서도 이와 같은 관점에서 비판을 하고 있다.

대저 사람에게 사리가 있다는 것은 이무기나 조개에 구슬[珠]이 있는 것과 같다. 개중에는 이른바 선지식이라는 사람도 사리가 없는 이가 있다. 이것은 바로 이무기나 조개에도 구슬이 없는 것과 같은 부류다.[96]

먼저 사리의 가치에 대해 이무기나 조개에도 있는 것으로 별다른 의미 부여를 할 이유가 없음을 밝히고 소위 선지식 중에서도 사리가 없는 사람이 있다고 비판하고 있다. 다시 말해서 과학적 합리성이 결여되어 있음을 지적하고 있다.

95 "蓋腐草朽木 尚有夜光 獨於此 何疑哉."
96 "若夫人之有舍利 猶虵虺蜂蛤之有珠 其間所謂善知識者 亦有無舍利者 是則虵虺蜂蛤而無珠之類也."

세상에 전하기를 "사람이 조개에 있는 구슬을 뚫지도 않고 찌지도 않고 그대로 오래두었다가 꺼내보면 여러 개가 더 생긴다"고 하니, 이것은 생의生意가 있는 곳에 자연히 불어나는 이치다. 사리가 여러 몸으로 나눠지는 것도 이와 같을 뿐이다.[97]

더 나아가 사리분신에 대해서도 생의가 있는 곳에서는 자연히 불어나는 이치와 같다고 하고 있다. 또한 사리의 견고함에 대해서도 그 신령스러움 때문이 아니라 물성에서 비롯된 것이라 하여 별다른 의미를 부여하지 않고 있다.[98] 마지막으로 불의 유용성을 말하면서 다음과 같이 강조하고 있다.

저 사리라는 것은 추워도 옷이 될 수 없고, 배고파도 먹을 수 없으며, 싸우는 사람이 병기로 삼을 수도 없으며, 병든 사람이 탕약으로 삼을 수도 없다. 그러므로 부처의 신령함이 있어 수천 개를 만든다 하더라도 유익함이 없이 인사만 폐할 뿐이다. 모두 불이나 물에 던져버려 영원히 근본을 끊어버려야 할 것인데 하물며 다시 공경하게 받들어 귀의하랴?[99]

---

[97] "世傳人藏蜂蛤之珠不穿不蒸者 久而發之 添得許多枚 是生意所存 自然滋息. 理也 舍利之分身 亦猶是耳."

[98] "어떤 사람이 말하기를 '사리라는 것은 매우 견고한 것이어서 비록 쇠방망이로 쳐도 깨뜨릴 수 없다. 그것은 신령하기 때문이다'고 한다. 그러나 영양의 뿔을 얻어 한 번만 처부수면 가루가 될 것이다. 어찌 사리가 쇠에는 신령스러우면서 영양각에는 신령스럽지 못해서 그렇겠는가? 이것은 진실로 물질의 성질이 그렇게 된 것이니 괴이할 것이 없는 것이다[或曰 舍利此甚堅固 雖以鐵塊擊之不能破 是其靈也. 然得羚羊角則一擊碎爲微塵 舍利何靈於鐵而不靈於角也 是固物性之使然 無足怪者也]."

[99] "彼舍利者 當寒而不得以爲衣 當飢而不得以爲食 戰者不足以爲兵器 病者不足以爲湯藥 使佛有靈 一祈而分數千枚 尙以爲無益而廢人事 擧以投諸水火 永絕根本 況復敬奉而歸依歟."

그러면서 "세상 사람들이 떳떳한 것을 싫어하고 괴이한 것을 좋아하며, 실리는 버리고 헛된 법을 숭상하기가 이 같으니 한탄스럽다"[100]고 강한 어조로 사리의 비유용성과 비실용성을 비판하고 있다.

사리신앙에 대한 비판은 당나라 한유韓愈(768~824)의 〈논불골표論佛骨表〉에서 이미 논한 바 있기도 하다. 《한창려집韓昌黎集》 권39(《흠정사고전서欽定四庫全書》)에 다음과 같은 내용이 있다.

하물며 그 몸이 죽은 지 오래고 말라 썩은 해골과 흉악하고 더러운 찌꺼기를 어찌 의당 대궐에 들어가게 하겠는가? …… 바라건대 이 뼈[佛骨]를 건넨 벼슬아치들을 모두 물과 불에 던져버려 근본을 절단하고, 천하의 의혹을 단절시키고, 후대의 미혹됨을 절단하여 천하 사람으로 하여금 대성의 지은 바를 알게 하여 항상됨을 찾아 만만히 나가게 해야 한다.[101]

한유도 역시 사리신앙에 대해 제대로 인식하지 못하고 있었다. 부처의 사리인 불골을 대궐에다 모셔서 친견법회를 갖는 형태에 대해 비난하는 수준에 그치고 있다. 정도전의 사리신앙에 대한 비판은 선유의 영향을 받았으면서도 일면은 현실적으로 해석하여 제기하고 있음을 알 수 있다.

---

100 "噫 世之人 厭常而喜怪 棄實利而崇虛法如此 可勝歎哉."
101 "況其身死已久 枯朽之骨 凶穢之餘 豈宜令入宮禁 …… 乞以此骨 付之有司 投諸水火 永絕根本 斷天下之疑 絕後代之惑 使天下之人 知大聖人之所作 爲出於尋常萬萬也."

불교 비판이 미친 영향

　고려 말의 성리학 도입으로 인한 이단배척사상의 흥기는 우리나라
의 유학자들이나 승단에도 많은 영향을 미쳤다. 유학자들에게서 이전
의 불교와 유교를 같이 통달하는 교유적 관계는 더 이상 양립 불가능
한 것으로 받아들여지기 시작했다. 벽불의 바탕에는 주자학의 유입이
있겠지만, 무엇보다도 실질적인 기반을 마련해 준 것은 어찌 보면 성
균관을 재건립한 신돈 등 불교계에 의한 것이라고 볼 수 있다. 왜냐하
면 신진 성리학자들은 성균관이라는 공식적이고 안정적인 공간을 근
거지로 하여 그들의 사상을 탁마하고 넓히는 데 주력할 수 있었기 때
문이다. 그곳을 중심으로 성장한 세력들은 온건적 불교비판론자였던
이색을 필두로 하여 정몽주, 정도전, 조준, 조인옥, 윤소종, 성석린 등
과 김자수, 김초, 박초, 정총 등이 대표적인 인물들이었다. 정몽주는
급진적 개혁이나 벽불사상의 선두는 아니었지만 집집마다 가묘를 세
워 주자가례를 시행하도록 하는 등 문화투쟁의 선봉이었다. 또한 이
들은 고려 말의 비대해진 사원들이 소유한 전답과 노비를 몰수하고
승려들을 해산하여 군대에 편입시키도록 했다. 원에서 주자성리학이

본격적으로 유입된 이후 이단을 물리치는 벽이단의 흐름이 정도전에 의해 강화된 측면이 있었다. 이러한 흐름에서 불교 비판을 체계적으로 정리한 이가 바로 정도전이었다. 그는 생전에 썼던 불교에 대한 비판을 죽기 직진에 《불씨잡변》으로 완성했다.

그는 1398년 4월 20일에 권근과 함께 성균관제조가 되었다. 성균관 제조는 비록 권력의 중심부는 아니었지만 2품 이상의 학덕이 높은 자 가운데 임명하여 유생들을 가르치는 자리였다. 그로 인해 그는 4품 이하의 유신들과 성균관, 예문춘추관 등 삼관의 유생들에게 성리학의 우위성과 불교의 이론적 모순점을 확실하게 정립시키기 위해[102] 기존에 썼던 내용에서 보완하여 《불씨잡변》을 기본적으로는 교육용 교재로 삼고자 했던 것이었다. 예를 들면 《동문선》 권99에 실린 〈걸식론〉으로 확인할 수 있다. 《불씨잡변》에 실린 〈불씨걸식지변〉은 간략한 〈걸식론〉을 토대로 보완되었음을 알 수 있다. 《삼봉집》의 범례를 보면 원래 〈잡제雜題〉에 중첩되어 있었다고 하나, 정종 15년(1791)에 간행하면서 이를 삭제했다고 밝히고 있다. 이로 볼 때 그의 《불씨잡변》은 그가 여름에 병이 들어 여가의 며칠 동안에 썼다고는 하나 성균관제조로서 유생들을 교육시키기 위해 지었던 것들과 몇 가지를 추가하여 엮었음을 알 수 있다. 물론 이것은 교육용으로 한정되어 사용할 목적이 아니라 그것을 토대로 본인이 밝히고 있듯이 이단의 사상을 물리치는 데 널리 활용하고자 했던 것이다.

그렇다면 그의 사후 조선시대에 불교 비판론이 지니는 중요성만큼이나 그와 그의 사상은 제대로 자리매김 되었으며 정당한 평가를 받

---

[102] 한영우, 《왕조의 설계자 정도전》, 서울: 지식산업사, 1999, 88쪽.

앉을까? 이것은 조선시대 유학자들이 정도전과 그의 저서《불씨잡변》
에 대한 입장을 살펴봄으로써 이에 대한 답을 추론해볼 수 있다.

첫째는 정도전의 마지막 저서인《불씨잡변》이 재간행되기까지의
과정에서 실마리를 찾아볼 수 있다.

> 무오년(세종 20, 1438)에 내가 생원으로 성균관에 있을 때, 동년배인 진사
> 한혁이 선생의 족손族孫이었다. 집에 간직한 정리되지 않은 많은 책 가운
> 데에서 이 책을 가지고 와서 나에게 보여주었다. ……
>
> 경태 7년(세조 2, 1456) 5월 중순에 금라 윤기견이 공경하여 발문을 짓는
> 다.[103]

위의 내용은《불씨잡변》을 재간행하면서 윤기견이 쓴 발문의 일부
분이다.《불씨잡변》은 정도전 사후 41년만인 세종 20년(1438) 족손인
한혁韓奕이 집에서 간직해온 정리되지 않은 책 가운데에서 발견되었
다. 그리고 다시 간행되기까지 18년이나 걸렸다. 이로 볼 때《불씨잡
변》은 그의 사후 60여 년에 가까운 세월동안 유행되거나 주목을 받지
못했음을 알 수 있다. 이것은 아래와 같은 이유들로 조선시대 전기간
을 걸쳐 진행된 것으로 보인다.

둘째는 역사적인 면이다. 그가 1398년 세자책봉 등에 따른 불만으
로 이방원이 일으킨 무인난에서 모략으로써 종실을 해롭게 했다는 모
해종실謀害宗室 등의 죄목으로 살해되어 역신으로 알려지면서 그의 업

---

[103] "戊午 子以生員在成均館 吾同年韓奕 先生之族孫也 得此書於家藏亂帙之中 持以示予 …… 景
泰七年午月仲旬 金羅尹起畎."

적이 왜곡되고 은폐되었다는 점이다.[104] 그의 업적은 아래에서 살펴볼 신분 왜곡과 더불어 조선왕조에서 그를 역사적으로 매장시키는 결정적인 계기가 되었다. 조선시대가 끝날 무렵까지 정도전의 역적 누명에 대한 정치적 신원伸寃은 이루어지지 않았다. 그의 신원은 고종 2년(1865) 신정왕후의 지시로 경복궁 중건이 되던 해 9월 왕후의 전교로 이루어졌다.[105] 그의 사후 468년이 지나 그가 주도적으로 건국한 조선 왕조가 끝나가는 무렵이었다. 조선시대 거의 전 기간에 걸쳐 그는 모해종실의 역적이라는 누명을 쓰고 있었기 때문에 그의 글을 읽는 것은 오늘날의 금서처럼 터부시되었을 것이다.

셋째는 신분적인 면이다. 그의 출생신분이 천출賤出로 알려졌기 때문이라는 점이다. 승려인 김전과 노비 수이의 처가 간통하여 낳은 딸이 우연禹淵과 혼인하여 딸을 낳았는데, 그녀가 정도전의 모친이라는 것이다. 이것은 정도전은 결국 노비의 자손임을 말하는 것이다. 하지만 실제로 그가 천출이었는지에 대한 논란은 그것이 사실이었든[106] 정치적인 목적이었든[107] 간에 아직 완전하게 결론 내려지지 않은 진행형인 듯하다. 최근의 연구에 따르면, 기존의 천출이라는 견해는 태조 원

---

[104] 이상백, 〈유불양교 교대의 기연에 대한 일 연구〉, 《한국문화사연구논고》, 서울: 을유문화사, 1984, 85쪽.

[105] 《승정원일기》, 고종 2년 9월 10일(임신)조, "법궁의 전각이 차례로 완성되었다. 따라서 정도전이 전각의 명칭을 정하고 송축한 문구를 생각하건대 천재의 뛰어난 문장인 것으로서 격세지감을 느끼지 않을 수 없다. 그리고 국사 무학이 그 당시 수고한 사실도 국사國史와 야승野乘에 자주 보이는데 나의 뜻을 표시하려고 해도 어디에 할 곳이 없다. 봉화백 정도전에게 특별히 훈봉을 회복시키고 시호를 내리도록 하라[大王大妃殿傳曰 法宮殿閣 次第經始矣 永念鄭道傳定名公頌祝之辭 千載之盛 不覺曠感 且國師無學之當時勤勞 厦見於國史野乘 而雖欲示意 無處可施矣 奉化伯鄭道傳 特爲復勳贈諡]."

[106] 한영우, 《정도전사상의 연구》, 19~20쪽.

[107] 김용옥, 《삼봉 정도전의 건국철학》, 16~20쪽.

년(1392) 8월 23일 《태조실록》의 우홍수 졸기의 오류, 동왕 7년(1398) 8월 26일 정도전 졸기 또한 태종의 편찬개수시 왜곡한 결과라고 밝혀지고 있다. 즉 정도전의 어머니는 지방 세력인 영주 우씨 우연의 딸이라는 것이다.[108] 하지만 이것이 사실이라 하더라도 《고려사》, 《조선왕조실록》을 비롯한 정사류를 통해 볼 때 당시의 유학자들에게는 천출로 널리 알려져 있었음은 부정할 수 없다. 이러한 이유로 인해 유학자들로부터 냉대를 받았고 조선후기의 식자들 사이에서도 삼노가三奴家의 하나로 도외시되었다.[109]

넷째는 유교적인 면이다. 고려 말에 유입된 성리학은 이전의 원시유학이나 한당 유학과는 달리 실천윤리적인 학풍을 중시했다. 또한 성리학을 통해 현실 정치를 바라보는 관점에서도 차이를 나타내는데, 정도전의 정치사상은 부국강병에 목표를 두었다면 사림들은 윤리와 도덕적 삶을 더 중시했다.[110] 조선의 집권세력이었던 사림파들에 의해 그의 학문적 측면보다는 춘추절의의 실천을 중시한 도학적 기준에서 수립된 조선조 학통관에서 고려조에 변절했다는 이유로 배제되었다는 점이다.[111] 또한 정도전의 주자학에 대한 관점의 차이도 배제할 수 없다. 이런 까닭으로 그의 사후 이단에 대한 교조적 이데올로그 ideologues 성리학자들의 전반적인 분위기에 따라 벽불론은 더욱 득세하고 조선이라는 새로운 왕조의 정당성과 사상적 토대를 강화했다.

---

[108] 정병철, 《정도전 출생의 진실과 허구》, 서울: 봉화정씨문헌공종회, 2012.

[109] 한영우, 《정도전사상의 연구》, 20쪽.

[110] 김진섭, 《정도전의 선택》, 서울: 아이필드, 2013, 374쪽.

[111] 장성재, 〈삼봉의 이기론의 특징과 그 영향〉, 《철학사상》 12집, 서울: 동국대학교철학과, 1990, 281~282쪽.

하지만 조선조 유학자들의 벽불론의 역사성이나 전통성을 정도전에서 찾을 수 있는가 하는 점이다.

조선조 유학자들이 중시하며 필독서로 꼽고 있는 것은 《고문진보古文眞寶》, 《근사록近思錄》, 《대학연의大學衍義》나 《성리대전性理大典》 등이었다.[112] 《고문진보》는 송대 말기 황견이 편찬한 시문선집으로 고려 말에 전녹생에 의해 유입되어 조선시대의 서당에서 아동용 교과서로 널리 읽혔으며, 각종 주석과 언해본, 현토본이 있었던 것으로 미루어 보아 문장학의 학습용으로 사용되었다. 여기에는 한유의 〈원도原道〉, 〈논불골표論佛骨表〉 등을 포함하고 있다. 하지만 조선 후기에는 출처의 불명확함과 문장에 대한 비판 등이 있어 영향력이 있었는지에 대한 의문은 남아 있다. 《근사록》은 송대의 주희와 여조겸이 주돈이周敦頤·정호程顥·정이程頤·장재張載 4명의 어록 가운데서 뽑아서 공동으로 편찬한 성리학 해설서다. 이중 제13장 〈이단지학異端之學〉은 전통적 이단인 양주와 묵적보다 불교를 배척하는 내용을 담고 있다. 《대학연의》는 송대의 주자학자인 진덕수가 편찬한 《대학》의 주석서다. 고려 공민왕 때 윤택尹澤(1289~1370)의 권유로부터 경연에서 읽기 시작하여 조선시대에도 임금의 경연에 맨 처음 교재로 채택되었다. 이처럼 《대학연의》는 고려 말 조선 초의 정치지침서였다. 이것은 율곡 이이에 의해 조선식으로 재구성되어 선조 8년(1575) 9월에 《성학집요聖學

---

[112] 조선시대 성리학자들은 마음을 바르게 하기 위해[正心] 《대학연의》를 정독했다. 이를 깊이 이해하기 위해 철학적으로는 사서삼경과 《근사록》, 《성리대전》 등의 성리철학서를 공부했고, 이를 현실에 응용한 《자치통감》, 《자치통감강목》, 《송사》 등의 역사를 공부하여 체계를 세웠다. 지두환, 〈조선전기 《대학연의》 이해과정〉, 《태동고전연구》 제10집, 춘천: 한림대학교 태동고전연구소, 1993, 343쪽.

輯要》로 편찬되게 되었다.[113] 《성리대전》은 명 영락제 13년(1415)의 명에 의해 호광 등이 송나라의 성리학설을 분류하여 집대성한 성리학의 백과사전이라 일컬어진다. 우리나라에는 1419년(세종 1)에 수입되어 경연에서 강의되었고 세종의 명에 국내에서 널리 간행되었다.

이상의 서적들은 고려 말이나 조선조에 유입되어 유학자들에게 커다란 영향을 미쳤다. 조선시대 유학자들은 문집에서 《근사록》, 《대학연의》, 《성리대전》 등의 공부에 주력했음을 밝히고 있다. 이를 요약 정리하거나 주석한 책으로 편찬한 경우도 있었다. 대표적으로 이황의 《송계원명이학통록宋季元明理學通錄》은 《성리대전》의 권39에서 권42 사이의 〈제유편諸儒篇〉을 보완한 것이며, 그의 문인 박승임朴承任(1517~1586)은 《성리대전》의 요점을 뽑아 편찬한 《성리유선性理類選》 등을 편찬한 것을 들 수 있다.

또 하나는 정도전은 주자성리학적 이론을 갖추고 있음은 《불씨잡변》에 산재되어 있기는 하다. 하지만 주리론主理論이 중심적인 체계를 이루고 있다.[114] 그럼에도 그의 글에서 성리학의 이념체계가 일원론과 이원론이 혼재되어 나타나는 등 체계적이지 못했다.[115] 이러한 점에서 성리학자들의 주목을 받지 못했던 것으로 보인다.

정도전은 조선 개국 직후인 1395년 10월 29일 낙성된 경복궁 연회에서 태조에게 '유종공종儒宗功宗'이라는 글을 하사받았다. 이것은 유학도 으뜸이요 나라를 세운 공도 으뜸이라는 뜻이다. 하지만 이방원

[113] 지두환, 〈조선전기 《대학연의》 이해과정〉, 337~340쪽.
[114] 장성재, 〈삼봉의 성리학 연구〉, 서울: 동국대학교 박사학위논문, 1991, 121쪽.
[115] 배종호, 《한국유학사》, 서울: 연세대학교출판부, 1974, 59쪽.

정도전의 영정과 위패가 모셔진 사당 문헌사文憲祠의 "유종공종" 편액

에 의해 무참히 살해되고 공적과 신분이 날조되면서 태조에 의해 명명되었던 유종으로서의 성리학적 체계를 세우고 후세에게 전해지는 것조차도 제대로 이루어지지 못했다.

조선 건국을 주도하고 체계를 세운 정도전은 이방원의 무인난 이후 정치적으로는 역적으로, 신분적으로는 천출로, 학통적으로는 변절 등의 이유로 유학자들 사이에서 배제되었다. 그러므로 지금까지 정도전의 벽불사상이 조선시대에 계속 영향을 주었다는 주장은 재고되어야 한다. 조선의 성리학자들은 중국 송대 유학자들의 글을 바탕으로 하여 학문을 닦았다. 그런 까닭으로 그들의 벽불적인 경향성도 정도전보다는 오히려 성리학의 원류인 중국의 이단론을 주창한 유학자들의 저술과 학풍의 영향에서 비롯되었다고 보는 것이 타당할 것이다.

4

불교 비판에 대한
비판

앞 장에서는 《불씨잡변》을 중심으로 성리학적 입장에서 불교를 비판한 내용을 살펴보았다. 이 장에서는 정도전의 불교 비판에 대해

경전을 근거로 하여 반론을 해보고자 한다. 아울러 당대 승려들 또한 어떻게 교설하며 실행하고 있었는지를 함께 살펴보고자 한다.

불교교리는 시대에 따라 근본불교, 부파불교, 대승불교, 밀교 등으로 발전되어 왔음은 주지의 사실이다. 하지만 이들 경전에서 흐르

는 기본적인 사상은 같다고 할 수 있으나 그것을 표현하는 내용이나 방식에 있어서는 차이를 보이고 있는 것이 사실이다. 그렇다고

이것은 서로 모순된다는 것이 아니다. 이를 바로 이해하지 못했을 경우 각각의 교리를 별개로 보거나 또는 불교의 교설에 모순이 있

는 것으로 이해되기 쉽다. 이 점에 유의하면서 정도전의 불교 비판에 대한 비판을 전개하고자 한다.

심성설

정도전의 불교심성론의 비판은 주로 논리의 비일관성 또는 논리의 비약, 개념의 혼란 등 논리전개에 대한 방식에 집약되어 있었다. 이는 결국 대승불교의 상즉성相卽性의 논리와 성리학의 이원적 논리와의 차이에서 비롯되었다. 상즉성이란 이것과 저것이 서로 같아지는 것을 말한다. 정도전이 비판한 심성에 대해 불교에서 어떻게 설하고 있는지 개념부터 살펴보기로 하겠다.

불교는 한마디로 마음의 종교 또는 깨달음의 종교라고 한다. 그러므로 붓다의 가르침은 한마디로 마음의 가르침이라고 할 수 있다. 이 것은 곧 불교가 본래 깨끗한 마음의 본성을 드러냄으로써 궁극적인 깨달음을 구하는 종교라는 것을 말한다. 하지만 이 마음은 불교경전 곳곳에서 매우 다양한 방식으로 표현되고 있다.

심성이란 변하지 않는 본성을 뜻하며 여래장심의 자성이 청정한 마음이란 뜻이다. 심과 성의 관계를 《지관대의》에서는 "연을 따라 변하지 않으므로 성이라 하고 변하지 않아서 연을 따르므로 심이라 한다"[1]
고 하여 심과 성을 같은 것으로 보고 있다. 개별적으로 나누어 보면, 성이란 인간의 궁극적 본성이며, 심이란 일체법의 근본[2]이라 한다. 성이란 언어와 망념경계를 떠난 평등하고 변이가 없으며 파괴할 수 없는 마음의 본체를 말한다. 또한 마음이란 화가와 같아서 모든 세간을 그려내며 …… 일체는 오직 마음이 지어낸 것'[3]이라 한다. 이것은 선종에서도 그대로 이어지고 있다. 황벽선사는 심즉불, 심즉성이라고 하여 심과 성은 별개의 개념이 아니라 하나의 개념[4]으로 봄으로써 이두 개념을 한 단어로 묶어서 심성이라고 한다.[5]

그렇다면 심이란 구체적으로 무엇인가? 마음이란 심왕의 힘에 의하여 심소 및 일과 행동을 일으킨다는 뜻이다. 심왕心王이란 《아비달마구사론》에 나오는 표현으로 이 마음이 경계에 작용을 일으키는 상태는 총상을 인지하고 또 모든 심소를 통괄하는 것이 마치 왕이 국가를 통괄하는 것과 같음을 비유해서 이른 말이다. 오온 가운데 수·상·행·식의 4온이 여기에 속한다. 심소心所란 심왕에 종속해서 일어나는 마음작용이므로 심왕의 소유라는 뜻이다. 이 심은 불성·진여·본각·원각·여래장·자성청정심 등과 같은 다양한 개념으로도 쓰이고 있다.[6] 이러한 표현들은 그 문맥이나 역사적 맥락에 따라 의미가 달라졌

---

[1] T46, 460쪽b, "如是觀時名觀心性 隨緣不變故爲性 不變隨緣故爲心."
[2] 《증일아함》 권51(T2), 827쪽b, "心爲法本."
[3] 《대방광불화엄경》 80권, 〈야마궁중게찬품〉 제20(T10), 102쪽a~b, "心如工畵師 能畵諸世間 …… 一切唯心造."
[4] 황벽, 《傳心法要》, "心性不異 即性即心. 心不異性, 名之爲祖."
[5] 길희성, 〈지눌 선사상의 구조〉, 《지눌》, 서울: 예문서원, 2002, 121쪽.
[6] 이를 보조普照는 《진심직설》에서 진심은 본래 이름과 말이 끊어진 바탕이지만 인연 따라 이름

음을 말해준다. 이러한 다양한 마음[心]의 문제는 《대승기신론》[7]에 와서 '일심사상'으로 종합되고 마무리된다. 즉 근본불교에서는 마음을 심citta(集起)·의manas(思量)·식vijñāna(了別)으로 표현하고 있는데,[8] 원어는 비록 다르지만 동일한 의미로 사용되고 있다. 이는 부파불교에서 명이체동설名異體同說과 명이체별설 등을 거쳐 유식불교에 이르러서는 아뢰야식, 말라식, 육식 등 팔식체별로 구분되었다.[9] 《유가사지론》에서 심은 정신세계의 가장 심층에서 작용하는 식을 아뢰야식ālaya-vijñāna으로, 의는 의식의 저변에서 작용하는 심층식으로서 '나' '내 것'이라는 작용을 일으키는 심층적 자아의식을 말라식manas-vijñāna으로, 식은 오식과 의식의 육식으로 구별하고 있다.[10]

심사상면에서는 근본불교에서의 심위법본설心爲法本說과 심성양면관心性兩面觀은 부파불교의 유심연기설과 근본식 사상 및 심성본정설心性本情說 등으로 전개되고, 이어서 대승초기의 반야공관과 일체유심

이 다르다. 교에서는 마음 땅[心地], 보리, 법계, 여래, 열반, 여여, 법신, 진여, 불성, 총지, 여래장, 원각이라 했고 선에서는 자기, 바른 눈[正眼], 묘한 마음[妙心], 주인옹, 밑 없는 발우[無底鉢], 줄 없는 거문고[沒絃琴], 꺼지지 않는 등불[無盡燈], 뿌리 없는 나무[無根樹], 취모검, 함이 없는 나라[無爲國], 보배구슬[摩尼珠], 열쇠 없는 자물통[無鑰鎖], 진흙 소[泥牛], 나무 말[木馬], 마음 근원[心源], 마음 도장[心印], 마음 거울[心鏡], 마음 달[心月], 마음 구슬[心珠]이라 했다. 《보조전서》, 《진심직설》, 서울: 보조사상연구원, 1989, 50쪽; 강건기, 〈보조 《진심직설》의 체계와 사상〉, 《보조사상》 15집, 서울: 보조사상연구원, 2001, 15~16쪽.

[7] 이석영은 정도전의 심성론을 대승기신론으로 풀이한 바 있다. 〈정삼봉의 불씨심성론 비판론〉, 《철학회지》 8, 대구: 영남대학교 철학과, 1981.

[8] 《잡아함경》 권2, 35경(T2), 8쪽a, "此心 此意 此識."
《잡아함경》 권12, 289경(T2), 81쪽c, "而於心 意 識."

[9] 김동화, 《불교교리발달사》, 서울: 뇌허불교학술원, 2001, 100쪽.

[10] 《유가사지론》 권63(T30), 651쪽b, "復次 此中諸識皆名心意識 若就最勝 阿賴耶識名心 何以故 由此識能集聚一切法種子故 於一切時緣執受境 緣不可知一類器境 末那名意 於一切時執我我所 及我慢等 思量爲性 餘識名識."

사상을 거쳐 중기에는 여래장과 아뢰야의 2대 심心사상으로 발전했다. 이것은 다시 일심상의 심본성면心本性面과 심현상면에 대한 상이한 이론체계로 파악되면서 대승후기에 이르러 이들의 통합운동이 능가·밀엄경에 의해 활발히 전개되었다.

이러한 사상적 배경 아래 나온 것이 《대승기신론》[11]이기 때문에, 여기서는 일심사상에 의해 여래장과 아뢰야의 2대 심사상은 물론 대승의 양대 조류라 할 수 있는 유식과 중관을 지양하고 통일시켰다. 이 일심사상이야말로 불교 심사상의 인도적 결론이며, 대승불교의 총결이라 할 수 있다.

불교의 심성론에서는 인간 내면의 초월적 주체, 혹은 인성의 본질을 사람마다 갖고 있는 불성(심성心性 또는 본성本性)으로 보고 어떻게하면 이를 드러낼 수 있을까 혹은 성불을 할 수 있는가가 중요과제다. 《대승기신론》에서 본체와 현상, 즉 세간법[현실적인 존재]과 출세간법[초현실적인 존재]을 아울러 품고 있는 것을 중생심이라 한다.

법이라고 하는 것은 중생심을 말한다. 이 마음은 세간법과 출세간법을 다

---

[11] 《대승기신론》은 인연분, 입의분, 해석분, 수행신심분, 근수이익분 등의 다섯 부분으로 구성되어 있다. 인연분에서는 이 논을 짓게 된 이유를 밝히고 있고, 입의분에서는 이 논의 대의 즉 일심, 이문, 삼대를 제시하고 있다. 해석분은 기신론의 핵심적인 부분으로 입의분에서 제시한 일심, 이문을 구체적으로 논술한 것이다. 이 부분은 다시 현시정의, 대치사집, 분별발취도상의 셋으로 나누어진다. 정의를 드러냄[顯示正義]에 있어서 일심 즉 중생심을 심진여문과 심생멸문으로 구분하고 있다(은정희, 《원효의 대승기신론 소·별기》, 서울: 일지사, 1991, 13쪽).
이기영은 원효는 마음의 참된 속성을 ① 광명을 지닌 대지혜[大智光明], ② 온 세상 만물을 남김없이 비추는 것[遍照法界], ③ 있는 그대로 진실되고 분명하게 아는 것[眞實識知], ④ 그 본성이 맑고 깨끗한 것[自性淸淨] ⑤ 깨끗하고 서늘한 것[淸凉], ⑥ 변함이 없는 것[不變], ⑦ 그 스스로 존재하는 것[自在] 등으로 정리하기도 한다(《원효사상》, 서울: 홍법원, 1986, 100쪽).

품고 있다. 이 마음에 의해 대승의 참뜻을 드러내 보일 수 있다. 이 마음의 진여상이 대승의 본체를 바로 보여주기 때문이다. 그리고 이 마음의 인연 因緣에 의한 생멸상이 대승의 자체와 상과 용을 보여 줄 수 있기 때문이다.[12]

중생심은 다시 진여상과 생멸상으로 구분된다. 진여상은 대승의 본체를 드러내는 것이며, 생멸상은 대승의 자체[體]와 성질[相]과 작용[用]을 드러내는 것이다. 그러므로 중생심은 어떤 본체적인 무엇일 수밖에 없으며, 이것이 진여라는 것이다. 다시 말해서 법이 중생심인데, 모든 존재들의 자체는 오직 일심일 뿐이며, 일심을 대승의 법이라 한다는 것이다. 한마디로 중생심은 바로 일심이라는 것이다. 이 일심으로써 불교에서의 심성론을 살펴보기로 하겠다. 심성론에서 보면, 《대승기신론》에서는 일심에 두 가지 문[二門]이 있다.

일심의 법에 의하면 두 가지 문이 있다. 어떤 것이 두 문인가? 진여문과 생멸문이 그것이다.[13]

일심의 두 문이란 진여문과 생멸문을 말한다. 이렇게 두 문, 즉 두 가지 모습을 나타내는 이유는 무엇인가? 그것은 마음이 절대평등, 자

---

[12] 마명, 《대승기신론》 권1, 〈입의분〉(T32), 575쪽c, "所言法者 謂衆生心 是心則攝一切世間法出世間法 依於此心顯示摩訶衍義 何以故 是心眞如相 卽示摩訶衍體故 是心生滅因緣相 能示摩訶衍自體相用故."

[13] 마명, 《대승기신론》 권1, 〈입의분〉(T32), 576쪽a, "依一心法 有二種門 云何爲二 一者心眞如門 二者心生滅門."

유, 자재의 면을 가지고 있다 하더라도 현실적으로 나타나는 마음은 번뇌와 망상의 고통 속에 있기 때문이다. 즉 진여문은 인간성의 본질적인 면을, 생멸문은 현실적인 면을 말한다. 이처럼 마음이란 비록 참다운 법이긴 하지만 본질적인 면과 현실적인 면이라는 이중적 구조를 갖는다고 할 수 있다. 그러면 이문인 심진여와 심생멸에 대해 살펴보자.[14]

심진여라는 것은 바로 이 일법계의 대총상법문체이니 이른바 심성이 생도 아니요 멸도 아님을 이름이다. 그러므로 일체의 모든 법은 오직 망념을 의지하여 차별이 있게 되었으므로 만약 망념만 여의면 곧 일체경계의 상이 없어진다.[15]

심진여란 참되고 한결같은 본체로서의 마음으로, 마음에 대한 최고의 명칭이자 우주 본체로 절대평등 무차별 경계의 원리이기도 하다. 그러므로 심진여 자체는 차별을 떠난, 있는 그대로의 모습[如如]이면서 불생불멸이지만 현상계에 드러나는 일체는 심진여 자체의 진여본성이 아니고 무명 망념에 가려져 일어난 상이다. 그러나 그 망념의 현상이 멈춰 쉬게 되면 바로 순수한 정신적 사유의 본체가 되는

---

[14] 이문에 대해서 원효는 발심수행의 의문을 풀어주기 위해 진여문에 의지하여 지행止行을 닦고 생멸문에 의지해 관행觀行을 닦는 매우 독특한 이문 해석과 《능가경》을 활용하여 이문을 구분하는 방법이 있다. 박태원, 《대승기신론》 사상을 평가하는 원효의 관점〉, 《원효》, 서울: 예문서원, 2002, 410~413쪽.

[15] 마명, 《대승기신론》 권1, 〈입의분〉, 576쪽a, "心眞如者 卽是一法界大總相法門體 所謂心性不生不滅 一切諸法唯依妄念而有差別 若離妄念則無一切境界之相."

것이다.

심생멸이라는 것은 여래장을 의지하고 거기로부터 생멸심이 있게 된다. 이른바 불생불멸이 생멸과 더불어 화합하여 있지만 하나도 아니고 서로 다른 것도 아니니 이것을 일러 아뢰야식이라 한다. 이 식에는 두 가지 의미가 있어, 능히 일체 법을 거두기도 하며 일체 법을 내기도 한다. 그 하나는 각의이며 다른 하나는 불각의다.[16]

심생멸이란 여래장이라는 마음의 본체에 무명이 끼어들어 생멸을 일으킨 것이다. 그러나 생멸과 불생불멸은 별개의 물이 아니다. 그렇다고 똑같다고 할 수도 없다. 하나가 아니면서 다른 것도 아닌 이것을 일러 아뢰야식ālaya-vijñāna이라고 한다. 천지만물은 모두 이 아뢰야에서 나오고 다시 거기로 들어간다. 따라서 아뢰야는 우주만유를 함장含藏하여 있는 것이다. 이 아뢰야식은 진실하고 한결같은 영원한 깨달음의 마음이기도 하지만 또한 깨닫지 못한 마음이기도 하다. 이것은 인간적 조건하에서 그 마음이 어둠에 가려지게 되었기 때문이다.

심생멸의 불각不覺은 바로 진여의 자성청정심이 무명의 바람에 의해 파도를 일으켜서 생겨난 것이다. 진여 본성 자체는 물들지 않고 불변이지만 다만 무명 바람에 의해 생긴 생멸심만이 연에 따른 차별상

---

[16] 마명, 《대승기신론》 권1, 〈입의분〉, 576쪽b, "心生滅者 依如來藏故有生滅心 所謂不生不滅與生滅和合非一非異 名爲阿梨耶識 此識有二種義 能攝一切法生一切法 云何爲二 一者覺義 二者不覺義."

을 나타낸 것에 불과하다. 마치 대해수가 바람에 의해 파도를 일으키듯이, 대해수 그 자체는 변화가 없는 물의 습성으로 불생불변이고 다만 바람에 의해 생긴 파도의 동상動相이 생멸의 현상일 뿐이다. 이 움직임의 현상이 바로 심생멸이며 망념인 것이다. 이때의 바람은 무시이래로부터 존재하는 근본무명이다. 만약 이 바람을 멈춘다면 심생멸의 현상은 존재하지 않으며 무명을 일으키지 않은 마음은 청정심 자체이며 바로 심성본각의 자리가 되는 것이다. 그러므로 심생멸상은 불각不覺에 의한 생주이멸의 모든 현상세계의 연기를 말한다.

생멸문은 또한 유전문과 환멸문으로 나눌 수 있다. 유전문流轉門은 끊임없는 생사의 육도윤회를 말하고, 환멸문還滅門은 수행에 의해 미혹의 세계를 단절하고 열반의 경지에 이름을 말한다. 즉 아뢰야식은 생멸문에 불각과 각을 함께 구비하고 있으므로, 만약 불각不覺에서 각覺으로 전환한다면 바로 불과를 성취할 수 있는 것이다.

여기서 문제가 되는 것은 중생이 본래 진여 본성의 불성을 갖고 있다지만 현실적인 면에서 보면 망념에 의한 중생심[生滅門, 不覺]을 어떻게 전환하여 심진여의 경지[覺]에 들어갈 수 있는가 하는 것이다. 여기서 말하는 각은 본각을 의미하며 일체 중생의 자성청정심체를 말한 것이고, 우주 법계에 두루하지 않음이 없음으로 여래의 평등 법신이기도 하다.

각覺에는 본각本覺과 시각始覺이 있다. 시각始覺은 불각이 있기 때문에 존재하는 것[17]으로, 후천적인 수행을 통하여 깨달음에 복귀할 수

---

17 시각에는 네 가지가 있는데 불각·상사각·수분각·구경각이다.

있는 것을 말한다. 본각本覺에는 수염본각과 성정본각이 있다.[18] 수염본각隨染本覺은 망념에 의해 본각의 체상을 드러내 보여주시는 것이고, 성정본각性淨本覺은 본각의 덕성을 말한 것이며 본래의 자성청정성을 말한 것이다.

불각에는 근본불각과 지말불각이 있다. 진여를 깨닫지 못한 무명무지를 근본불각이라 하고, 근본불각에 의해 일어난 허망한 집착을 지말불각이라고 한다. 중생은 이 지말불각에 의해 업을 짓고 생사윤회의 고통을 받으며 이리저리 떠돌고 있는 것이다. 그러나 인간은 각으로 되돌아 갈 수 있는 능력을 지닌 존재이다.

이상은《대승기신론》에서 말하고 있는 인간의 본성관으로, 다음과 같이 정리해볼 수 있다. '우리 인간의 마음에는 그렇게 될 수 있는 심진여[여래장]가 있으며, 이 여래장을 근거로 불각하여 생멸하는 마음이 있다. 그리고 이 양자의 관계는 하나인 것도 아니면서 별개의 것도 아니다. 심진여 자체는 각이나 불각에 가려 동요를 시작한다. 인간은 무명으로 말미암아 세상의 만물을 차별 짓게 된다. 그러나 각으로 돌아갈 능력을 지니고 있다.'[19]

그러면 심진여와 심생멸의 상호관계는 어떠한가? 마음이 이중적 구조를 가진다 하더라도 이 양자는 서로 떨어져 있는 절대분리의 두 가지는 아니라는 것이다. 즉 이 두 문은 각각 모든 법을 총괄하여 포섭하고 있기 때문이다.[20] 이것은 일심을 설명하기 위한 방법으로서

---

[18] 태현,《대승기신론내의약탐기》(T44), 415쪽a, "本覺義 此中二種 一隨染本覺 二性淨本覺."

[19] 송석구, 〈유불 인간관의 동이〉,《이기영박사고희기념논총 불교와 역사》, 서울: 한국불교연구원, 1991, 189~193쪽.

[20] 마명,《대승기신론》권1, 〈입의분〉, 576쪽a, "是二種門皆各總攝一切法 此義云何 以是二門不相

의 진여문과 생멸문은 이성에 입각한 논리적 개념을 포섭함과 동시에 현상과 본질에 관한 인간의 모든 법을 두루 포섭하고 있다는 것이다.

> 심법은 비록 하나이지만 두 가지 문이 있으니, 진여문 가운데 대승의 체가 있고, 생멸문 가운데 체상용이 있다.[21]

서로 떨어져 있지 않은 두 문임에도 여기에서 의문시 되는 점은 심 진여문 가운데 대승의 체가 있는데도 또 생멸문중에 체와 상용을 상정하고 있다는 것이다.

> 생멸문 중에도 자체를 말하는 데에는 깊은 까닭이 있다. …… 마땅히 알지니, 다만 생멸심을 취하여 생멸문을 삼은 것이 아니고 생멸 자체와 생멸상을 함께 취한 것이 모두 생멸문 안에 있다는 뜻이다.[22]

즉 생멸문이라고 해서 단지 생멸심만을 취하는 것이 아니고 생멸 그 자체와 나타난 현상을 동시에 취급한다는 것이다. 따라서 생멸자체는 생멸하는 현상에 의해서 파괴되는 것은 아니라고 한다. 조금 더 생각해본다면, 진여문은 단순히 마음의 본질을 정립하는 것이 아니요

離故."
[21] 원효, 《대승기신론별기(본)》(T44), 226쪽c, "心法雖一 而有二門 眞如門中 有大乘體 生滅門中 亦有相用."
[22] 원효, 《기신론소》 상권(T44), 206쪽b~c, "生滅門中 乃云自體 有深所以 …… 當知非但取生滅心 爲生滅門 通取生滅自體及生滅相 皆在生滅門內義也."

인간이 가장 근원적이고 본질적이라고 생각되어지는 것을 실체화함으로써 대립과 모순의 관념을 갖게 되는 것을 비판하여, 진여 스스로의 빛을 드러나게 하려는 입장이라 할 수 있다. 그러기에 진여문과 생멸문이 서로 떠날 수 없으며, 서로 다른 체를 갖고 있는 것이 아니라는 것이다.

3장 3절에서 정도전은 불교의 심을 초월의 적멸심, 또는 사량분별의 무명심 등으로 규정하고 있으며, 성리학의 이기론적 심성론에서 본 심성을 아울러 살펴보았다.

불교에서의 심성론은 위에서 살펴본 바와 같이, 두 가지 체계를 지니고 있음을 알 수 있다. 하나는 무명에 입각한 번뇌의 망심인 심생멸과 한결같은 본체로서의 절대평등하고 순수한 지혜에 입각한 해탈의 심진여가 그것이다. 이것은 곧 마음의 작용이 진여에 바탕을 두고 있느냐 아니면 생멸에 바탕을 두고 있느냐에 따라 질적으로 다른 양상을 나타낸다는 것이다. 인식의 주체와 인식의 대상이 따로 나누어져 있는 것이 아니라, 양자는 단지 하나의 작용이라는 것이다.[23]

마음은 인간이 본래부터 가지고 있는 불성佛性을 의미하며 혹은 진여라고 했다. 그리고 성은 중생의 마음[衆生心]을 가리키는 법이 변하지 않는 성과 여러 현상세계의 조건에 따라 변하는 상의 두 면이 있다. 그런데 우리가 일상생활에서 상에 정신이 팔려 집착하지 말고 성인 진여, 공, 진심의 체를 인지하여 살면 삶 자체가 자유롭게 전개된다는 것이다.

따라서 정도전은 생멸심을 통해 기를 비난한 것에 지나지 않는다.

---

[23] 인경, 〈마음의 해석학〉, 《지눌》, 서울: 예문서원, 2002, 198~199쪽.

불교에서의 심은 사대육신을 부정하지 않는다. 불교에서의 깨달음은 육신을 벗어난 깨달음이 아니다. 이 육신을 가진 자체에서 일체의 집착을 벗어나야 하는 것이다. 집착하는 데서 생기는 번뇌나 망상을 떠나 자유자재해지는 해탈이나 열반은 육신의 죽음을 통해서도 이루어질 수 있지만, 살아있으면서도 이루어진다. 전자를 무여열반無餘涅槃이라 하며, 후자를 유여열반有餘涅槃이라 한다. 그러므로 그의 비판은 불교에서 말하는 마음의 일단면만 보았을 뿐만 아니라 사대육신과 대립하여 이해하는 오류를 범하고 있다.

정도전은 불교의 심성론을 성리학적인 입장으로만 파악하고, 이를 바탕으로 비판의 예각을 세움으로써 본질적인 비판이라기보다는 자신의 주장만을 정당화시키고 이단을 배척하고자 하는 견강부회의 마음만 앞섰음을 알 수 있다.

마지막으로 개념들의 차이를 다시 한 번 정리해 보면 다음과 같다. 첫째, 정도전은 심성을 하늘에서 얻어서 생겨난 기와 이로 파악하고 있으나, 불교에서의 심성이란 우주의 본체이자 일체 중생의 자성청정심으로 우주 법계에 두루한 것을 말한다.

둘째, 정도전은 유교적 관점에서 심은 허령불매하여 한 몸을 주재하는 것이며 성이란 순수지선하며 일심에 갖추어 있는 것으로 보았다. 하지만 불교에서는 심은 허령지각하는 존재자체를 일컫은 것이고 성은 연을 따라서 변하지 않는[隨緣不變] 본체를 가리키는 개념이다.

셋째, 유교의 심성개념은 이기이원론으로 이는 기를 제어하여 중中을 잃지 않게 한다고 했다. 하지만 불교에서는 심과 성을 우주의 만상을 나타내는 묘용을 갖는 동시에 스스로 핵심이 되는 묘체를 나타낸 것으로 본체인 성과 진망화합인 심은 둘이 아니라는 것이다.

넷째, 정도전은 '불교는 작용을 성' 이라는 전제에 입각하여 논박을 하고 있다. 그가 인용한 방거사 게송과 같은 선종에서의 마음작용은 바로 진여[自性淸淨心, 佛性]에 바탕을 두고 드러내고 있는 것이다. 물을 긷고 나무를 하는 등의 일상적인 행위로 나타나는 마음작용이 바로 진여에 입각한 것이라면 일상적 행위 자체는 '불교적 진실을 드러내는[妙用]' 것이다.

윤회인과설

불교의 윤회인과설은 천지 만물의 존재와 변화 그리고 생멸의 현상에 대한 기초적인 원리이다. 다시 말해서 깨치지 못한 중생들은 과거와 현재, 미래로 윤회전생하며 무수한 인과 연으로 생겨나고 소멸한다는 것이다. 이러한 윤회와 인과의 개념부터 살펴보자.

윤회saṁsāra란 의역으로 생사, 생사윤회, 생사상속, 윤회전생, 유전이라고도 하고 음역으로 승사락僧娑洛이라고도 한다. 원어 saṁsāra를 풀이해 보면 saṁ은 '함께'라는 뜻이고 sāra는 '달리다, 빨리 움직이다, 흐르다'라는 뜻이다. 마치 수레바퀴가 굴러서 끝이 없는 것과 같이 중생의 미혹과 업에 의해 삼계 육도의 생사세계를 거듭하면서 돌고 돌아 그치지 않는 것을 말한다.

인과hetu-phala란 원인과 결과 또는 인과율을 가리키며, 불교교리체계 가운데 세계일체의 관계성을 설명하는 기본 이론이다. 대개 일체제법의 형성에서 결과를 낳게 하는 것이 '인'이며 그 인에 의해 '과'가 생긴다.

붓다의 사상은 당시 인도의 여러 사상들을 수용하기도 하고 비판하

윤회도(티베트 타쉬룽포 사원 벽화)

기도 하면서 불교만의 사상으로 발전시켜갔다. 윤회인과설도 또한 이와 마찬가지다.

윤회설은 리그베다Rig Veda시대에서도 유사한 개념들이 보이기는 하지만 자신의 실체를 인정하는 브라흐만Brahmana시대 이후, 우파니샤드Upanisad시대에 들어온 다음부터 업과 같이 하나의 학설로 완전히 기본적 체계를 얻게 된다. 즉 베다시대에는 윤회란 말이 없었으며 그와 같은 뚜렷한 사상도 없었다. 그러다가 브라흐마나 문헌에서부터 사후의 세계에 관한 반성이 생기면서 윤회사상도 점점 그 윤곽이 잡히기 시작했다.[24] 그 이후 고대인도의 종교서에는 언제나 윤회에 대해 기술하고 있으며, 리그베다 후기시대에 이르면 사후의 세계인 야마Yama(閻羅)에서의 재사再死 문제까지도 언급되고 있다.[25] 재사는 재생을 전제로 한 것으로 사후에 다시 현세로 태어난다고 하는 사상이 바로 윤회사상의 맹아가 되었다.[26]

그러나 이들이 말하는 윤회설에는 일관된 견해는 없으며 브라흐마나에서 말하는 일반적 경향은 사람이 죽은 뒤에 천상이나 지옥에서 태어난다는 이도설이다. 이러한 경향은 붓다 당시에도 그대로 이어져 소위 6사외도라 불리던 사상가들의 대부분이 윤회설을 주장하고 있었다. 예를 들면 상카학파Sāṁkhya에서는 불교에서 인정하지 않고 있는 인간의 영원한 자아puruṣa라는 실재를 인정하고 있다. 또한 윤회를 비정세간인 자연물에게까지 미치는 것으로 보고 사람만이 윤회하는

[24] 조용길, 〈업사상의 현대적 고찰〉, 《한국불교학》 제33집, 서울: 한국불교학회, 2003, 6~9쪽.
[25] 정병조, 〈불교의 생사관〉, 《생명연구》 1, 서울: 서강대 생명문화연구원, 1993, 226~227쪽.
[26] 김정희, 《조선시대 지장시왕도 연구》, 서울: 일지사, 1996, 14쪽.

것이 아니라 자연의 세계까지 윤회한다고 생각했고, 해탈을 인생의 목적으로 삼았다. 또한 승론학파Vaiśeṣika는 윤회에서 벗어나기 위해 요가 수행을 역설했다.[27] 뿐만 아니라 이러한 사상은 끊임없이 이어져 오늘날 힌두교를 믿고 있는 대부분의 인도인들의 보편적인 사상으로 고착화되어 있다. 이는 그들의 사회적 신분적 지위를 날 때부터 규정하고 있는 카스트 제도로 인해 더욱 강하게 신앙되고 있다.

붓다 이전의 인도사상들에 나타났던 윤회와 업 사상은 붓다에 이르러서 기존의 개념을 연기pratīya-samutpāda설과 융합시켜 한층 더 조직적이고 체계적으로 정립하기 시작했다. 특히 이것의 이론적 체계는 부파불교에서 이루어졌다.

윤회인과설은 근본불교경전인 《아함경》에서부터 대승경전에 이르기까지 많은 경전들에서 설해지고 있다.[28] 그렇다면 구체적으로 어떻게 설해지고 있는지를 보면서 불교교리적인 해석을 함께 살펴보기로 하겠다.

《중아함경》 제16권 〈왕상응품 비사경〉 제7에는 부처님의 제자인 구마라가섭존자와 비사왕의 대론을 통해서 윤회를 한다는 적극적인 주장을 설한다.

비사 왕이 곧 물었다.

"가섭이시여! 나는 이렇게 보고 이렇게 말합니다. 후세도 없고 중생의 다

---

[27] 김희성, 《인도철학사》, 서울: 민음사, 1993, 95~110쪽.
[28] 불교교리의 발전과정에서 윤회에 대한 이견도 있다. 그러나 이 문제보다는 윤회의 주체 문제에 대한 논쟁이 계속되었다. 윤회의 주체에 대해 부파불교의 영향으로 부정하는 교설도 나타나기도 했다. 이처럼 이 문제는 일찍부터 불교학상의 난제로 간주되어 오고 있음도 사실이다.

시 남도 없다고. 사문 가섭님의 생각에는 어떠하나이까?"[29]

"비사 왕이시어! 내가 비유로 말하리니 들으시오. 지혜로운 사람은 비유를 들으면 곧 그 뜻을 알 것이오. 비사 왕이시어, 마치 장님과 같으니 그는 이렇게 말하오. 곧 검고 흰 빛깔도 없고, 또한 검고 흰 빛깔을 본 일도 없다. 길고 짧은 형상도 없고 또한 길고 짧은 형상을 본 일도 없다. 가깝고 먼 형상도 없고, 또한 가깝고 먼 형상을 본 일도 없다. 추하고 고운 형상도 없고, 또한 추하고 고운 형상을 본 일도 없다. 무슨 까닭인가. 나는 보지도 못하고 알지도 못했다. 그러므로 빛깔은 없다고. 저 장님이 이렇게 말한다면 그것을 참말이라 하겠습니까."[30]

이 경에서는 구마라가섭과 비사왕의 대론을 통해 후세와 중생의 다시 태어남에 대한 문답을 벌이는 형식으로 이루어져 있다. 비사왕은 계속해서 후세도, 중생이 다시 태어남도 없음을 가섭에게 묻고 있다. 불제자인 구마라가섭은 자신이 보지 못했거나 경험하지 못했다는 이유만으로 윤회를 부정하는 태도에 대해서 장님의 예를 들어 그의 인식이 옳지 않으며 윤회한다는 것을 설하고 있다. 윤회에 대한 당시의 일반적인 인식에도 불구하고 이에 대해 한편에서는 의문을 가지고 있었다는 사실을 반영하는 것으로 이해할 수 있다.

지겸이 번역한 《법구경》〈생사품〉을 보면 윤회하는 주체를 신神이라고 표현하고 있다.

---

[29] T1, 525쪽c, "蜱肆王卽便問曰 迦葉 我如是見 如是說 無有後世 無衆生生."
[30] T1, 527쪽a~b, "尊者鳩摩羅迦葉告曰 蜱肆 聽我說喻 慧者聞喻則解其義 蜱肆 猶如盲人 彼作是說 無黑白色 亦無見黑白色 無長短色 亦無見長短色 無近遠色 亦無見近遠色 無麤細色 亦無見麤細色 何以故 我初不見不知 是故無有色 彼盲如是說 爲眞說耶."

이 몸은 사라지는 것이나

정신은 형체가 있는 존재가 아니니

만약 죽어 다시 태어나더라도

죄와 복, 흩어지거나 사라지지 않으리.

나고 죽음이 한 번이 아니며

어리석음으로 애욕은 길이 자라

이로부터 고락 받으니

육신은 죽어도 그 정신은 사라지지 않네.[31]

여기서 윤회하는 주체로서 설정된 정신은 몸과는 달리 사라지고 생기고 하는 형체를 소유한 물건이 아니기 때문에 목숨이 다하더라도 사라지지 않으며 다시 태어나도 그 정신이 간직하고 있는 죄와 복은 흩어지거나 사라지지 않는다고 한다. 또한 생사윤회는 한 생으로 끝나는 것이 아니라 다시 태어나서 현생에 지은 과보를 받는다고 하고 있다.[32]

이상에서 살펴본 두 경의 예에서는 불교교리에서 말하는 윤회설의 특징이 드러났다기보다는 당시에 일반적으로 유행하던 자기 동일적인 자아ātman 내지 정신이 존재하여 몸을 바꿔가면서 생을 거듭하여

---

[31] T1, 574쪽a, "是身爲死物 精神無形法 假令死復生 罪福不敗亡 終始非一世 從癡愛久長 自此受苦樂 身死神不喪."

[32] 지겸이 《법구경》을 번역하면서 윤회의 주체를 신이라고 한 이유를 첫째, 업식이 정신작용으로서의 식과 구분이 힘들다고 여겨서 식신이나 신이란 용어를 과감하게 사용했을 것이란 추측과 둘째, 당시 중국인들 의식 속에서 사후세계에 존속 가능한 것은 신이나 귀신 외에 생각할 수 없었기 때문일 것이다.

존재한다는 유아윤회설에 대해 설하고 있다.

붓다는 당시 외도들의 사후에 대한 여러 견해에 대해 막연히 떠오른 견해를 주장할 뿐이라고 지적하고 있다. 이들의 견해를 영혼의 불멸과 윤회의 부단함을 주장하여 이들이 항상 실제로 있다고 생각하는 이론인 상견론, 영혼과 윤회 자체를 부정하여 신심을 단멸시키는 이론인 단견론을 외도들의 잘못된 견해라고 설하고 있는 것이다.

만일 물질에도 나[我]가 없고 수·상·행·식에도 나가 없다면 그는 나가 없는 업을 지을 것인데 누가 그 갚음을 받아야 할 것인가. …… 수·상·행·식에 있어서도 또한 그러하니라. 그러므로 비구들이여, 만일 모든 물질로서 과거거나 미래거나 현재거나 안이거나 밖이거나 굵거나 가늘거나 좋거나 더럽거나 멀거나 가깝거나 그 일체는 나도 아니요 내 것도 아니라고 이렇게 보면 그것은 바른 소견이니, 수·상·행·식에 있어서도 또한 그러하니라. 많이 아는 거룩한 제자로서 이렇게 보는 사람은 곧 그것을 싫어하는 마음을 닦고, 싫어하는 마음을 닦은 뒤에는 욕심을 떠나며, 욕심을 떠난 뒤에는 해탈하고 해탈한 뒤에는 해탈한 줄을 알고 보느니라. 그래서 나의 생은 이미 다하고 범행은 이미 서고, 할 일은 이미 마쳐 다시는 후생 몸을 받지 않을 줄을 스스로 아느니라.[33]

《잡아함경》권2 58경에서는 업의 윤회와 무아의 가르침을 설하고

---

[33] 《잡아함경》 2권 58경(T2), 15쪽a, "若色無我 受·想·行·識無我 作無我業 誰當受報 … 受·想·行·識亦復如是 是故 比丘 若所有色 若過去 若未來 若現在 若內·若外 若麤 若細 若好 若醜 若遠 若近 彼一切非我 非我所 如是見者 是爲正見 受·想·行·識亦復如是 多聞聖弟子如是觀者便修厭 厭已離欲 離欲已解脫 解脫知見 我生已盡 梵行已立 所作已作 自知不受後有."

있다. 먼저 인간은 색·수·상·행·식의 오온으로 단지 어떤 원인에 의해 잠시 결합되어 있는 존재에 지나지 않는 연기한 것임을 설한다. 오온은 무상하고 괴롭고 변하여 나[我]라고도, 나의 것[我所]이라고도 나의 자아라고도 할 수 없다는 것이다. 다시 말해서 인간존재란 가아인 존재를 아라고 이름을 붙여서 부르지만 그것은 단지 이름일 뿐이지 실체, 즉 진아眞我는 아니라는 것이다. 무아설에서 부정되는 것은 무명에서 연기한 온蘊의 나이므로 참다운 나가 부정되는 것은 아니다.[34] 이런 점에서 무아설은 두 가지 점에서 의미가 있다. 하나는 형이상학적인 자아가 존재하지 않는다는 것이고, 다른 하나는 경험적인 자아의 현존을 보여준다는 것이다.[35]

다음으로 '자아가 없이 지어진 업들은 다음 생에는 어떤 자아에게 그 과보가 돌아갈까?'라는 윤회의 주체에 대한 물음을 살펴보자.

대개 윤회한다고 가정하면 윤회의 주체가 있어야 한다고 생각하기 쉽다. 하지만 불교에서는 주체를 언급하지 않고 있다. 이에 반해 붓다 교설의 합리를 추구해 온 교리 연구의 전통인 부파불교에서는 이러한 윤회의 실체를 규명하려는 노력을 끊임없이 계속했다. 따라서 다양한 윤회의 주체를 가정해 보거나 설정했다. 그 결과가 오늘날 복잡한 양상의 불교 윤회설을 가져왔다. 대중부에서는 근본식설, 상좌부에서는 유분식설, 독자부에서는 푸드갈라pudgala(補特伽羅), 나아가서는 간다르바gandarva(健達縛, 香食) 등의 비물질적 실체가 있어 인연에 따라 탁

---

[34] 고익진, 《불교의 체계적 이해》, 서울: 새터, 1994, 158쪽.

[35] David J. Kalupahana, *A History of Buddhist Philosophy: Continuities and Discontinuties*(The University Press of Hawaii, 1992), pp. 72~81; 이덕진, 〈유교와 불교의 생사관에 대한 일고찰〉, 《보조사상》 15집, 서울: 보조사상연구원, 2001, 237쪽 재인용.

태胎한다는 윤회의 주체설을 탄생시켰다.

설일체유부에서는 생존하는 것은 모두 유정이라 하며 이들은 탐애와 집착을 연으로 하여 십이연기를 과거·현재·미래의 3세에 걸친 것으로 각기 나누어 시간적인 생기를 중심으로 연기설을 풀이하여 삼세양중인과설을 확립했다. 다시 말해 인간이 과거(무명·행), 현재(식·명색·육처·촉·수·애·취·유), 미래(생·노사)의 삼세에 걸쳐 윤회하는 인과를 밝힌 교리라는 것이다. 그러나 이처럼 실체를 주장하는 것은 근본적으로 불교의 무아설에 위배되는 것이다. 왜냐하면 무아설은 나라는 실체가 존재하지 않는다는 교설이기 때문이다. 따라서 어떤 실체가 있어서 그것이 전생에서 금생으로, 금생에서 내생으로 옮겨간다는 것은 모순된 결과를 가져오게 된다.

그렇다면 불교의 윤회설을 어떻게 이해할 수 있을까? 그것은 연기설과 업설業說에 바탕을 두고 있다. 연기설은 일체법이 서로서로 인이 되고 연이 되어 그 존립이 이루어진다는 것이다. 이것을 인연이라고 하며, 인이란 1차적이고 직접적인 원인이고 연은 2차적이고 간접적인 원인이라고 할 수 있다. 무엇이든지 어떤 원인이 있고 그것이 성숙하기 위한 조건이 있어야 한다. 다시 말하면 관계를 무시하거나 관계를 외면한 상태에서는 어떠한 것도 독립적으로 존립할 수 없다는 것이 연기설이다. 이는 붓다가 보리수 아래에서 깨달은 내용으로 붓다가 새로이 만들어 내거나 다른 어떤 이가 만든 것이 아닌 상주하는 법이다.

연기법은 내가 만든 것도 아니고 다른 사람이 만든 것도 아니다. 그러므로 여래가 세상에 나오거나 나오지 않거나 법계에 항상 머물러 있다. 저 여래는 다만 이 법을 스스로 깨닫고 바른 깨달음을 이루어 모든 중생들을 위하여 분별하고 연설하고 개발하여 드러내 보이신 것이다. 이른 바, 이것이 있으므로 저것이 있고 이것이 일어나므로 저것이 일어난다. 즉 무명을 인연하여 행이 있고 내지 순수한 큰 괴로움의 무더기가 생겨나며, 무명이 멸하기 때문에 행이 멸하고 나아가서는 순수한 큰 괴로움의 무더기가 멸한다.[36]

붓다는 이처럼 연기법을 스스로 깨닫고 바른 깨달음을 이루어 중생들을 위하여 이 법에 대해 분별하고 연설하고 개발하여 드러내 보였던 것이다. 뿐만 아니라 이 연기의 원리 위에서 불교의 사상과 실천의 전 체계를 구축해 갔던 것이다.

윤회설도 이와 마찬가지다. 그 어떤 것도 원인이 없을 수 없으며, 모든 원인은 반드시 결과를 가져온다. 이 같은 인과의 법은 중생에게 적용될 때는 단순히 인과라고만 하지 않고, 업을 짓고 과보를 받는다고 한다. 이것을 인과업보 또는 인업과보라고 한다. 따라서 업설이란 업을 지으면 반드시 보가 온다는 것으로, 업은 인이지만 인과는 또 다른 의미를 갖는다.

업이란 산스크리트어의 karman 또는 karma라고도 하며, '하다' 라는 어근 kr에서 파생한다. 일반적으로 업의 원어를 karma라고 하는 것은 중성명사 karman의 단수 주격형으로 업, 작업, 소작, 소행의 뜻이며 음사하여 갈마羯磨라고 한다. 여기에는 인간의 의지가 개입된다고 할 수 있다. 이처럼 인간의 의지가 개입되어 과보를 초래할 수 있는 업이

---

[36] 《잡아함경》 권12, 299경(T2), 85쪽b, "緣起法者 非我所作 亦非餘人作 然彼如來出世及未出世 法界常住 彼如來自覺此法 成等正覺 爲諸衆生分別演說 開發顯示 所謂此有故彼有 此起故彼起 謂緣無明行 乃至純大苦聚集 無明滅故行滅 乃至純大苦聚滅."

되기 위해서는 반드시 2가지 조건을 갖추어야 한다.

첫째는 의도적 행위여야 하며 둘째는 윤리적 행위여야 한다. 전자는 무의식적으로 행해진 행위는 과보를 초래할 힘을 갖지 못한다는 뜻이며, 후자는 선한 행위이거나 악한 행위여야 한다는 뜻이다. 선하지도 악하지도 않은 행위, 즉 무기업은 중성적인 업으로 과보를 초래할 능력이 없다는 뜻이다. 《중아함경》에 "만일 일부러 짓는 업이 있으면, 나는 반드시 그 갚음을 받되 혹은 현세에서 받거나 혹은 후세에서 받는다고 말한다. 만일 일부러 지은 업이 아니면, 나는 이는 반드시 그 보를 받는다고 말하지는 않는다"라고 하는 데서 확인할 수 있다.

따라서 무기업은 엄밀한 의미에서 업이라고 할 수 없다. 이렇게 볼 때 업은 의도된 행위와 윤리적인 생활을 하는 인간만이 지을 수 있다.[37] 동물들의 행동은 본능적인 것일 뿐이며 윤리적인 생활을 하지 않기 때문에 의지작용이 밑바탕이 된 행위가 아니다. 그래서 육도 가운데 인간도에서만 업을 짓고 나머지 오도에서는 업을 소비할 뿐이라고 하는 것이다.[38] 따라서 윤회의 주체는 행위의 주체가 되는 업이 있을 뿐이다.[39]

그러므로 불교에서의 윤회설, 윤회의 주체는 자기 동일적 자아는 없지만 오온가화합체로서의 가아假我가 지은 업력으로 인해 현생의 인간이 존재하게 되므로 업력으로 인한 오온간의 연속성이 존재한다

---

[37] 《중아함경》 3권(T1), 437쪽b, "若有故作業 我說彼必受其報 或現世受 或後世受 若不故作業 我
說此不必受報."

[38] 동국대학교 교재편찬위원회, 《불교사상의 이해》, 서울: 불교시대사, 1999, 116쪽.

[39] 《잡아함경》 권13, 335경(T2), 92쪽c, "업보는 있어도 작자는 없다. 이 음이 멸하고 나면 다른 음
이 이어받아 계속된다[有業報而無作者 此陰滅已 異陰相續]."

는 무아윤회설이다.

여기서 우리는 붓다 사유의 근본적인 대전제를 상기할 필요가 있다. 붓다의 인간 존재에 대한 분석은 그 자체가 목적이 아니라 단지 고정불변한 존재자로서의 나는 존재하지 않는다는 것을 우리에게 보여줌으로서, 고를 직시해서 고에서 해탈하기 위한 것이다. 즉 무상과 무아의 논리는 존재 문제를 해결하는 방법이 아니다. 그것은 단지 존재를 해석하는 방법일 뿐이다.

그렇다면 또 한 가지가 의문으로 남는다. 즉 중생의 업력에 의해서 윤회한다고 할 때 어디를 윤회하는가 하는 윤회 장소가 그것이다. 이에 대해서는 여러 설이 있으나 크게 보면 삼계와 오도, 육도설 등 세 가지로 설명되고 있다.[40] 먼저 삼계는 욕계와 색계, 무색계[41]로 중생계의 미혹한 상태로 깨달음이 없는 어리석음의 세계를 말한다. 삼계는 다시 여러 세계로 세분되며 그 가운데 욕계는 지옥, 아귀, 축생의 삼악취와 인, 천의 오취 혹은 아수라Asura를 더한 육취로 분류된다.

오도는 지옥도, 아귀도, 축생도, 인간도, 천도를 말하며, 앞의 삼도는 악도라 하고, 뒤의 이도는 선도라 한다. 이는 앞에서도 살펴보았듯

[40] 이하는 고익진, 《불교의 체계적 이해》, 143~144쪽; 윤호진, 《무아 윤회문제의 연구》, 서울: 민족사, 1992, 97~101쪽 참조.

[41] 욕계는 모든 존재들이 욕망이 중심이 된 생활을 하는 경계로 그로 말미암아 받게 되는 고통의 정도에 따라 지옥·아귀·축생·인간·천신의 육취로 구별되며, 또한 여섯 개의 하늘이 있으므로 육욕천(사왕천, 도리천, 야마천, 도솔천, 화락천, 타화자재천)이라 한다. 색계는 선정을 닦아 욕심을 멸하며 정신적인 즐거움만 가지고 있는 경계로서, 초선천에서 제3선천까지는 각각 3천이 있고, 제4선천은 구천이 있으므로 색계 18천이라고 한다. 무색계는 색계의 형색이나 욕망도 없는 순수한 정定의 경계로서 사천으로 이루어져 있다.

이 그곳에 사는 존재들이 전생에 지은 업에 의해 받게 된 결과다. 이 오도에 아수라가 더해지면 육도가 된다. 초기경전인 《아함경》에서는 삼계와 오도만 설하고 있으며 후기경전에서는 육도를 설한다.[42] 일반적으로 중국, 한국, 일본 등지에서는 육도설이 주를 이루고 있다.[43]

이뿐만 아니라 유정은 스스로 지은 업보로서 오취 또는 육취를 유전하는 동안에 태어나면서부터 재생할 때까지 사유(중유·생유·본유·사유)라는 네 가지 생존의 과정을 경유한다. 즉 태어나는 순간을 생유, 태어나서 죽을 때까지를 본유, 죽는 순간을 사유, 죽은 후 전생할 때까지의 기간을 중유 또는 중음이라고 한다.[44]

결론적으로 윤회는 불교의 입장에서 보면 그 자체가 무명과 욕망 등 번뇌에 의한 결과로서 욕계·색계·무색계의 삼유三有를 벗어나지 못하고 유전하며 괴로움[苦]을 가져다주므로 불교의 궁극적 목적은 가능한 이 윤회를 단절하여 더 이상 윤회를 하지 말자는 데 그 목적이 있다.

이상으로 불교에서 말하는 인과윤회에 대해 살펴보았다. 불교의 윤회설은 인간을 물질적 육체와 영혼으로 나누어 볼 때 육체는 낳기도 하고 죽기도 한다. 하지만 영혼 즉 마음은 영원하지도 영원하지 않기도 하다는 이론 구조에서 나온 것이다. 그러나 유교는 육체나 영혼은 영원하지 않고 죽는다는 유한성 속에서 출발한다. 따라서 불교와 유

---

[42] 윤호진, 《무아 윤회문제의 연구》, 97쪽; 예를 들면 《잡아함경》권16, 432경(T2), 112쪽b, "輪迴五趣."

[43] 예를 들면 고려 말 나옹화상의 《나옹록》(서울: 장경각, 1991)에도 다음과 같이 설하고 있다. 〈염불하는 사람에게 주는 글〉에 "몇 겁이나 괴로이 육도를 돌았던가."(276쪽); 〈육도보설〉, 124쪽.

[44] 세친, 《아비달마구사론》권9(T29), 46쪽a, "於中位別分析爲四 一者中有 義如前說 二者生有 謂於諸趣結生刹那 三者本有 除生刹那死前餘位 四者死有 謂最後念."

교는 그 이론의 출발점 자체가 다르다.[45] 하지만 정도전은 이러한 전제에 대해 파악하고 있지 않은 듯하다. 다만 성리학적 입장에서 그의 논지를 펼쳐가고 있다.

정도전은 불교의 윤회설에 대해 두 가지로 파악하고 있음을 살펴보았다. 첫째는 사람이 죽어도 정신은 불멸한다는 것이고 둘째는 일체유정은 정해진 수가 있어 증감이 없다는 이른바 정수윤회설定數輪廻說이다. 즉 한 사물이 늘어나면 다른 사물은 줄어들어야 한다는 것이다.

첫째의 경우는 《법구경》〈생사품〉에서 살펴보았듯이 '육신은 죽어도 그 정신은 사라지지 않음[身死神不喪]'을 불교에서도 설하고 있음을 알 수 있다. 또한 이러한 견해에 대해서 '붓다는 그 견해를 주장하는 사람들이 제대로 알고 이 견해들을 주장하는 것이 아님을 먼저 지적한다. 단순한 믿음, 자신의 성향, 전통, 불완전한 사색, 견해에 입각한 선 수행 등을 통해 막연히 떠오른 견해를 주장하는 것일 뿐이라고 지적'[46]하고 있다. 또한 인도 이전의 전통사상에서 주장하는 영혼불멸설과도 맥을 같이 하는 것으로 붓다는 이에 대해 영혼과 윤회 자체를 부정하여 신·심을 단멸시키는 단견론을 외도들의 잘못된 견해라고 비판했다. 결국 붓다는 윤회하는 어떤 주체가 있지 않음[無我說]을 밝혔다.

이러한 논쟁은 중국에서 4세기경 나군장과 손안국에 의해 처음으로 제기된 이후 끊임없이 이어진 까닭은 당시의 중국의 불자들도 또

---

[45] 송석구, 〈조선조 16~17세기의 유·불 대론〉, 《불교와 제과학》, 서울: 동국대학교, 1987, 18쪽.
[46] 최봉수, 《원시불교원전의 이해》, 서울: 불광출판부, 1993, 312쪽.

한 신식神識이 주체가 되어 윤회한다[47]고 믿었기 때문이다. 즉 불교가 중국에 들어와서 사후에도 영혼이 항상 있음을 의미하는 신불멸론을 주장하고 있다. 이러한 이유로 하여 붓다가 설했던 자아ātman의 존재를 부정하는 무아설을 올바로 이해하고 있지 못했던 듯하다. 이는 주자 당시의 선사들도 교화방편적인 측면에서 난해한 무아윤회설보다는 인과응보적 업설과 신식에 기초한 윤회설을 쫓고 있었다. 주자 또한 불교교리의 올바른 공부를 통한 이해보다는 당대 불교도들에 의해 교화 방편적으로 설해지고 있던 이러한 해석을 따랐을 것[48]으로 생각된다.

고려 말의 불교계도 또한 마찬가지였다. 따라서 주자학을 받아들였던 정도전을 비롯한 당대 유학자들이 일반 불교도들조차도 제대로 이해하기 어려웠던 무아윤회설과 같은 난해한 교리를 제대로 이해하고 있었다고 보기 어려웠다고 보는 것은 타당할 것이다.

하지만 그가 무아윤회설은 알지 못했다고 할지라도 불교교리의 핵심은 알고 있었다. 《심기리편》에서 보면 '석씨의 학문은 적멸을 숭상'

---

[47] 육식으로서의 식과 '영혼' 같은 의미로서의 식을 중국 역경가들이 번역하면서 구별을 하고 있다. 대개 전자의 경우는 그냥 식으로 쓰고 있으며, 후자의 경우는 신, 식신, 신식 등으로 사용하고 있다. 물론 식으로 혼용되기도 한다. 따라서 부파불교 장로부계에서 받아들인 식(vijñāna)의 개념과는 구별된다고 할 수 있다. 윤호진, 《무아 윤회문제의 연구》, 109~112쪽.

[48] 윤영해는 이를 당시 불교도들조차도 난해한 무아윤회설을 이해하지 못한 것으로 파악하고 있으나 이것은 선사들의 무아윤회설에 대한 몰이해라기보다는 오히려 교화방편적인 측면으로 이해해야 옳을 것이다. 즉 불교에서는 무아윤회설뿐만 아니라 영혼윤회설도 함께 설해지고 있다. 따라서 교화방편적인 측면에서는 영혼윤회설이 감성적이고 설득력이 있기 때문에 일반적으로 지금까지도 널리 설해지고 있으며, 철학적인 측면에서는 무아윤회설에 비중을 두고 설해지고 있다. 따라서 이를 어느 한쪽에만 국한시켜서 이해하는 것은 성리학자들이 가지게 되는 오류를 범할 수 있다. 〈한국에서 불교와 유교의 만남과 그 관계변화〉, 153쪽.

한다고 하고 있다. 적멸이란 열반과 같은 의미이다. 범어 '니르바나 nirvāna'를 의역하면 적멸·멸도·원적 또는 무위·부작·무생 등의 의미이고 음역하면 니원·열반나 등이 된다. nir(out)+vāna(to blow)의 어원으로 해석되는 열반의 본뜻은 '불어서 끄는 것', '불어서 꺼진 상태'를 뜻한다. 마치 타고 있는 불이 다 타고 재가 있으면 그 재를 바람이 불어서 날려버리듯이, 타오르는 번뇌의 불꽃을 지혜로 꺼서 일체의 번뇌가 소멸된 상태를 가리킨다. 이는 불교 수행에 의해 진리를 체득하여 미혹과 집착을 끊고 일체의 속박에서 해탈한 최고의 경지를 말한다. 따라서 정도전은 불교교리의 핵심을 파악하고 있었다고 생각된다. 그러나 그것이 가지는 의미에 대해서는 스스로 거부한 듯하다. 〈이유심기〉에서는 자신의 견해를 피력하고 있고 있다.

무릇 석씨와 노씨의 학은 청정과 적멸을 숭상하여 비록 인륜의 중대한 것과 예악의 아름다운 것도 반드시 없애서 끊어지게 하고자 한다.[49]

반드시 사생에서 벗어나려하니 이는 죽음을 두려워하는 것이요.[50]

하지만 그에게는 불교의 가르침 자체가 중요한 것이 아니라 당대 사회와 백성들에게 커다란 영향력을 미치고 있던 윤회인과설[51]만 보

---

[49] "夫釋老之學 以淸淨寂滅爲尙 雖彛倫之大 禮樂之懿 亦必欲屛除而滅絕之."
[50] "釋氏必欲免死生 是畏死也."
[51] 인과와 화복설은 우리나라에 불교가 초전하면서부터의 중심사상이었기 때문에 불교의 성행은 이의 성행과도 직결된다고 할 수 있을 것이다. 고익진,《한국의 불교사상》, 서울: 동국대학교출판부, 1987, 265~269쪽.

앗던 것이다. 다시 말해서 당시 불교계에서 교화방편으로 설해지고 있었던 윤회인과설의 강조로 인해 사후에 행해지고 있던 7·7재나 반 승, 추천[52] 등의 의식이 미치는 사회적인 영향력으로 인해 강한 반발 심을 가지고 있었기 때문으로 생각된다. 따라서 이 부분을 가장 서두 에, 많은 분량을 할애하며 변론했음을 알 수 있다. 그 대표적인 예를 몇 가지 들어보겠다.

세속사람들이 승려[浮屠]들의 속이고 꾀는 말을 믿어, 상사가 있으면 부처 에게 공양하고 반승하지 않음이 없었다.[53]

추천이란 다만 남의 보는 눈을 아름답게 할 뿐인데, 마침내는 집안을 망치 고 재산을 탕진하는 자까지 또한 있게 된다. 이것은 죽은 사람에게도 무익 한 낭비일 뿐만 아니라 살아있는 사람에게도 무궁한 근심을 끼치는 일이 다. 그것이 헛된 짓임은 충분히 알 수 있는 것이다.[54]

그럼에도 불구하고 한편으로는 의리적인 측면의 긍정성을 일부 인 정하고 있음을 엿볼 수 있다.

불씨의 설이 처음에는 인연과 과보를 말해서 어리석은 백성을 속이고 꾀

---

[52] 추선·추선공양·추복이라고도 하며, 사람이 죽은 뒤 명복을 빌기 위해 선근복덕을 닦아 그 공 덕을 회향하는 것으로 일반적으로 사후 7주 동안 매주 7일마다 불사를 한다.

[53] 〈불씨지옥지변〉, "世俗信浮屠誑誘 凡有喪事 無不供佛飯僧."

[54] 〈상제〉 권13, "其所謂追薦者 直爲人觀美耳 而卒至於傾家破産者亦有焉 在死者爲無益之費 而 貽生者無窮之患 多見其妄也."

는 데 불과했다. 비록 허무를 근본으로 삼아 인사人事를 저버렸다. 하지만 선을 행하면 복을 얻고 악을 행하면 화를 얻는다는 설은 있어, 사람들로 하여금 악을 징계하고 선을 권장하며, 몸가짐을 계율戒律에 맞춤으로써 제멋대로 하는 데까지는 이르지 않게 했다. 그러므로 인륜은 비록 저버렸으면서도 의리를 모두 상실하지는 않았다.[55]

이것은 비단 정도전뿐만 아니라 고려시대의 승려들이나 일반인의 보편적인 인식이었을 것으로 생각되며 벽불론을 펼쳤던 유학자들도 이것이 사람들을 선으로 인도하는 효과가 있다고 믿었다. 대표적으로 고려 말에 벽불을 주장했던 최해의 경우만 하더라도 "내가 생각하건대 불교는 협소하고 어두워서 사람이 볼 수 없는 것이다. 그러나 참으로 성심껏 즐겁게 시주한다면 아름다운 과보를 명명한 가운데서 얻게 되는 이치는 의심이 없는 것이다"[56]라고 하여 긍정적으로 인식을 하고 있다.

조선초기의 함허기화는 "《주역》에서도 말하기를 '선을 쌓은 집안에는 경사가 넘치고 악을 쌓은 집안에는 재앙이 넘친다'고 했으며, 《서경》〈홍범〉에서도 '사람이 황극에 합하면 하늘이 이에 감응하기를 오복으로서 하고, 어긋나면 이에 감응하기를 육극으로 한다'고 했으니 이것이 보응이 아니겠는가?'라고 하여 《주역》과 《서경》의 예를 들어 보응설은 불교만의 교설이 아님을 밝히고 있다. 이어서 "형체가 있을

---

[55] 〈불씨선교지변〉, "佛氏之說 其初不過論因緣果報 以誑誘愚民耳 雖以虛無爲宗 廢棄人事 尙有 爲善得福 爲惡得禍之說 使人有所懲勸 持身戒律 不至於放肆 故人倫雖毀 義理未盡喪了."

[56] 《졸고천백》1, 〈선원사재승기〉, "子惟佛教 芒乎昧乎 人所不睹 然苟以誠心樂施 其得善報於冥 冥 理無疑也."

때에는 그 보응이 이미 이와 같으며, 죽음에 미치어서는 형체가 사라져도 정신은 남으니 선악의 보응이 어찌 그렇지 않겠는가? 붓다가 말하기를 '가령 넉넉히 백 천겁이 지나도 지은 바 업은 사라지지 않으며 인연을 만날 때에 과보를 다시 자기가 받는다' 라고 했으니 어찌 사람을 속이는 것이겠는가?"[57]라고 하여 죽어서도 정신은 남아 인연을 만나면 과보를 다시 받음을 말하고 있다.

둘째 정수윤회설의 경우는 정도전이 어느 경전을 인용했는지 알 수 없다. 붓다의 교설에서 이런 부분은 찾기가 어렵다. 4세기경 중국의 나군장이 지은 〈갱생론〉에서 "이는 곧 사람과 만물에 정해진 수가 있으며 피차간에 서로 정해진 분수라는 것이 있다"[58]라고 하여 이와 유사함을 알 수 있다. 물론 정도전이 나군장의 〈갱생론〉을 직접 보았다는 전거는 없다. 하지만 선대 유학자들의 글에서 언급된 유불논쟁에서 인용한 것으로 보인다.

---

[57] 《현정론》《한불전》 7), 221쪽 상중, "易 云積善有餘慶 積惡有餘殃 又如洪範 人合乎皇極則天 應之以五福 違則應之以六極 此非報應歟 形存而其應 已然 及其死也 形雖謝而神存 善惡之應 豈不然乎 佛之言 曰假饒百千劫 所作業 不亡 因緣會遇時 果報還自受 豈欺人哉."

[58] 《홍명집》 권5, 〈갱생론〉(T52), 27쪽b, "是則人物有定數 彼我有成分."

사회윤리적인 면

유교의 기본특성은 사회와 윤리를 중시하는 데 있다. 유교에서 보는 사회생활의 기본적 인간관계는 오륜 즉 부자·군신·부부·장유·붕우이며, 여기에 유교의 근본윤리로서 강상이 성립된다. 이런 관점에서 모든 사회적인 관계를 바라보고 평가를 한다. 정도전도 마찬가지다. 그가 사회윤리적인 면에서 비판한 가장 근본적인 이유는 불교가 인륜을 파괴하기 때문이라는 것이다.

앞 장에서 정도전은 인륜을 가합이라 하여 아버지를 아버지로 여기지 않고, 어른 대하기를 어린아이 대하듯이 하여 그 본원을 잃어버렸다고 비판하고 있음을 살펴보았다. 그렇다면 불교에서는 인륜을 어떻게 바라보고 있을까? 그의 비판처럼 불교는 인륜을 끊어버리고도 어렵게 여기거나 꺼림이 없다고 말하고 있는가?

유교는 현실 지향적이며 인간 중심의 사상이다. 불교는 연기 사상으로 사람을 포함한 일체 만물이 서로 의지하고 서로 돕는 상의상자相依相資의 유기적인 관계에 있음을 깨닫게 한다. 불교에서의 인륜, 즉 인간이 지켜야 할 도리나 관계를 바라보는 관점을 알기 위해서는 면

저 불교에서 인간존재를 어떻게 보는지부터 살펴야 한다.

정도전이 지적하고 있듯이 불교에서의 인간은 오온, 즉 색·수·상·행·식의 가화합에 의하여 임시적으로 존재할 뿐이며[59] 영원한 실체는 아니라고 본다. 이 오온설은 인간존재의 비실재성과 비영원성, 다시 말해 무아를 밝히려는 것이다. 인간 개인은 오온이 서로 의지하고 서로 돕는 상관관계인 연기 속에서 존재한다는 것이다.

그렇게 오온의 상관관계에 의해서만 존재하는 그 개인마저도 독립되어 있는 것이 아니다. 자기 이외의 수많은 다른 사람과의 관계 안에 있다. 즉 무한한 연기 속에서 생기하고 존재하면서 사멸한다. 그러므로 인간은 부모 없이 생을 받을 수도 없고 사회를 떠나 생활할 수도 없다. 따라서 소속집단에 특별한 관계를 맺게 되고, 외적에 대해서는 집단을 위해 싸우지 않으면 안 되는 것이다.[60]

불교교단의 구성원은 출가자인 비구, 비구니, 식차마나, 사미, 사미니와 더불어서 재가자인 우바새, 우바이로 구성되어 있다.[61] 따라서

---

[59] 이에 대해서 정도전은 다른 논의와 마찬가지로 인륜이나 천지만물이 가합이라는 대목만을 취하여 불교를 비윤리적으로 몰아가고 있다.

[60] 고익진, 《불교의 체계적 이해》, 247쪽; 우정상, 〈조선불교의 호국사상에 대하여〉, 《조선전기불교사상연구》, 서울: 동국대학교출판부, 1985, 260~292쪽. 승려들의 대외적 승군활동에 대해서는 일찍이 고려조에서부터 비롯하여 태조 이성계의 건국에도 불교의 호국사상과 승군의 힘이 밑바탕이 되었으며, 임진왜란이나 정묘호란시 승군의 활약상은 너무나도 잘 알려진 사실이다. 고려 말의 경우에도 공민왕 8년(1359) 12월에 홍건적의 침입시나 우왕 2년(1376) 7월에 왜구들의 침입 시에도 활동했음을 알 수 있다.

[61] 《대지도론》 권10(T25), 130쪽b, "佛弟子七衆 比丘比丘尼學戒尼沙彌沙彌尼優婆塞優婆夷 優婆塞優婆夷是居家 餘五衆是出家."
비구bhikṣu는 걸사라는 뜻으로 만 20세 이상의 구족계를 받은 남자스님을 말하며, 비구니bhikṣuṇī는 여걸사를 말한다. 식차마나śikṣamāṇa는 구족계를 받기 전 2년 동안 6법을 배우는 18세 이상 20세 미만의 사미니를 말한다. 사미śrāmaṇeraka는 근가책려 또는 식악행자의 뜻으

이들 불교도들이 추구하는 궁극적인 목적은 같다할지라도 그들의 삶의 형태나 위상에 따라서 차이가 있을 수밖에 없다. 이러한 까닭으로 붓다는 그들의 처지와 조건에 따라 각각 지켜야할 계와 율을 비롯하여 다양한 가르침을 설하고 있다. 이들이 지킬 계율은 출가자는 비구의 경우 258계, 비구니의 경우 348계, 식차마나의 경우 6법, 사미·사미니의 경우 10계다. 재가자인 우바새·우바이는 5계와 팔재계가 있다. 그렇기 때문에 불교의 윤리관은 출가자와 재가자를 나누어서 생각해야 한다. 그러나 정도전이 비판의 중심을 두고 있는 것은 오직 출가자의 경우에만 집중되어 있다. 이는 출가자가 가지는 출세간적 윤리가 성리학자들이 보는 세간적 윤리와는 성격을 달리하기 때문이며, 정도전도 그 연장선상에서 같은 비판을 되풀이 하고 있다.

출가자의 윤리

불교의 궁극적인 목적은 일체중생의 성불[悉皆成佛], 즉 열반에 이르는 것이다. 이와 같은 목적을 달성하기 위해 부단한 정진과 노력을 해야 한다. 이를 위해 출가의 필요성을 제기하고 있다.

재가란 너무도 협소하며 번뇌가 많은 곳이라 출가하여 도를 배워 과대하게 드러내고자 한다. 내가 지금 재가하면 쇠사슬에 잠기게 되어 목숨이 다하도록 청정한 범행을 닦지 못하리니, 나는 차라리 적거나 많은 재물이나

로 10계를 받고 구족계를 받기 위해 수행하고 있는 7세 이상의 어린 남자 승려를 말하며, 사미니śrāmaṇerikā는 10계를 받은 18세 미만의 어린 여자 승려를 말한다. 우바새upāsaka는 근사남으로 남자 재가자를 말하며, 우바이upāsikā는 근사녀로 여자 재가자라는 뜻이다.

적거나 많은 친족들을 버리고 수염과 머리를 깎고 가사를 입고 지극한 믿음으로 가정을 버리고 가정이 없는 데에서 도를 배우라.[62]

　　출가자의 경우를 보면, 붓다 당시에도 재가의 생활에서는 수행하기에 너무도 협소하고 번뇌가 많으며 청정범행을 닦기 어려우므로 재물이나 친족 따위를 모두 버리고 머리와 수염을 깎고 가사를 입고 가정이 없는 데서 도를 배운다고 하고 있다. 이러한 출가는 혼인생활을 버림으로써 자손의 영속을 끊는 것으로 여겼다.

　　여기서는 정도전이 무부무군이라고 한 효孝에 대한 출가자의 윤리를 살펴보자. 불교의 효를 말하기 전에 유교에서의 효는 가족윤리로서의 효만을 말하는 것이 아니라 천하를 질서짓는 지배이데올로기로서의 효를 말하고 있다. 후자는 효를 기반으로 한 질서체계가 천하를 다스리는 데까지 확장된, 흔히 충忠과 상통하는 개념으로 쓰이고 있다. 불교는 연기적 동체대비를 설하고 현생, 전생 그리고 전전생의 부모에 대해 설하고 있으므로 가족윤리로서의 효는 설하고 있지만 혈연관계로서만의 부모나 조상에 국한하지 않는다. 또한 지배이데올로기로서의 효, 가부장제로서의 효는 설하고 있지 않다. 가족윤리로서의 효도 또한 유교에서 말하는 가장 크고 앞서는 가치는 아니다.[63] 이런 전제를 바탕으로 여기서는 불교에서 가족윤리로서의 효를 어떻게 설

62 《중아함경》 권38, 〈범지품상적유경〉제5(T1), 656쪽c, "在家至狹 塵勞之處 出家學道 發露曠大 我今在家 爲鎖所鎖 不得盡形壽淨修梵行 我寧可捨於少財物及多財物 捨少親族及多親族 剃除鬚髮 著袈裟衣 至信 捨家 無家 學道."
63 김호성, 〈불교화된 효 담론의 해체〉, 《무심보광스님화갑기념논총 불연록》, 서울: 여래장, 2010, 529~548쪽.

하고 있는지를 살펴보겠다.

무릇 사람들이 천지의 귀신을 섬기는 것은 그 부모에게 효도하는 것만 같지 못하니 부모가 가장 높은 신이니라.[64]

부처님께서 사위성 기원정사에 계실 때 제자들에게 말씀하셨다. "아버지와 어머니에게는 아무리 착한 일을 하여도 은혜를 다 갚을 수 없다. 어떤 사람이 왼쪽 어깨에 아버지를 얹고 오른쪽 어깨에 어머니를 얹은 채 천만 년 동안 옷과 음식과 약으로 공양할 때, 그 부모가 어깨 위에서 똥과 오줌을 누더라도 자식이 그 은혜를 다 갚은 것은 아니니라. 부모님 때문에 자식은 해와 달을 볼 수 있게 되었으니 그 은혜는 지극히 무거우니라. 그러므로 부모님께 항상 공양하고 효순하여 공경하되 그 시기를 놓치지 말라. 이와 같이 모든 비구들은 마땅히 이를 배워야 한다."[65]

먼저 인간사에는 그 부모가 신神과 같은 존재임을 밝히고 있다. 사람의 섬김이 신을 신봉하는 것이라고 한다면 최고의 신으로 현신한 부모를 효양하는 것이 최고라고 하고 있다. 또한 비구들에게 부모님의 은혜는 지극하고 무거우므로 양쪽 어깨에 얹고서 천만 년 동안 옷

---

[64] 《사십이장경》(T17), 722쪽c, "凡人事天地鬼神 不如孝其親矣 二親最神也"
[65] 《증일아함경》제11(T2), 601쪽a, "一時 佛在舍衛國祇樹給孤獨園 爾時 世尊告諸比丘 教二人作善不可得報恩 云何爲二 所謂父母也 若復 比丘 有人以父著左肩上 以母著右肩上 至千萬歲 衣被 飯食 床蓐臥具 病瘦醫藥 即於肩上放於屎溺 猶不能得報恩 比丘當知 父母恩重 抱之 育之 隨時將護 不失時節 得見日月 以此方便 知此恩難報 是故 諸比丘 當供養父母 常當孝順 不失時節 如是諸比丘 當作是學."

과 음식과 약으로 공양하더라도 갚을 수 없다고 가르치고 있으며, 그 시기를 놓치지 말 것을 강조했다.

출가자의 효행에 대한 대표적인 예로는 붓다의 10대 제자 중 목건련目犍蓮 존자와 관련하여 지금도 일반적으로 널리 알려져 있고 행하고 있는 우란분재盂蘭盆齋를 들 수 있다. 《우란분경》에 따르면, 목건련 존자가 신통력으로 생전 타락의 길을 걷던 어머니가 죽어서 지옥의 과보로 고통을 겪는 것을 보고 우란분재를 열어 돌아가신 어머니의 천도를 위해 반승飯僧을 했다고 한다. 더 나아가서는 자기를 낳고 길러준 부모에게 한정시키지 않고 스승과 삼보에까지 효의 개념을 확대했다.

> 그 때 석가모니 부처님께서 처음 보리수 아래 앉으시어 무상정각을 이루시고 보살의 바라제목차를 결정하시니, 그것은 부모와 사승師僧과 삼보에게 효순孝順하는 것이며 지극한 도에 효순하는 법이더라. 효순하는 것을 계戒라고 하며 제지制止라고도 하느니라.[66]

부모는 육신을 낳아서 길러준 분이니 그 은혜가 한이 없다. 사승은 소승의 세 가지 스승과 7명의 증명스님을 말한다.[67] 이 분들은 출세간의 부모로서 가르치고 타일러 덕을 길러 주신 분들이다. 삼보란 불·법·승을 말한다. 이처럼 효를 부모에 한정하지 않고 확대하고 있음을 알 수 있다. 당나라 화엄종의 법장法藏 스님은 다음과 같이 이해하기

---

[66] 《범망경노사나불설보살심지계품》 제10 권하(T24), 1004쪽a, "爾時 釋迦牟尼佛 初坐菩提樹下 成無上覺 初結菩薩波羅提木叉 孝順父母師僧三寶 孝順至道之法 孝名爲戒 亦名制止."

[67] 소승의 세 가지 스승이란 계화상戒和尙, 갈마사羯磨師, 교수사敎授師를 말하며, 7명의 증명스님이란 모든 수계 절차와 의식에 하자가 없음을 증명하는 대덕 스님을 말한다.

쉽도록 정의를 내렸다.

효孝라는 것은 웃어른에 대한 지극한 마음을 두텁게 일으켜 그 은혜를 생각하고 숭상하고 공경하고 기꺼이 사모하여 공양하는 것이다. 순順은 자기의 소견을 버리고 가르치는 명을 존경하고 따르는 것이다. 그렇다면 무엇에 대해 효순孝順하는 것인가? 요약하면 3가지 대상이 있다. 첫째는 낳아주고 길러주신 부모의 은혜요, 둘째는 가르쳐서 이끌어 주신 스승의 은혜며, 셋째는 구호해 주신 삼보의 은혜가 그것이다.[68]

이렇게 볼 때 부처님의 가르침 어디에도 무부무군의 논리를 찾아볼 수 없다. 그렇기 때문에 가족 윤리의 유교적 사회 통념을 거역하지 않는 방법으로 출가 생활의 종교적 의의를 부여하고 있다.[69]

지혜 있는 자가 출가하게 되면 7대의 부모를 청정하게 한다.[70]
출가한 수도승의 부모와 종족은 사후 천계에서 안락을 얻을 것이다.[71]

즉 출가 수행자의 공덕은 다만 그 부모 형제에게만 미치는 것이 아니고 종족 전체에게 한없는 이익을 주는 큰 공덕이 된다는 것이다. 이 같은 공덕사상은 중국이나 우리나라에 이르러 "아들 하나가 출가하면 구

---

68 《범망경보살계본소》 제1(T40), 607쪽, "孝者 謂於上位起厚至心 念恩崇敬樂慕供養 順者 捨離己見順尊敎命 於誰孝順 略出三境 一父母生育恩 二師僧訓導恩 三三寶救護恩."
69 이기영, 《불교철학의 한국적 전개》, 서울: 불광출판부, 1990, 56~70쪽.
70 *Theragatha* 533; 이기영, 《불교철학의 한국적 전개》, 57쪽 재인용.
71 *Theragatha* 242; 이기영, 《불교철학의 한국적 전개》, 57쪽 재인용.

족이 하늘에 태어난다[一子出家 九族生天]"[72]는 설로 발전하게 되었다. 이런 경향은 고려 말의 태고보우에게서도 나타나고 있다. 한 제자인 〈상선인祥禪人에게 주는 글〉에서 "그대가 내게서 머리 깎을 때 양친은 슬퍼하며 눈물을 흘렸다. 부모의 사랑과 은혜는 산처럼 중하니, 그대 놓아보낼 때 그 심정이 어떠했겠나. 그대는 그러한 부모의 은혜를 알았거든 부지런히 정진하여 닦되 불난 것처럼 다급히 해야 한다. …… 양친과 구족이 반드시 천상에 날 것이다"라고 했다.[73] 태산 같은 부모의 은혜를 생각하여 부지런히 정진하면 구족이 생천함을 말해주고 있다.

재가자의 윤리

출가자에 대해서는 엄격하게 적용되는 윤리관도 재가자에게는 재가자들이 처한 상황에 따라 그에 합당하면서도 그들이 지향할 바에 대해서 설하고 있다. 이는 앞에서 언급했듯이 그들이 지니는 계의 차이에서도 알 수 있다.

불교에서 사회윤리를 설하는 대표적인 경전은 《장아함경》 제11의 《선생경》이다. 이 경전은 부모와 자식, 스승과 제자, 아내와 남편, 친우와 자기, 노복과 주인, 사문과 신자 등의 여섯 부류의 인간관계를 제시하고 있다.[74]

이 경전은 부처님 당시 장자의 아들인 선생善生이 죽은 아버지의 유

---

[72] 《선종결의집》(T48), 1014쪽c, "一子出家 九族生天."
[73] 《태고화상어록》상《한불전》6), 682쪽 상, "示祥禪人 汝初依吾落髮時 雙親感歎便垂泣 父母恩愛重如山 放汝出家情何及 汝知如是父母恩 勤修精進如火急 …… 雙親九族必生天."
[74] 《장아함경》11 제2분, 《선생경》16(T1), 71쪽, "當知六方 云何爲六方 父母爲東方 師長爲南方 妻婦爲西方 親黨爲北方 僮僕爲下方 沙門 婆羅門 諸高行者爲上方."

언에 따라 바라문의 법을 좇아 매일 아침 목욕하고 여섯 방위[六方]에 예배를 했다. 붓다는 이를 보고 올바른 불법의 육방례를 설해준 것이다. 즉 동방은 부모가 되어 오사로 경순하는 것이고, 남방은 스승이 되어 오사로 존경하고 받드는 것이고, 서방은 부부가 되어 오사로 경대하는 것이고, 북방은 친우 또는 친족이 되어 오사로 관경하는 것이고, 하방은 동사가 되어 오사로 경수하는 것이고, 상방은 사문과 바라문이 되어 오사로 공봉하라는 것이다.

부자간의 관계에서 자식 된 자로서 마땅히 부모를 공경하고 순종해야 할 다섯 가지 일을 설한다.

첫 번째는 (부모님을) 공손하게 받들되 부족함이 없게 하는 것이요, 두 번째는 할 일이 있으면 무슨 일이든지 먼저 부모에게 아뢰는 것이며, 세 번째는 부모가 하는 일은 공순하고 거스르지 않는 것이요, 네 번째는 부모의 바른 명령을 감히 어기지 않는 것이며, 다섯 번째는 부모가 하던 바른 가업을 끊어지지 않게 하는 것이다.[75]

자식 된 자로서는 마땅히 부모를 잘 받들어 봉양하고 일을 할 때 부모님께 아뢰고, 부모님께서 하시는 바를 공손하고 온순하게 거역하지 않고 바른 가르침을 어기지 말며, 부모님의 가업[正業]이 끊어지지 않도록 하라고 일러주고 있다. 이어서 부모 된 자 또한 자식에게 훈계하고

---

[75] 《장아함경》 11 제2분, 《선생경》, 71쪽c, "夫爲人子 當以五事敬順父母 云何爲五 一者供奉能使無乏 二者凡有所爲先白父母 三者父母所爲恭順不逆 四者父母正令不敢違背 五者不斷父母所爲正業 善生 夫爲人子 當以此五事敬順父母."

사랑하는 다섯 가지 일을 설하고 있다. "첫 번째는 자식을 제어하여 악을 행하는 것을 용서하지 않는 것이요, 두 번째는 가르치고 타이르되 모범을 보여주는 것이며, 세 번째는 그 사랑이 뼛속까지 사무치도록 하는 것이요, 네 번째는 자식에게 좋은 짝을 구해주는 것이며, 다섯 번째는 때에 따라 필요한 것을 대주는 것이다."[76] 이와 같이 유교에서 말하는 부자 상호간의 도리를 잘 말해주고 있음을 확인할 수 있다.

앞에서 밝혔듯이 출가자의 경우에도 마찬가지로 부모의 은혜는 갚기 어려움을 다음과 같은 비유를 들어 말씀하면서도 그보다 한 차원 더 나아간 단계까지 일러주고 있다.

부모는 자식에게 큰 이익을 주나니, 젖을 먹여 길러 주고 수시로 보살펴 4대大를 이루게 해주신다. 오른편 어깨에 아버지를 메고 왼쪽 어깨에 어머니를 메고, 천 년이 지나도록 꼬박 잔등 위에 대소변을 보게 할지라도 부모에게 원망하는 마음을 낼 수는 없다. 그럼에도 이 아들은 아직 부모의 은혜를 갚기에는 부족하느니라. 만일 부모가 믿음이 없으면 믿도록 하여 안온처安穩處를 얻게 하며, 계戒가 없으면 계를 주고 가르쳐 안온처를 얻게 하며, (법을) 들은 것이 없으면 듣게 하고 가르쳐 안온처를 얻게 하며, 인색하고 탐욕스러우면 보시를 좋아하도록 하여 즐거움을 권하고 가르쳐 안온처를 얻게 하며, 지혜가 없으면 영리하고 슬기롭게 하여 즐거움을 권하고 가르쳐 안온처를 얻게 해야 한다.[77]

---

[76] 《장아함경》 11 제2분, 《선생경》, 71쪽c, "父母復以五事敬親其子 云何爲五 一者制子不聽爲惡 二者指授示其善處 三者慈愛入骨徹髓 四者爲子求善婚娶 五者隨時供給所須 善生 子於父母敬 順恭奉 則彼方安隱 無有憂畏."

[77] 《부모은난보경》(T16), 778쪽c, "父母於子 有大增益 乳餔長養 隨時將育 四大得成 右肩負父 左

이처럼 부모에 대한 효도와 보은은 유교에서 말하는 차원을 넘어 더 높은 경지를 이야기하고 있다. 그것은 바로 믿음과 계, 보시, 지혜 등 안온한 곳으로 인도하는 것이다.

결론적으로 불교에서의 효는 유교에서 말하는 것처럼 혈연을 나눈 부자지간의 효만을 강조하고 있는 것이 아니라 사승, 삼보 등의 효순으로 확대하여 설하고 있다.[78] 또한 부모의 뜻에 순종하는 것에서 나아가 부모를 바른 믿음으로 이끄는 것이라 하고 있다.

고려 승려들의 윤리관

실제 고려 승려들은 이 문제, 특히 무부무군無父無君을 어떻게 설하고 행하고 있었는지를 살펴보자. 먼저 문종대에 활약한 대각국사 의천(1055~1101)은 《우란분경》을 강설하면서 다음과 같이 밝히고 있다.

대자비는 사랑하지 않는 것이 없고 대효는 친애하지 않는 것이 없다. …… 오형이 삼천 가지나 불효보다 큰 죄는 없고 육도에 돌아감이 팔만이나 효보다 큰 복은 없다. 그러므로 석문의 오시五時와 유전儒典의 육경六經은 모두 대소를 휩싸고 존비를 일관하는 것이다. 비록 베푼 가르침은 다르다 하더라도 효도를 숭상하는 점에는 다름이 없다. …… 보살대계에 이르기

肩負母 經歷千年 正使便利背上 然無有怨心於父母 此子猶不足報父母恩 若父母無信教令信 獲安隱處 無戒與戒教受 獲安隱處 不聞使聞教受 獲安隱處 慳貪教令好施 勸樂教受 獲安隱處 無智慧教令點慧 勸樂教受 獲安隱處."

[78] 정도전의 글에서는 밝히고 있지 않다. 하지만 전통적으로 효에 대한 해석은 《설문해자》의 '효란 아들이 늙은이를 받드는 것이다[孝字 子承老也]'라고 한다. 여기에 따르면 자기 부모를 포함한 모든 늙은이를 자기 부모와 같이 공경하는 것을 효라 했는데, 시대가 지남에 따라서 자기 부모만으로 축소 해석된 측면이 있기도 하다.

를 부모와 스승과 삼보에 효순하고 지극한 도법에 효순해야 하므로 효도
는 곧 계율이다.[79]

의천은 오형五刑 가운데 가장 큰 죄는 불효라고 하면서 아울러 가장
큰 복도 또한 효라고 하고 있다. 이를 유교와 비교하면서 비록 그 가
르침은 다르다 하더라도 효도를 숭상하는 점은 다름이 없다고 하고
있다. 나아가서 이는 부모뿐만이 아니라 스승과 삼보에 효순하는 것
으로 발전시키면서 효도는 곧 계율이라 하고 있다.

고려 말 태고보우는 세간과 출세간을 원용했다고 할 수 있다. 그의
행적에서 보면, 종래 수행인들은 세속적인 세간을 버리고 출가수행을
위해 행동했다. 그러나 그는 38세에 견성하여 도를 깨친 뒤에 부모님
을 제일 먼저 찾아가 기쁨을 올리고 지성으로 봉양했다. 그는 수도의
목적이 사대은四大恩을 갚는데 있음을 알았다. 그래서 깨달음을 얻은
후 부모를 효양하기 위해 고향집에서 살았던 것이다. 또한 왕사·국사
가 된 뒤에도 그 명예와 영광을 전부 부모와 향리에 돌렸다. 부모는
모두 국가로부터 증직되었으며, 부모의 고향도 모두 승격되어 부향인
홍주는 목으로, 모향인 익화현은 양근군으로 승격되었다. 유교적 관
점에서 입신양명하여 부모의 이름을 드날렸으니 이보다 더한 효가 어
디 있겠는가.[80]

---

[79] 〈강우란분경발사〉, 《대각국사문집》 권3(《한불전》 4), 530쪽 하, "大慈無不愛 大孝無不親 … 然以
五刑之屬三千 而罪莫大於不孝 六度之歸八萬 而福莫大於行孝 故得釋門遍於五時 儒典通乎六
籍 包羅大小統貫尊卑 雖設教有殊 而崇孝無別 …… 菩薩大戒云 孝順父母 師僧三寶 孝順至道
之法孝名爲戒."
[80] 《태고보우국사법어집》 부록 행장.

충숙왕대에 활동했던 운묵무기雲默無寄(?~?)는 일상생활 가운데 불제자들이 지켜야 할 윤리에 관하여 역설하고 있다.[81] 세속 사람들에게는 부모의 은혜보다 더 큰 것이 없으며, 부처가 없을 때에는 부모에게 효도하는 것이 곧 부처를 받드는 것과 똑같은 공덕이라고 했다. 부모는 석가와 미륵이므로 부모를 잘 모시면 달리 공덕을 쌓을 필요가 없으며, 어떠한 보시도 부모에 대한 효도만 못하다고 하기도 했다. 부모야말로 삼계에서 으뜸가는 복전이라는 것이다.[82] 또한 그는 사람들이 인의를 행해야 한다고 하고 있다. 인의야말로 모든 선의 근본으로서, 삼황오제의 가르침도 이를 벗어나지 않으며, 공자와 맹자를 성현이라 부르는 것도 이로부터 말미암을 뿐이라는 것이다. 그러므로 유교의 성군·성현人王이나 불교의 부처法王의 가르침이 모두 인의를 넘어서 또 다른 데에 있는 것은 아니라고 하고 있다.[83] 그는 더 나아가 사은, 즉 국왕은·사장은·부모은·시주은을 강조하고 있다.[84] 효도는 단순히 부모님을 모시고 혼정신성昏定晨省하는 것만이 아니라 은혜의 대상을 오히려 "모든 생명체를 소중히 여기며" 동체생명임을 깨우치는 데 있음을 강조하고 있다. 일연이 《삼국유사》에 〈효선편〉을 넣은 까닭도 고려 후기 유학자들의 불교 비판에 대한 응답이라 볼 수도 있다. 이의 연장선상에서 운묵무기가 불교의 실천 계율과 유교의 실천윤리의 일치를 강조한 까닭도 유학자들의 불교에 대한 윤리적인 측면에서의 벽

---

81 《석가여래행적송》 24장.
82 《석가여래행적송》, 34~35장.
83 《석가여래행적송》, 36장, "言行世仁義者 夫仁義 乃諸善之本 三王五帝之道 不踰於此 孔孟之得 聖賢名 亦由此而已矣 世道稱五常 出世法名五戒 名異義同 故知人王·法王之道 俱不越仁義也."
84 채상식, 《고려후기불교사연구》, 서울: 일조각, 1991, 225쪽.

불논리에 대처하고자 하는 데에 그 이유가 있다고 볼 수 있다.[85]

고려 현종대 유학자 채충순(962?~1036)은 〈현화사비음기玄化寺碑陰記〉에 다음과 같이 적고 있다.

유교에서는 인효보다 앞설 것이 없습니다. 그러므로 스님이 효는 덕의 근본이라 한 것은 교로 말미암은 바라 했습니다. 이리하여 선왕은 효로써 천하를 다스리니 그 교는 숙연하게 하지 않아도 이루어지고 그 정은 엄하게 하지 않아도 다스려져서 천하는 화평하고 재해가 생기지 않았습니다. 불교에서도 또한 《부모은중경》을 설하여 경권과 같이 뜻을 갖추었으니 더 얘기할 것이 없습니다. 가히 유석 이문은 다 효를 으뜸으로 하고 효의 지극함은 덕의 두터운 바라 할 것입니다.[86]

조선 초기의 함허기화도 《현정론》에서 효에 대해 적극적으로 대변하고 있다. 유교에서는 《효경》을, 불교에서는 《선생경》, 《우란분경》을 비롯하여 중국에서 찬술한 것으로 알려진 《부모은중경》에 이르기까지 모두 다 효를 으뜸으로 하고 있다. 이러한 점에서 불교와 유교 사이에는 다름이 없다고 하고 있다.

문: 불교는 결혼을 하지 않아 가업을 끊으므로 불효가 아니냐?
답: 비록 애욕의 연을 겪으셨더라도 분명 애욕의 연에 물들지 않았을 것이

---

[85] 이기백, 〈신라 불교에서의 효관념〉, 《동아연구》 2, 1983; 《신라사상사연구》, 서울: 일조각, 1986, 284~286쪽.
[86] 허흥식, 〈현화사비음기〉, 《한국금석전문》 중세 상, 서울: 아세아문화사, 1984, 447~453쪽.

지만 장차 후세를 위해 모범을 보이고자 하신 것이다. 그래서 금륜(부처님)의 적자로서 부모님께 고하지도 않고 하직해, 설산에 들어가 목숨을 가벼이 여기고 절개를 굽히지 않으며 인욕을 편히 여기고 요동하지 않으셨다. 그 정의 번뇌가 씻은 듯이 다하고 진실한 지혜가 환희 드러나기를 기다린 뒤에야 고향으로 돌아와 아버지를 찾아뵙고 천상으로 올라가 어머니를 방문하여 그 분들을 위해 법요를 설하고 모두 도탈하게 하셨다. 이는 성인께서 방편으로써 변화에 대응하고 상정을 돌이켜 도에 합하신 것이다. 또 삼명과 육통 및 사해와 팔해를 원만히 갖추어 그 덕이 천하와 후세에 전파되어 천하 후세 사람들이 그의 부모를 큰 성인의 부모라 부르게 하셨다. 그의 성으로써 모든 사람이 성을 삼게 하여 출가한 사람들이 다 석자(釋子)라 일컫게 했으니, 어찌 큰 효도라 하지 않겠는가? 공자도 말하지 않았던가? '몸을 세우고 이름을 널리 떨쳐 부모를 빛내는 것이 효도의 마지막이다' 라고.[87]

기화는 《효경》의 입신양명을 들어 무부무군의 논리를 타파하고 있다. 정도전은 〈조명상인에게 주는 시의 서[贈祖明上人詩序]〉에서 당시 "절의 승려들은 가정과 세상을 떠나서 어버이 버리기를 내던지듯 하니 그 나머지야 의당 생각조차 못할 것 같다. 하지만 왕왕 스승과 제

---

87 기화, 《현정론》《한불전》 7책), 218쪽 하~219쪽 상, "雖涉愛緣 應不爲愛緣 所染也 將欲爲後世 垂範 以金輪之嫡子 不告父母 而辭入雪山 輕生苦節 安忍不動 待其情累蕩盡 眞明朗發然後 返 鄕而覲父 登天而訪母 爲說法要 皆令度脫 此 聖人之所以權以應變而反常合道者也 且佛者 三 明六通而悉備 四智八解而圓具 其德 播天下後世 而使天下後世 稱其父母曰大聖人之父母 以 其姓 姓一切姓 使出家者 皆稱之曰釋子 豈不謂之大孝乎 孔不云乎 立身行道 揚名於後世 以現 父母 孝之終也."

자 사이에 은혜가 돈독하여 급하고 어려운 일을 당하면 구원하려 덤벼드는 것이 도리어 어진이나 의사의 위에 있으니 조명같은 이가 바로 그런 사람이다"라고 하고 있다.[88] 승려에 대해서는 가정과 세상을 떠났지만 사제간에도 의리가 있음을 스승을 위기에서 구출한 승려 조명을 통해 칭송하고 있다. 불가의 윤리가 유가의 인자나 의사보다 나음이 있음을 볼 수 있다.

부부간의 도리

불교에서 부부간의 도리를 어떻게 설하고 있는지 살펴보기로 하자. 부부간의 도리는 남편과 부인의 도리로 각각 다섯 가지를 제시하고 있다. 먼저 남편의 다섯 가지 도리를 설하고 이어서 부인의 다섯 가지 도리를 설하고 있다.

남편이 부인을 공경하는데도 역시 다섯 가지 일이 있으니 어떠한 것이 다섯 가지인가? 첫째는 예의로써 서로가 대접하고, 둘째는 위엄이 있어서 깔보지 말아야 하며, 셋째는 때에 따라 의식을 돌보아야 하며, 넷째는 때로 (몸을) 꾸미게 하며, 다섯째는 집안일을 위임하여 힘쓰게 해야 한다. 남편이 이 다섯 가지 일로써 부인을 존경하며 대접해야 하느니라.[89]

남편은 부인을 공경하고 위하는 도리로는 아내를 위해 예로써 대접

---

88 "浮屠人, 出家與世, 棄親如遺, 其他宜若無以爲意也. 而往往於師弟子間, 恩義篤盡. 其奔難赴急, 反出仁人義士上如祖明者.
89 《장아함경》 제2분, 《선생경》(T1), 71쪽, "善生 夫之敬妻亦有五事 云何爲五 一者相待以禮 二者威嚴不媒 三者衣食隨時 四者莊嚴以時 五者委付家內 善生 夫以此五事敬待於妻."

하고 깔보지 않으며, 때에 따라서 옷과 음식으로 돌보아야 하며 몸을
치장할 수 있도록 하며 집안일은 부인이 맡아서 꾸려갈 수 있도록 배
려해야 한다는 것이다. 마찬가지로 부인도 남편을 공경해야 하는 다
섯 가지 도리가 있다.

부인도 다시 다섯 가지 일로 남편을 공경하여야 하는 것이니 어떠한 것이 다
섯 가지인가? 첫째는 먼저 일어나고, 둘째는 뒤에 앉으며, 셋째는 온화하게
말하고, 넷째는 공경히 순종하고, 다섯째는 뜻을 미리 짐작하여 그 취지를
이어가는 것이다. 선생아, 이것이 부인이 남편에게 공경히 대접하는 것이라.
이와 같이 하면 곧 저 방면이 안온해져서 근심과 두려움이 없으리라.[90]

이처럼 남편과 아내가 각각의 할 일에 대해 각각 5가지로 세세하게
설하고 있다. 또한 《옥야경》에서도 부잣집에서 시집와서 시부모나 남
편을 무시하며 붓다도 존경하지 않는 옥야에게 세상에는 어머니·여
동생·선지식·부인·하녀·원한을 품은 자·살인자 같은 부인 등 7종류
의 부인이 있음을 가르쳐 주면서 그녀를 깨우치는 이야기가 설해져
있기도 하다.[91] 이외에도 많은 경전에 부부간의 윤리에 대해 설하고
있다.

---

[90] 《장아함경》 제2분, 《선생경》(T1), 71쪽, "妻復以五事恭敬於夫 云何爲五 一者先起 二者後坐 三
者和言 四者敬順 五者先意承旨 善生 是夫之於妻敬待 如是則彼方安隱 無有憂畏."
[91] 《옥야경》(T2), 866쪽b, "世間有七輩婦 一婦如母 二婦如妹 三婦如善知識 四婦如婦 五婦如婢 六
婦如怨家 七婦如奪命 是爲七輩婦."

붕우간의 도리

현세에 자신이 태어나는 가족을 선택하는 문제가 전생의 업과 밀접한 관계가 있다면 친구를 선택하는 것은 현세의 환경과 행위에 보다 직접적인 관계를 갖는다. 생리학적인 측면으로 볼 때 세계는 가족관계로 영속된다. 하지만 붓다는 또한 세상을 돌아가게 하는 데에 있어야 할 것으로 친구를 사귀는 일을 설하고 있다.[92]

친할 만한 친구에 네 가지가 있다. 그들은 이익되는 바가 많고 또 사람을 구원하고 보호한다. 어떤 것이 네 가지인가? 첫 번째는 잘못을 그치게 하는 친구이고, 두 번째는 다른 이를 사랑하고 가엾이 여기는 친구이며, 세 번째는 남을 이롭게 하는 친구이고, 네 번째는 고락을 함께하는 친구이다. 이것이 친할 만한 네 가지 친구로서 사람을 이롭게 하는 바가 많고 사람을 구원하고 보호하나니 마땅히 그들을 친근히 하라.[93]

친할 만한 친구는 사람들을 구원하고 보호하므로 이익 되는 바가 많은 친구로서 네 가지 부류가 있다고 설하고 있다. 잘못을 범하지 않도록 하고, 이웃을 사랑하고 가엾이 여기며 남을 이롭게 하고 괴로움과 즐거움을 함께할 수 있는 친구를 사귀라고 하고 있다.

---

[92] 사다티사, 조용길 편역, 《근본불교윤리》, 서울: 불광출판부, 1999, 186쪽.
[93] 《장아함경》 제2분, 《선생경》(T1), 71쪽b, "有四親可親 多所饒益 爲人救護 云何爲四? 一者止非 二者慈愍 三者利人 四者同事 是爲四親可親 多所饒益 爲人救護 當親近之."

걸식론

비구bhikṣu의 의역이 걸사乞士라는 것만으로도 이미 출가자들의 생활 형태가 어떻게 규정되었는지를 알 수 있다. 이들 비구 출가자들이 가장 우선시하는 것은 수도이므로 득도하는 데 필요한 최소한의 생필품 외에는 무욕無欲을 원칙으로 하고 있었다. 따라서 붓다 당시 출가자들의 교단생활방식은 당연히 걸식이었다. 이는 바라문 교단 등의 수도자 집단도 이와 마찬가지였음을 볼 때, 걸식은 그 당시 수도인들의 생활 방식이자 풍습이었다.

붓다 당시의 출가자들의 생활 방법은 4의법이라 할 수 있다. 4의법이란 출가자들의 최소한의 생활을 위한 식의주에 대한 기준으로, 첫째는 분소의, 둘째는 걸식, 셋째는 수하좌, 넷째는 부란약이다.[94] 다시 말해서 옷은 시체를 감싸서 무덤에 버려진 천 조각을 이은 것, 식사는 신도들의 보시에 의해, 머무는 곳은 정해진 곳이 없으며 나무 밑에 머물며, 약은 병을 낫게 하는 것이 목적이므로 너무 비싼 약을 쓰지 말라는 뜻으로 부뇨약腐尿藥이라 하고 있다. 이를 통해 보면 붓다 당시의 출가자들의 생활은 물질적, 경제적 토대는 거의 무시되었다고 할 수 있다.

걸식에 대해서도 매일 한 끼만 하되, 미리 저축해서도 안 된다고 하고 있다. 만일 걸식한 음식이 남을 경우는 걸식을 충분히 하지 못한 승려에게 주었다. 그렇지 않을 경우 물속의 어류나 또는 초원의 조용한 곳에 버려 조류들이 먹게 했다. 붓다가 성도 이후 최초로 5비구를

---

[94] 《사분율》 권28, 〈178단 제5법〉(T22), "如來至真等正覺說四依法 比丘 依此得出家受具足戒 成比丘法 比丘 依糞掃衣 …… 依乞食 …… 依樹下坐 …… 依腐爛藥."

제도했을 때 5비구들이 석존은 걸식을 가시지 않아도 자기들이 걸식해서 올리겠다고 했을 때, 그것을 거절했다. 그 이유는 한 사람의 걸식승이라도 세간에 나가지 않으면 그만큼 세간 사람들이 복을 지을 기회를 잃게 되므로 출가자는 저마다 걸식을 하여 그 공덕을 이루도록 해야 하기 때문이다.[95]

붓다가 출가자에게 걸식을 하고 일체의 육체적 노동을 금지시킨 이유는 첫째, 당시 인도의 문화적 배경 즉, 출가자 일반에 대한 인도 사회의 관행이자 종교 문화적 전통 때문이며, 둘째, 초기 불교교단의 출가자와 재가자의 이원적 구조, 셋째는 출가수행자로 하여금 세속적 생활방식을 떠나 수행에 전념하게 하기 위함이었다.[96] 또한 걸식은 공덕을 이루는 것이 그 목적이기 때문이다.[97] 하지만 이를 악의로써 본다면 이 정도의 생활이라 할지라도 오히려 사회나 국가에 기생하여 손해를 끼치는 것으로 비난할 소지는 있다. 이는 중국이나 우리나라의 유학자들에 의해 집중적으로 비난을 받은 바이기도 하다. 이런 현상은 붓다 당시에도 수행자인 비구들이 걸식하는 것을 못마땅하게 여기던 사람들이 있었던 듯하다. 《잡아함경》〈경전耕田〉에 보면, 마가다국 남산의 위라고 부르는 촌락에서 농사를 짓고 있는 한 바라문과 붓다와의 대화에서 엿볼 수 있다. 원래 바라문은 사제의 직책을 갖고 있

---

[95] 《문수사리문경》 권상, 〈촉루품〉 제17(T14), 506쪽a~b. "집에 머무르는 사람은 재물로써 보배로 삼고, 출가자는 공덕으로써 보배를 삼느니라(在家者 以財物 爲寶 出家者 以功應 爲寶]."

[96] 박경준, 〈인도불교계율에 있어서의 노동 문제―소승율장을 중심으로〉, 《대각사상》, 서울: 대각사상연구원, 1999, 167~169쪽; 〈불교의 노동관 소고〉, 《불교학보》 35집, 서울: 동국대학교 불교문화연구원, 1998, 133~148쪽.

[97] 김동화, 《불교윤리학》, 서울: 뇌허불교학술원, 2001, 297~299쪽.

으나, 그 일을 맡지 않을 때에는 농사나 여타 다른 일에도 종사하고 있었다. 그는 파라타파사라는 성을 가진 농사를 짓는 바라문이었다. 씨를 뿌릴 무렵의 농촌에 아침공양을 탁발하러 나간 붓다는 그 집 주인인 바라문에게 힐난조의 말을 듣게 된다.

"사문이여, 우리들은 땅을 갈고 씨를 뿌려 먹을 양식을 스스로 장만하고 있습니다. 그런데 당신들은 어찌하여 갈지도 않고 씨도 뿌리지 않고서 먹을 것을 구하려 하시오?" 이에 대해 붓다는 "바라문이여, 나도 갈고 있으며 종자를 뿌리고 그것을 거두어서 먹고 있소." 그러자 바라문은 "그러나 우리들은 당신이 쟁기를 끌고 소를 모는 것을 본 적이 없는데, 도대체 당신이 갈고 있는 것은 무엇이며, 당신이 뿌리는 종자는 어느 때 뿌리는 무슨 종자입니까?"[98]

여기에서부터 이 경의 서술형식이 바뀌어 게송 중심으로 나타난다.

믿음[信]은 내가 뿌리는 종자요, 지혜는 내가 가는 쟁기요, 신구의의 악업을 깨끗이 하는 것은 내 전답에서 잡풀을 뽑는 것이오. 정진은 내가 끄는 소인데 뒤로 돌아가는 일도 없으며, 슬픈 일도 또한 없으며 안정한 곳으로 이끈다오. 깨닫는 것[覺]이 내가 짓는 농사요, 불사는 그 과실이오. 우리는

---

[98] T2, 27쪽a~b, "爾時 耕田婆羅豆婆遮婆羅門五百具犁耕田 爲作飮食 時 耕田婆羅豆婆遮婆羅門 遙見世尊 白言 瞿曇 我今耕田下種 以供飮食 沙門瞿曇亦應耕田下種 以供飮食 佛告婆羅門 我 亦耕田下種 以供飮食 婆羅門白佛 我都不見沙門瞿曇若犁·若軛·若鞅·若縻·若鑱·若鞭 而今瞿 曇說言 我亦耕田下種 以供飮食 爾時 耕田婆羅豆婆遮婆羅門即說偈言 自說耕田者 而不見其耕 爲我說耕田 令我知耕法."

이 농사로 하여 끝내는 고뇌를 끊어 해탈을 한다오.[99]

세속인들이 짓는 농사는 쟁기와 소로 전답을 일구는 것[物質的 經濟]이라면 부처님은 그러한 농사도 중요하지만 더 나아가 인간내면의 황무지를 개척하고 아름다운 인간성 개발을 통해 중생들의 참된 가치[精神的 經濟]를 가르쳐 주고자 함에 있다고 할 수 있다. 즉 부처님이 농사를 짓는 곳은 마음밭인 심전이요, 그 과정에서 중생들의 마음을 계발하여 불사를 얻게 하는 것이 열매라는 것이다.

---

[99] T2, 27쪽a~b, "爾時 世尊說偈答言 信心爲種子 苦行爲時雨 智慧爲時軛 慚愧心爲轅 正念自守護 是則善御者 包藏身口業 知食處內藏 眞實爲眞乘 樂住爲懈息 精進爲廢荒 安隱而速進 直往不轉還 得到無憂處 如是耕田者 逮得甘露果 如是耕田者 不還受諸有"

신앙적인 면

불교에서의 사리신앙은 어떻게 시작되었는지를 보기 전에 먼저 사리의 개념부터 살펴보자. 사리란 범어 śarira와 dhātuyo로 전자는 전신사리를, 후자는 쇄신사리를 말한다. 전신사리란 죽은 유체[死屍]를 말하며 쇄신사리란 다비를 하고 남은 유골을 말한다. 또한 이후에는 불경 자체를 이들 사리에 포함시켜 법사리라고 하기도 한다. 일반적으로는 흔히 사리라고 하면 다비한 후에 남은 쇄신사리나 그를 통해 나온 구슬 같은 결정체 등을 일컫는 말로 받아들여지고 있다.[100]

붓다가 쿠시나가르에서 열반에 든 후 다비를 하게 된다. 여기서 나온 사리를 주변 여덟 부족이 나누어 줄 것을 요구하자 여덟 개로 나누어 가져간 뒤 각각 사리탑을 건립했다. 이때 늦게 도착한 한 부족은 사리의 분배가 이미 끝났으므로 남은 숯[炭]을 가지고 가서 탄탑炭塔을 건립했다. 또한 사리분배에 참여했던 바라문은 사리의 양을 재는데 썼던 병을 가지고 가서 병탑을 세웠다. 그러므로 최초의 사리팔분에

---

100 강우방, 《한국 불교의 사리장엄》, 서울: 열화당, 1993, 16~20쪽.

이어 재와 병으로 만든 탑까지 모두 열개의 사리탑이 건립되었다.

이와 같이 불교에서의 사리신앙은 불멸후 다비를 통해 나온 불골을 나누어 탑을 세운 것에서 기원했다. 이러한 사리신앙의 확산은 아소카왕 때 여덟 개의 불 사리탑[根本八塔] 중 한 개를 제외한 나머지 탑을 모두 열어 전국에 팔만사천 개의 탑을 세우면서부터이다. 이후 사리는 중앙아시아와 중국·한국·일본 등으로 퍼져 나가게 되었다.

우리나라에서 불사리신앙은 불교전래 초기부터 유행한 것으로 보인다. 하지만 일반적으로 7세기 전반인 선덕왕 12년(643)에 자장법사가 부처의 두골과 불아, 불사리 백매, 부처님이 입던 비라금점가사 한 벌을 당나라에서 가져온 것에서 비롯되었다고 본다. 이를 황룡사탑과 태화사탑, 통도사 계단의 세 곳에 나누어 넣었으며 나머지는 알 수 없다.[101] 물론 이에 앞서 중국 수나라 때 씌어진《법원주림》권40에 의하면 '고구려·백제·신라 삼국의 사신들이 환국하려 할 때 각각 사리 1과를 요청하여 본국에 탑을 세워 공양하고자 하니 왕이 허락했다'[102]는 기사도 있다. 또한 구체적으로는 진흥왕 10년(549) 양나라 무제가 심호를 시켜 불사리 약간을 보낸 기록도 보이고 있다.[103] 이런 기록들에 따르면 우리나라에서의 불사리신앙은 일찍이 사국시대부터 유행했던 것으로 보인다.

---

[101] 《삼국유사》권3, 탑상 제4,〈전후소장사리〉, "善德王代貞觀十七年癸卯 慈藏法師所將佛頭骨 佛牙 佛舍利百粒 佛所著緋羅金點袈裟一領 其舍利分爲三 一分在皇龍塔 一分在太和塔 一分幷 袈裟在通度寺戒壇 其餘未詳所在."

[102] T53, 604쪽a, "高麗百濟新羅三國使者將還 各請一舍利於本國起塔供養 詔並許之."

[103] 《삼국유사》권3, 탑상 제4,〈전후소장사리〉, "國史云 眞興王 大淸三年己巳 梁使沈湖 送舍利 若干粒."

통도사 금강계단

정도전은 다른 불교 비판에서도 그러하듯이 사리신앙에 대해서는
관심을 기울이지 않으며 그것이 나타나는 신앙적인 유행에 대해서만
과학적 합리성과 실용적 현실적인 기준을 내세워 비판하고 있다.[104]

여기서 드는 한 가지 의문점은 정도전이 왜 본문에다 별도의 변을
두지 않고 자지自識에다 사리신앙에 대해 보론을 펴고 있는가 하는 점
이다. 이는 당시 사회에서 사리신앙이 성행했기 때문이 아니었나 한

---

[104] 금장태, 〈정도전의 벽불사상과 그 논리적 성격〉, 139쪽.

다. 당나라 한유(768~824)도 당시에 불골을 사찰은 물론이고 궁궐에
까지 들여와서 친견하려는 것을 생업을 포기하고 불교의 신행이 널리
퍼질 것을 우려하여 비판하고 있듯이, 사리신앙이 가지는 고려에서의
영향력에 주목한 때문으로 보인다.

그렇다면 왜 이 당시에 사리신앙이 유행했을까? 이 실마리는 당대
의 두 고승인 태고보우와 나옹혜근에게서도 찾을 수 있다. 태고보우
는 고려 말 왕사로서 16년, 국사 12년을 지내고 우왕 8년인 1382년
입적했다. 입적 후 4년이 지난 1386년에 사나사에 석종부도를 세웠는
데 정도전이 석종명을 지어 비석에 새겼다. 그것이 〈미지산사나사원
증국사석종명彌智山舍那寺圓證國師石鍾銘〉이다. 정도전은 43세인 1384년
7월에야 9년 동안의 유배 등에서 풀려나 다시 정3품의 전의부령으로
벼슬길에 오르게 되었다. 그 해 서장관이 되어 성절사인 정몽주를 따
라 명경을 갔다가 그 이듬해 4월에 돌아와 성균제주 지제교를 제수받
는다. 이 석종명은 그 다음해인 그의 나이 45세로 성균관에서 임금의
교서를 짓는 지제교로 있던 1386년에 쓴 것이다. 국사를 지낸 태고보
우의 석종을 세우는데 임금의 명을 언급하지 않은 것으로 보아 문도
들의 청에 의해 지은 것이 아닌가 한다. 이 석종명은 《삼봉집》에는 수
록되어 있지 않다.

문인들이 화장했는데 사리가 매우 많았다. 양근군에 살고 있는 부로들이
지군사 강만령에게 청하여 원석을 캐서 다듬어 석종탑을 만들어 사리 10
과를 넣어 사나사에 세웠다. …… 스님을 섬기는 자가 곧 사리를 모시려는
것이니, 이는 본심에서 발한 것이므로 누구도 그를 막을 수 없다. 그러므로
비명을 짓는 것이 또한 마땅하지 않겠는가! …… 높고 넓은 국사의 덕 두루

미쳐서 양근군민 모든 사람 사모했네! 석종石鐘 세워 스님 위해 사리숨利를
봉안하니 사리탑이 있는 곳엔 스님이 있네! 돌을 깎아 석종비가 세워졌으
니 내가 지은 이 비명을 비에 새겨서 미지산중 사나사에 유진하오니 천년
만년 지나도록 전하여 지이다.[105]

태고보우의 입적 후 석종형 부도를 세우기 위해 정도전에게 비명을
요청했던 것 같다. 부도는 지금의 양평(당시 양근)에 있는 사나사에 모
시고자 했다.[106] 그 때의 사실을 기록하고 있다. 보우의 입적 후 다비
하니 매우 많은 사리가 출현했다. 그리하여 그를 숭모하고 따르는 이
들이 많았으며, 이색, 권근, 정도전 등 당대 유학자들도 모두 숭앙하
고 있다. 이보다 2년 뒤에 '태고사원증국사탑비'를 세우고자 교지로
서 사리탑비문을 이색에게 짓도록 했다. 이색은 이에 대해 보다 자세
하게 밝히고 있다.

다비하는 날 밤에는 그 광명이 하늘에 뻗쳤고 사리가 수없이 나왔다. 그 사
리 1백과를 왕에게 올렸더니 왕은 더욱 공경하고 존중하여 …… 사리는 고
금에 빛났으니, 그것이 어찌 아무 시대에나 흔히 볼 수 있는 일이겠는가.[107]

---

[105] "門人火五得舍利甚多 楊根郡父老 請知郡事姜 侯萬岭伐石爲鍾 藏舍利一十枚置舍那寺 ……
事師者事舍利 其亦發於本心之不能已者然也 銘之不亦宜乎 …… 惟師之德 郡人之思 承事舍
利 如師在玆 有礬石鍾 勤我銘詩 留鎭山門 傳示後來 傳示後來."

[106] 보우의 부도는 이외에도 문경 가은의 양산사(현 봉암사)와 중흥사 등 세 곳에 세웠다. 또한 그
가 주석했던 소설암에는 석탑으로 만들어 모셨다.

[107] 《태고사상》 제2집, 230쪽, "降香茶毗 其夜光明屬天舍利無筭 進百枚于內 上益敬重焉 …… 舍
利照耀古今 代豈多見哉."

양평 사나사 원증국사탑(태고보우국사 부도)

여주 신륵사 보제존자 석종(나옹화상 부도)

양평 사나사 원증국사 석종비

다비하는 날 광명이 하늘에 뻗치는 이적과 사리가 수없이 나와 100
과를 임금에게 올렸더니 더욱 공경하고 존중하게 되었다는 내용이다.
이렇듯 정도전도 당시의 사리 영험에 대해 찬사와 인증을 보내고 있
음을 볼 수 있다.

나옹혜근의 경우를 살펴보면, 그의 입적 시에 나타난 신이神異한 현
상과 수많은 사리로 인해 당시 사부대중의 사리신앙 숭앙이 어떠했는
지를 뚜렷하게 엿볼 수 있다.

진시에 고요히 돌아가셨다. 그 고을 사람들은 오색구름이 산꼭대기를 덮
는 것을 보았고, 화장하고 뼈를 씻을 때에는 구름도 없이 사방 수백 보에
비가 내렸다. 사리 155개가 나와서 기도하니 558개로 나뉘었다. 사부대중
이 재속에서 그것을 찾아 감추어 둔 것만도 부지기수였다. 신령한 광채가
나다가 3일만에야 그쳤다.[108]

스님께서 입적하심에 사리의 이적이 있어 스님의 도가 세상에 더욱 믿어
지게 되었다.[109]

나옹혜근은 살아생전에도 대단한 추앙을 받고 있었다. 우왕 2년
(1376) 회암사 중창불사를 마치고 4월 15일 낙성식을 베풀 때 임금은
구관 유지린을 보내 행향사로 삼았으며, 서울과 지방에서 수많은 사

---

[108] 이색, 〈선각왕사지비〉《한국금석전문》 중세하편), "是日辰時 寂然而逝 郡人望見 五彩雲盖山頂
旣火之洗骨 無雲而雨者 方數百步得舍利一百五十五粒 禱之分爲五百五十八 四衆 得之灰中 以
自秘者 莫如其數 神光照耀 三日乃已."
[109] 이색, 〈미지산윤필암기〉《동문선》 권74), "師旣示寂 有舍利之異 師道之益信於世."

부대중들이 모여들었다. 이에 대해 과거에 의해 선발되어 성리학으로 무장한 대간의 중신들은 '회암사는 서울과 아주 가까우므로 사부대중의 왕래가 밤낮으로 끊이지 않으니 혹 생업을 폐하는 지경에 이르게 되었다'고 비판하여 혜근을 밀양 영원사로 옮기라 하고 출발을 재촉할 정도였다.[110] 하지만 혜근은 열반에 들어서도 오히려 신이를 보임으로써 오히려 대간들의 바람과는 달리 입멸 후에 더욱 세상에 알려지게 되었던 것이다.

보제가 세상에 있을 때에는 꾸짖는 자가 많았는데 그 죽음에 미쳐서는 따르고 생각하기를 또 이같이 하니[111]

보제가 여흥 신륵사에서 입적 때에 신령스러운 이적이 분명하여 의심하던 자는 의심이 풀리고 믿는 자는 더욱 믿어서 그를 천년 후까지도 공경할 것을 꾀했으며[112]

지금 나옹 스님은 떠났으나 사리는 온 나라에 퍼졌으며, 진영을 모시고 공양을 올리는 곳도 한두 군데가 아니옵니다.[113]

---

[110] 〈나옹행장〉《한불전》6), 708쪽, "至丙辰春 繕營已畢 四月十五日 大設落成會 上遺具官柳之璘 爲行香使 京外四衆 雲葦輻輳 莫知其數 會臺評 以爲檜巖密邇京邑 四衆往還 晝夜絡繹 或至廢業 於是有旨移住瑩原寺."

[111] 이색, 〈향산윤필암기〉《동문선》권72), "普濟 在世則謗者多 而及其歿也趨向之又如此."

[112] 이색, 〈보제사리석종기〉《동문선》권73), "普濟之示寂于驪興神勒寺也 靈異赫然 疑者釋信者益奮 謀所以起敬於千載之下."

[113] 이색, 〈윤필암기〉《동문선》권74), "今懶翁旣寂 舍利遍國中 寫眞以供養者 又不可以一二計矣."

나옹스님을 만나고자 사부대중들이 생업을 폐하고 몰려들 것을 염려하여 밀양 영원사로 추방했다. 그러나 오히려 그의 사후에는 꾸짖는 자들조차도 추앙하고 사리는 신령스러움으로 인해 온 나라에 퍼지게 되었다.

당시의 사리신앙을 엿볼 수 있는 또 다른 것은 사찰건축이다. 나옹이 중창한 회암사에는 '보광전·설법전·사리전·나한전·대장전·조사전·관음전·미타전' 등이 건립되었다. 사리전을 지었을 정도로 사리신앙이 유행하고 있었던 것이다.[114]

회암사의 중창불사와 입적 후에 나타난 신비와 사리영험으로 인해 많은 이들이 스님의 도를 숭앙하게 되었음을 알 수 있다. 이것이 스님에 대한 숭앙은 물론이요 사리에 대한 신앙으로 이어졌을 것은 자명하다. 따라서 당시 사리신앙이 크게 유행한 것은 불교의 전통적인 사리신앙에서 비롯했을 것이다. 그에 못지않게 당대 두 고승의 입적과 사리출현, 그 신령스러움으로 인해 더욱 널리 신앙하고 있었다.

그러나 정도전은 보우의 입적 후 45세에 자신도 인정하고 후세에 전하기를 바랐던 이 신앙에 대해 이무기나 조개의 구슬에 비유하거나 현실적, 실용적인 이유를 들어 비판하고 있다.

---

[114] 이색, 〈천보산회암사수조기〉(《동문선》 권73).

불교 비판에 대한 호법론의 대두

    불교와 유교는 우리나라에 도입된 이래 상호 조응을 이루어왔다. 불교의 응동보화적인 성격으로 인해 격심한 대립은 찾아볼 수가 없다. 그럼에도 사회정치적으로 영향력을 행사해온 유교에 대해 일정정도의 승려들의 입장은 표명되어 왔다. 고려시대의 성리학 도입 이전에는 사회의 전반적인 영역에서 커다란 영향력을 미친 불교적 위상으로 인해 불교를 우위에 두고 유교를 한 차원 낮은 단계로 보거나 혹은 불교를 우위에 둔 유교와 불교가 다르지 않다는 유불무수儒佛無殊의 입장이었다. 성리학의 도입 이후 새롭게 부상하고 있던 성리학적 사대부들의 적극적이고 공격적인 불교 비판에 대해서는 유불병존의 입장을 취했다. 하지만 성리학이 장악한 조선시대에는 불유일치를 주장했다. 이처럼 승려들은 유교의 대사회적인 위상이나 대불교적인 태도에 따라 유교관의 변화를 가져왔다.

    한 가지 염두에 두어야 할 점은《고려사》나《고려사절요》,《조선왕조실록》등 정사류의 사서들에는 벽불이나 불교의 폐해 등에 대한 주장은 수없이 기록되어 있는 반면에 불교적인 입장의 반비판이나 호법론에 대한 내용은 고려 말의 김전이나 이첨, 정사척 등 아주 소략하다는 것이다. 그 이유로는 사서의 기록과 편찬이 유학자들에 의해 이루어졌다는 점, 상대방의 사상과 이론에 대한 수용과 배척의 자세에 불교와 유교간의 뚜렷한 차이가 있다는 점이다. 또 다른 이유는 승려들의 개인 문집에서도 호법에 대한 내용이 쉽게 찾아지지 않는 점으로 보아 벽불론에 맞서는 호불론 자체도 적었다는 점도 간과할 수 없다.

이런 점을 고려하여 고려 말 성리학의 도입을 전후로 승려들의 대유교관을 살펴보고, 조선시대에도 어떻게 이어졌는지를 살펴보겠다.

불교 우위의 유불무수론

성리학 도입이전의 대표적인 고승들인 대각국사 의천이나 수선사 2세인 진각국사 혜심, 진정국사 천책은 유교를 불교와 같은 수준으로 파악하지 않거나 불교를 우위로 하여 유교를 한 차원 낮은 단계로 보면서도 그것을 포섭하려고 했다.

십선과 오계는 인승이요 사선과 팔정은 천승이며 사성제의 법은 성문승이요 십이인연은 연각승이요 육도만행은 보살승이다. 인승으로 말하면 주공의 도와 같은 데로 돌아가고 천승으로 말하면 노장의 학과 일치하니 고인이 말한 유도의 가르침을 닦으면 인천의 과보를 잃지 않는다고 한 것이다. 그러나 그 다음의 세상을 뛰어넘은 삼승의 법을 어찌 세상 안의 교와 비교해 같다고 말할 수 있겠는가?[115]

　대각국사 의천이 내시 문관文冠에게 보냈던 서신의 일부분이다. 여기에서 의천은 불교의 5승 가운데 가장 낮은 단계인 인승人乘을 유교에 대응시키면서, 세상을 뛰어넘은 삼승의 법인 유교는 불교와 더불어 비교할 상대가 되지 못함을 밝히고 있다. 한마디로 유교를 불교의 가장 초보적인 수양단계로 낮추어 보고 있는 것이다. 또한 선정은 노장에 비유하고 있는데 비해, 성문·연각·보살의 삼승은 출세법이라 하여 함께 할 대상이 없다고 밝히고 있다.

　수선사의 제2세 주법이었던 진각국사 혜심(1178~1234)이 출가하기 이전 자신의 국자감시 좌주였던 최홍윤에게 보냈던 서신을 살펴보자.

　나는 옛날 공의 문하에 있었고 공은 지금 나의 사중에 들어오니 공은 불교의 유생이요, 나는 유교의 불자다. 서로 빈과 주인이 되고 스승과 제자가 되는 것은 예부터 그러했고 지금에 이르러 비롯된 것은 아니다. 그 이름만 생각하면 불과 유는 거리가 멀지만 그 실상을 알면 유불은 다르지 않다.[儒佛無殊] …… 《기세계경》에 이르기를 "부처님이 말씀하시기를 '우리는 두 성인을 보내 중국에서 가서 교화하게 했으니 한 사람은 노자 즉 가섭보살이요 다른 이는 공자 즉 유동보살이다. 이를 근거로 하면 유도의 으뜸은 불

---

115 〈여내시문관서〉, 《대각국사문집》《한불전》 4), 550쪽 하, "十善五戒 人乘也 四禪八定 天乘也 四聖諦法 聲聞乘也 十二因緣 緣覺乘也 六度萬行 菩薩乘也 以言乎人乘 與周孔之道同歸 以言乎天乘 共老莊之學一致 先民所謂修儒道之敎 可以不失人天之報 古今賢達皆以爲知言也 其或從之三乘出世之法 豈與夫域內之法 同日而言哉."

법의 으뜸으로 경중의 분별은 있어도 실지는 같을 따름이다.'"[116]

혜심은《기세계경》[117]을 인용하여 불유가 표면상 달라 보이지만 실제에 있어서는 같음을 설명하고 있다. 유교와 불교가 근본에서는 다르지 않다는 '유불무수儒佛無殊'의 설을 내세우고 있다. 그런데 이들의 이른바 '유불무수'란 유교와 불교를 동등한 차원의 사상으로서 대등하게 바라보는 것이 아니라 불교 우위의 입장에서 유교를 그 하위의 개념으로 포섭하려는 논리였다. 즉 공자를 유동보살로, 노자를 가섭보살이라 하여 부처님이 중국에 보냈다는 것이다.

이것으로 보면, 무인집권기는 불교계에서 내세우던 이른바 '유불무수'의 설이란 불교를 상위에 두고 유교를 그에 종속시키려는 의도에서 나온 것이라 할 수 있다.

유불병존론

불교우위론은 성리학의 도입 이후 고려 말에 이르면 불교의 폐해를 지적하거나 자체의 정화노력 등과 불유의 병존을 인정하는 방향으로 바뀌어가게 된다.

---

[116] 〈답최참정홍윤〉,《진각국사어록》《한불전》 6), "我昔居公門下 公今入我社中 公是佛之儒 我是儒之佛 互爲賓主 換作師資 自古而然 非今始爾 認其名則佛儒迥異 知其實則儒佛無殊 …… 起世界經云 佛言 我遣二聖 往震旦行化 一者老子 是迦葉菩薩 二者孔子 是儒童菩薩 據此則儒道之宗 宗於佛法 而權別實同者乎."

[117] 585년 수나라 사나굴다가 번역한 경으로 세계의 기원과 성주괴공의 과정에 대해 설해져 있다.

보허가 이르기를 "군주의 도리는 교화를 닦아 밝히는데 있는 것이지, 반드시 부처를 믿는데 있는 것이 아닙니다. 만약 능히 국가를 다스리지 못하면 비록 근성을 부처에게 드릴지라도 무슨 공덕이 있겠습니까? 그래도 하시려면 다만 태조께서 설치한 사사를 수리함에 그치고 삼가 새로 창건하지는 마소서"라고 했다.

또 이르기를 "사특한 자를 버리고 바른 이를 등용한다면 나라를 다스림이 어렵지 아니할 것입니다"라고 했다.[118]

보허, 즉 보우普愚는 공민왕이 불러 모셔다가 불법의 강설을 청한 자리에서 불법의 강설보다는 오히려 군왕의 도에 관해 충고하고 있다. 군왕은 스스로를 닦고 밝혀서 민을 교화하는 지위에 있는 만큼, 반드시 부처를 믿어야만 하는 것[信佛]은 아니라는 것이다. 비록 부처에게 정성을 다한다고 할지라도, 나라를 잘 다스리지 못한다면 아무런 공덕이 없다고도 했다. 다시 말해 나라를 다스리는 일은 유교적인 의미에서의 선정을 베풀 수 있는 유자에게, 그리고 부처를 섬기는 일은 승려에게 맡기자는 역할분담의 주장을 내세우고 있었던 셈이다. 그러므로 보우는 불교와 유교가 각기 그 나름의 고유한 기능이 있음을 인정하는 불유병존론을 내세우고 있다.

환암혼수(1320~1392)는 우왕 5년(1379)에 《호법론》 발간을 그의 제자인 승준에게 명하여 충주의 청룡사에서 간행하도록 했다.[119] 《호법

---

[118] 《고려사》 38, 공민왕 원년 5월 기축, "(恭愍)王遣使 召僧普虛于益和縣 普虛號太古 …… (普)虛旣至 王引入內 問法 虛曰 爲君之道 在修明敎化 不必信佛 若不能理國家 雖致勤於佛 有何功德. 無己則但修太祖所置寺社愼勿新創." 又曰: "君王去邪用正則爲國不難矣."

[119] 《목은문고》 13, 〈발호법론〉, "末丞相張天覺護法論一篇 殆萬餘言 釋僧俊 以幻菴普濟大禪師之

론》은 북송의 휘종대(1100~1125)에 재상을 지낸 유학자 장상영[120]이 사회적으로 커다란 영향을 미치고 있던 한퇴지와 구양수의 척불론을 비롯하여 정명도·정이천 등의 불교배척에 관한 주장을 반박하기 위하여 저술한 책이었다. 유교와 불교의 경전에 근거하여 하나하나 불교배척에 관한 논리와 주장을 설파하고 있다. 또한 불·유·도 3교를 솥의 세 발에 비유하여 어느 하나도 빼놓을 수가 없음을 주장하기도 했다. 유교가 피부병을, 도교가 혈맥병을, 그리고 불교가 골수병을 각각 치유한다는 비유 등을 들어 각기 그 나름의 고유한 기능이 있다고 했다. 그러므로 국가 사회에는 셋이 모두 다 필요하다는 삼교병존론을 주장하고 있는 것이다.

《호법론》이 우리나라에 언제 처음으로 전래되었는지에 대해서는 알 수가 없다. 다만 고려 말 우왕 5년에 환암혼수의 주도 아래 비로소 이 책이 발간되었던 것으로 미루어 보아 원과의 교류가 활발하던 이 시기에 유입되었던 것으로 짐작할 수 있다.

그러면 환암혼수는 왜 이 책을 간행하여 널리 배포했을까? 1290년 안향에 의한 성리학의 도입 이후 신돈에 의한 성균관의 부활 등으로 성리학으로 무장한 신진사대부들이 고려 말에 서서히 세력을 형성해 가고 있었다. 이들은 고려 말의 정치적 논쟁과 기득권층을 형성하고

命 重刊于忠之靑龍寺."

[120] 장상영은 처음에는 유자로서, 구양수 등에게 동조하여 불교를 배격하는 '무불론'을 저술하려 했다. 그러던 것이 불경을 검토하는 가운데 차츰 그 가르침에 빠져들게 되었다. 《유마경》, 《화엄경의소》, 《화엄경결의론》 등을 익히면서 마침내 신심있는 불교도로 바뀌게 되었다. 그리하여 여산 동림사의 상총과 융흥부 도솔사의 종열 등으로부터 선을 배웠으며, 원오극근이나 대혜종고 등과도 교류하기에 이르렀다. 그의 《호법론》은 위와 같은 과정을 거치면서 탄생한 것이었다.

있던 불교에 대한 비판이 본격적으로 시작되기도 했다. 이처럼 성리학자들의 배불론이 발흥하던 고려 말의 상황에 대한 대응논리가 중국에서 《호법론》이 저술되던 시기와 비슷하여 그의 유불병존론에 공감하여 구체적이고 체계화되어 있던 《호법론》을 발간하게 되었을 것이다.

불유일치론

조선시대에 들어 대대적인 억불정책 하에서는 불유는 서로 계합한다는 불유일치론으로 변화하게 되었다. 이런 변화에는 여러 가지 이유가 있겠지만 대표적인 것을 들어보면 삼교가 서로 통한다는 상통相通을 너무 강조한 나머지 불교의 독자성인 실천수행이론이나 교리를 당당하게 전개하지 못했다는 점일 것이다.[121] 이러한 경향은 조선중기 서산휴정에게도 이어져 그의 선대 스승 벽송지엄의 행적을 기록하는 데서도 성리학의 도통관을 원용하여 불교의 법통설을 새로 제시하여 임제선의 전통을 강조하고 있다. 선종의 법통설을 원용하여 성리학의 도통관을 세운 것을 역으로 오히려 성리학에서 가져오고 있다. 이는 성리학의 주도 체제에 순응할 수밖에 없었던 불교의 소극적인 태도 때문인 것으로 보인다.[122]

---

[121] 석법장, 〈보우의 불유조화론에 대한 연구〉, 《석림》 제22집, 서울: 동국대학교석림회, 1989; 보우사상연구회 편, 《허응당보우대사연구》, 서울: 불사리탑, 1993, 124쪽 재수록.
[122] 최병헌, 〈修禪社의 사상사적 의의〉, 《보조사상》 1, 서울: 보조사상연구원, 1987.

이는 조선 초기에 정책적으로 시행되어 왔던 벽불과 유학자들의 대불태도가 불교와 승단을 배척하는 가운데에서 적극적으로 불교를 옹호하고자 하는 노력으로 나타났다고 할 수 있다. 조선 초기 함허득통 (1376~1433)의 《현정론》과 《유석질의론》,[123] 설잠 김시습(1435~1493)의 잡저에 열 개의 문장인 '십장문', 상소문 형식으로 된 백곡처능 (1617~1680)의 〈간폐석교소〉 등이 대표적인 예다. 이 글들은 유교와 대비하여 불교를 옹호하고 있다.

함허득통의 《현정론》은 유학자들의 벽불론의 논거들을 질문으로 하여 그에 대해 불교적인 입장에서 답변하는 형식으로 되어 있다. 그 주제들은 윤리적인 면, 출가수행, 계율, 정신불멸설, 천당지옥설, 사후 화장의식 뿐만 아니라 불교의 현실적 무용론과 폐해성에 대해서도 옹호하고 있다. 《유석질의론》은 불유논쟁과 관련된 항목을 분류하여 총 19개의 문답형식으로 구성되어 있다. 아울러 유학자들의 그릇된 불교관을 바로잡고 불법의 참뜻과 우위성을 논변하여 그들의 벽불이론을 바로잡고자 한 것이다.[124] 내용들은 윤리적인 문제로서 불교와 유학의 성의 개념, 불교의 오계와 유교의 오상 비교, 종교적인 문제로서 삼세인과, 인륜, 걸식, 업보, 기타 불교가 이적의 가르침이며 현실에서 쓸모가 없다는 무용론 비판 등이다.

《현정론》에서는 유교의 오상과 불교의 오계를 일치시키면서 불·유·도 삼교 간의 융합과 유교와 불교의 조화를 주장하고 있다.

---

[123] 《유석질의론》은 저자에 대한 논란이 있으나, 아직까지는 일반적으로 함허의 저술로 보고 있으므로 함허의 저술에 포함시켰다.

[124] 송재운 옮김, 《유석질의론》, 서울: 동국대학교 역경원, 1984, 176쪽.

문: 도가와 유가와 불가의 동이와 우열은 어떠한가?

답: 대개 고요하다는 것은 느낌[感]이 없는 적이 없는 것이니 곧 고요하지만 항상 비추는 것이다. 감득하여 통하는 것은 고요하지 않은 적이 없는 것이니 곧 비추지만 고요한 것이다. 함이 없으되 하지 않음이 없다는 것은 늘 감득하는 것이다. 함이 있지만 하는 바가 없다는 것은 곧 감득하지만 늘 고요하다는 것이다. 여기에 의하면 유불도 삼가에서 말한 바가 가만히 서로 계합하는 것이 마치 한 입에서 나온 것과 같다.[125]

여기에서 알 수 있듯이 도·유·불 삼가의 우열과 같고 다른 점에 대해 물었을 때 이것들은 마치 한 입에서 나온 말처럼 서로 계합한다고 하여 삼교三敎가 회통함을 말하고 있다.

대개 오계와 십선은 부처님의 가르침 가운데 가장 초보적인 것으로 본래 근기가 가장 낮은 자를 위해 말씀하신 것이다. 그런데도 진실로 실천하기만 한다면 충분히 몸을 진실하게 하고 사람을 이롭게 할 수 있다. 하물며 사제와 십이인연이며, 하물며 육바라밀[六度]은 말할 것이 있겠는가? 유가에서는 오상을 도의 핵심으로 삼는데, 불가에서 말한 오계는 곧 유가에서 말한 오상에 해당된다. 즉 살생하지 않는 것[不殺]은 인이요, 도둑질하지 않는 것[不盜]은 의요, 음탕하지 않는 것[不婬]은 예요, 술 마시지 않는 것[不飮酒]은 지요, 거짓말하지 않는 것[不妄語]은 신이다.[126]

---

125 송재운 옮김, 《유석질의론》, 225쪽 중, "老與儒釋 同異優劣 如何 …… 夫寂然者 未嘗無感 卽寂而常照也 感通者 未嘗不寂 卽照而常寂也 無爲而無不爲 卽寂而常感也 有爲而無所爲 卽感而常寂也 據此則三家所言 冥相符契而如出一口也."

126 《현정론》《한불전》 7책), 227쪽 중하. "夫五戒十善 敎中之最淺者也 本爲機之最下者而說也 苟能

불교의 오계와 유교의 오상을 각각 불살계는 인이요, 불도계는 의요, 불음계는 예요, 불음주계는 지요, 불망어계는 신과 대별하여 일치시키고 있다. 고려시대 의천이 내세웠던 것처럼 근기가 가장 낮은 자를 위해 설한 오계와 유교의 오상을 일치시킴으로써 은연중에 불교의 우위론을 강조하고 있음을 알 수 있다.

조선 중기 명종대에 선·교종 부활 등 불교부흥운동에 큰 역할을 담당했던 보우는 불교와 유교는 근본적으로 같은 원리라고 했다. 이런 관점은 하늘과 인간의 합일에 대한 투철한 관점[天人合一][127]임을 밝힌 470여자의 짧막한 논지인 〈일정론一正論〉으로 체계화했다. 보우는 당시 유학자들에게 요승으로 낙인 찍혔음에도 불구하고 그의 불교는 말할 것도 없고 유교에 대한 학문적 경지는 상당하여 그에게 유서儒書를 배우고자 찾은 이들이 많았다고 한다.[128]

〈일정론〉에서의 일은 우주적 원리로 성실하고 무망한 하늘의 이치이고, 정은 도덕적 원리로 순수한 사람의 마음이라 했다. 또한 일은 송대 성리학의 근본사상인 이를, 정은 기를 말한다. 성리학에서 이란 인성을 이루는 근본이요 기는 인간의 형체를 이루는 근원이다.

일이란 이도 삼도 아니며 성실하여 허망하지 않은 것으로서 곧 천리를 말한 것이다. 그 이치는 깊고 아득하여 아무 조짐이 없으나 만상을 벌여놓아

行之則足以誠於身利於人矣 況於諸緣乎 況於六度乎 儒以五常 而爲道樞 佛之所謂五戒 卽儒之所謂五常也 不殺 仁也 不盜 義也 不婬 禮也 不飮酒 智也 不妄語는 信也."

[127] 김잉석, 〈위인 허응 보우대사〉, 보우사상연구회 편, 《허응당보우대사연구》, 서울: 불사리탑, 1993, 33쪽.

[128] 박영기, 〈보우대사의 유불사상〉, 《백련불교논집》 1, 서울: 백련불교문화재단, 1991; 보우사상 연구회 편, 《허응당보우대사연구》, 서울: 불사리탑, 1993, 255쪽 재수록.

갖추지 않은 물건이 없는 것이다. 그러나 그 본체는 일일 뿐이다. 원래 이니 삼이니 하는 물건이 아닌 것이다. …… 이른바 천리는 상일하고 성실하여 허망함이 없는 까닭이다.[129]

일이란 이나 삼에 대한 상대적인 일이 아니라 절대적이고 항상한 일[常一]이다. 하지만 그 일이 작용하면 일도 되고 이도 되는 근원적인 원리로서의 일인 것이다. 또한 일이란 실상이 아닌 본체로써 진여법계의 세계인 것이다.[130]

정正이란 치우치지 않고 삿되지 않으며 순수하여 섞임이 없는 것으로서 곧 사람의 마음을 말한다. 그 마음은 고요하여 생각이 없으면서 천지만물의 이치를 모두 갖추었고, 신령하고 어둡지 않아 천지만물의 일에 모두 응해주되 원래 한 생각이나마 사심으로 치우치거나 삿된 일이 없는 것이다. 그리하여 일성이 움직이면 가엾이 여기고[惻隱], 부끄러워하며[羞惡], 사양辭讓하고 시비是非하거나 나아가서는 기뻐하고 즐거워함으로써 만사를 따라 응하되 물건을 비추는 거울과 같아서 한 가지의 일도 어긋남이 없는 것이다. 이것이 이른바 사람의 마음은 본래 바르고 순수하여 섞임이 없기 때문이다.[131]

---

129 보우, 《나암잡저》《한불전》 7책), 581쪽 중, "一者非二非三 而誠實無妄之謂也 其理沖漠無朕而萬象森然 無物不具 然其爲體 則一而已矣 未始有物以二之三之也 …… 此天理之所以爲常一而誠實無妄者也."

130 석법장, 〈보우의 불유조화론에 대한 연구〉, 137쪽.

131 보우, 《나암잡저》, 581쪽 중, "正者不偏不邪 而純粹無雜之謂也 人之心也 其心寂然無思 而天地萬物之理 無所不該 靈然不昧 而天地萬物之事 無所不應 而未曾有一念之私 以偏之邪之也 是故 一性之發 惻隱羞惡辭讓是非 以至喜怒哀樂 隨應萬事 如鏡照物 而未曾有一事之錯 此人心之所以爲本正 而純粹無雜者也."

정이란 일체만물을 있는 그대로 전혀 거짓됨이 없이 비추는 맑은 거울과 같은 순수하고 무잡한 사람의 성이다. 그리하여 일성이 움직이면 사단심인 인·의·예·지에서 우러나는 측은·수오·사양·시비심이 일어난다. 또한 칠정인 희·노·애·락·애·오·욕도 일어난다. 이것은 불교에서 말하는 미혹에 관계없이 중생이 본래 갖추고 있는 부처의 성품[佛性]이다.[132] 이처럼 보우는 우주적 원리로서의 일과 도덕적 원리로서의 정, 즉 일정의 개념으로 성리학의 천인합일과 이기를 종합하고 인간의 심을 일정으로 개념화하여 불교의 불성을 밝혔다.[133]

이상에서 살펴본 일정론은 이를 통해 불교의 화엄 일리상에 유교의 공자·주자·노자·순자 등 일체의 사상을 융섭融攝시키고, 다시 선禪을 가미한 보우대사만의 독특한 관점이자 사상이었다.

이외에도 드물게 호법을 위한 상소나 서간문 등이 나타나고 있다. 대표적인 상소문은 백곡처능(1617~1680)의 〈간폐석교소〉이다. 이것은 현종대의 폐불 시책에 대해 강력하게 그 부당성을 역설한 상소문이다. 벽불론에 대해 반박한 연담유일(1720~1799)의 서간문인 〈상한능주필수장서〉 등이 있다. 이들은 조선 후기에 쓰여진 것이다.

고려와 조선의 승려들에 의한 대유교적 관점은 고려 말 이전의 유불무수론에서 고려 말의 유불병존론으로, 다시 억불정책하의 조선시대에는 불유일치론으로 세 단계의 변화를 거쳤음을 알 수 있다. 이 세 가지는 명칭상에서는 크게 차이를 보이지 않는 듯하다. 하지만 실상에서는 불교 우위의 유불무수론에서 성리학자들의 불교 배척에 대한

---

[132] 석법장, 〈보우의 불유조화론에 대한 연구〉, 138쪽.
[133] 김용조, 〈허응당 보우의 불교부흥운동〉, 보우사상연구회 편, 《허응당보우대사연구》, 96쪽.

방어의 논리로서의 유불병존론과 조선시대의 벽불에 대한 생존 차원의 불유일치론으로 차이를 보이고 있다. 이것은 곧 불교의 사회적인 위상에 따라 유교와의 관계 설정을 달리했음을 의미한다.

5

성리학자들의 불교 비판,
'비속하고 자질구레할 뿐'이다

고려 말에서 조선 초로 이어지는 시기는 국내외적으로 왕조 교체라는 새로운 시대를 열어가는 대격동기였다. 그 한 가운데에서 정도

전은 조선왕조의 새 기틀을 마련한 주역이자 통치 이념과 행정 체계를 정립하고 국가 운영의 기초를 닦은 정치가였다. 또한 주자성리

학의 영향을 받아 이단 배척을 그의 일생의 과업으로 삼았던 성리학자였다. 당시 정치권력과 유착하여 사회적 폐단을 드러내고 있던

일부의 불교계를 빌미로 하여 불교를 비판하고자 《불씨잡변》을 저술하여 사상사적으로 불교 중심에서 유교 중심의 사회로 전환하는

계기를 만들었다. 고려 말 원나라 간섭기에 수입된 성리학은 유학자들의 불교관에 커다란 변화를 가져오게 했다. 하지만 그는 이단

배척이라는 사명감에 도취되어 성리학적 세계관에 입각하여 불교를 바라보고 있다. 그렇기 때문에 불교교리에 대해 제대로 이해하고

있지 못하여 '비속하고 자질구레한' 비판이라는 평가를 받게 되었다.

고려 말에서 조선 초로 이어지는 시기는 국내외적으로 왕조 교체라는 새로운 시대를 열어가는 대격동기였다. 정도전은 그 한가운데에서 조선왕조의 새 기틀을 마련한 주역이자 통치 이념과 행정 체계를 정립하고 국가 운영의 기초를 닦은 정치가였다. 또한 주자성리학의 영향을 받아 이단 배척을 그의 일생의 과업으로 삼았던 성리학자였다. 당시 정치권력과 유착하여 사회적 폐단을 드러내고 있던 일부의 불교계를 빌미로 하여 불교를 비판하고자《불씨잡변》등을 저술하여 사상사적으로 불교 중심에서 성리학 중심의 사회로 전환하는 계기를 만들었다.

　고려 말 원나라 간섭기에 수입된 성리학은 유학자들의 불교관에 커다란 변화를 가져오게 했다. 성리학 이전의 최승로나 이규보 등의 유학자들은 현실적인 문제를 비판하고 있음에도 불구하고 불유조화나 각각의 역할을 인정했다. 그리고 하과 등의 풍습이나 무인집권기를 거치면서 황폐화된 유교계에 승려들이 유학자들을 가르치기도 하여 자연스럽게 불교와 유교 간의 교류와 이해가 이루어지고 있었다.

그러나 고려 말에 유입된 성리학은 이전의 원시 유학이나 한당 유학과는 달리 실천윤리적인 학풍을 중시함으로써 일부 유학자들의 불교관을 완전히 바꾸어 놓는데 일조를 했다. 이는 조선건국과 더불어 정책에서의 벽불사를 도래하게 만들었다.

　　정도전의 대표적인 불교 비판서는 《심문》·《천답》과 《심기리편》, 《불씨잡변》으로, 윤회, 인과, 심성, 자비, 지옥, 선교 등 철학적인 면과 신앙적인 면, 사회윤리적인 면, 역사적인 면 등을 아우르는 불교에 대한 변론이 수록되어 있다. 이것은 이전 유학자들의 단편적이었던 것에서 나아가 불교교리에 대해 나름대로 체계적이고 철학적으로 정리하여 비판했다. 하지만 이는 정도전의 독창적인 것이었다기보다는 중국이나 우리나라의 선대 유학자들의 비판을 재정립했다는 사실이다.

　　이들을 크게 심성설, 윤회인과설, 사회윤리적인 면, 신앙적인 면, 역사적인 면 등으로 나누어 불교경전에 근거하여 검토해보았다.

　　심성설에서는 첫째, 심성을 하늘에서 얻어서 생겨난 기와 이로 둘째, 유교의 심성개념은 이기이원론으로 셋째, 심은 허령불매하여 한 몸을 주재하는 것이며 성이란 순수지선하며 일심에 갖추어 있는 것으로 넷째, '불교는 작용을 성'이라는 전제에 입각하여 논박하고 있다. 반면 불교에서는 첫째, 심성이란 우주의 본체이자 일체 중생의 자성 청정심으로 우주 법계에 두루하지 아니함이 없는 것이며, 둘째, 심은 허령지각하는 존재자체를 일컬은 것이고 성이라 함은 연을 따라 변하지 않는 그 본체를 가리키는 개념이며, 셋째, 심과 성을 우주 만상의 묘용을 나타내는 동시에 스스로 핵심이 되는 묘체를 드러내는 것으로 본체인 성과 진망화합인 심은 둘이 아니라는 것이며, 넷째, 일상적인 행위로 나타나는 마음작용이 바로 진여에 입각한 것이라면 일상적 행위 자체는 '불교적 진실을 드러내는[妙用]' 것이다.

윤회인과설에서는, 정도전은 불교의 윤회설에 대해 첫째는 사람이 죽어도 정신은 불멸한다는 것을 비판하고, 둘째는 일체 유정은 정수가 있어 증감이 없다는 이른바 정수윤회설로 파악하고 있다. 하지만 불교에서 윤회설에는 정수윤회설은 존재하지 않는다. 또한 윤회의 주체는 자기 동일적 자아는 없지만 오온가화합체로서의 가아가 지은 업력으로 인해 현생의 인간이 존재하게 되므로 업력으로 인한 오온간의 연속성이 존재한다는 무아윤회를 설하고 있다. 무엇보다도 불교에서는 윤회를 인정하되 윤회하는 생에서 더 잘 윤회하기 위한 방편을 설함과 동시에 결국에는 이러한 윤회의 사슬을 끊고 열반에 이르는 것을 목표로 하고 있다는 것이다.

사회윤리적인 면에서는, 정도전은 불교가 사회와 인륜을 파괴한다고 보았다. 그러나 불교에서의 윤리는 오온가화합체로서의 인간존재는 동체대비와 연기 속에 존재한다는 점을 명확히 밝히고 있다. 이를 토대로 《선생경》 등을 비롯한 불교경전을 통해 불교의 윤리관을 살펴보았다. 또한 승단의 재가와 출가라는 이중구조로 인해 각각이 지켜야 할 계율을 별도로 정하고 있다. 하지만 그들 경전에는 유교적인 관점에서의 비윤리적인 요소는 없었음을 알 수 있었다.

신앙적인 면에서는, 정도전은 사리신앙을 당대의 현실적, 실용적 측면에서 비판하고 있으나 불교에서의 사리신앙은 불멸후부터 계속된 유래 깊은 신앙이며 고려 말에도 성행했음을 알 수 있다.

정도전을 비롯한 성리학자들의 불교 비판은 고려 승려들의 불교우위의 유교관에서 불유무수론, 불유병존설로 변화되었다가, 조선시대에는 불교탄압에 대한 호법론적 입장에서의 불유일치론으로 변하게 되었다.

종교나 사상의 비판에 있어서 그것이 가지는 본질적인 측면과 실제에서 활용되는 현실적인 측면은 구분하여 볼 필요가 있다. 그는 저술 동기에서 불교교리에 대한 비판임을 분명하게 밝히고 있는 이상, 평가 또한 그에 준해서 이루어져야 한다.

그의 《불씨잡변》이 불교의 현실적인 폐단을 지적하면서 불교의 교리가 가지고 있는 바른 이해의 토대에서 이루어졌더라면 지금까지도 많은 이들에게서 찬사를 받으리라 생각된다. 하지만 그는 이단 배척이라는 사명감에 도취되어 성리학적 세계관에 입각하여 불교를 바라보고 있다. 그렇기 때문에 불교교리에 대해 제대로 이해하고 있지 못하여 '비속하고 자질구레한' 비판이라는 평가를 받게 되었다. 또한 무인정사 때 이방원에 의해 살해되면서 정치적인 면에서는 역적으로, 신분적인 면에서는 천출로 호도되면서 후대의 유학자들에게서도 도외시되기까지 했다.

오늘날에도 《불씨잡변》은 학술적으로서만이 아니라 정치적 필요성과 개혁을 주장하는 사람들의 본보기로 되면서 내용의 충실여부를 떠나 당시 사회정치적인 혁명을 달성하기 위한 수단으로 인식되면서 문화사상적인 측면의 개혁을 위한 최고의 명문으로 찬사를 받기도 한다. 그런 의미에서 유교적인 입장에서 정도전을 재평가하면서 '새로운 삼봉과 신유교가 이 땅에 다시 탄생되어야 할 시기'라고 말하기도 한다.[1] 배타적인 주자학적 성리학이 아니라 원시유교의 조화론을 계승 발전시켜 21세기에 걸맞은 융합적인 사상으로의 재탄생을 기대해

---

[1] 조준하, 〈삼봉 배불론의 현대적 의의〉, 163쪽.

본다. 그리고 재탄생의 전제는 이웃 종교나 다른 사상을 무조건적으로 이단시하는 사상을 담고 있는 성리학이 개념 속에 담겨 있는 신유학이어서는 안 된다는 점이다. 몇몇 종교가 가진 이런 이단론은 철저하게 도외시해야 할 것이다.

조선왕조개창에 주도적인 역할을 했으며, 당시 사회의 모순을 개혁하고 백성들을 위한 정치를 펼치고자 한 그의 개혁주의적 성향, 민본사상 등 그의 사상의 햇빛이었다. 이런 점은 마땅히 오늘날 낡은 정치체제, 소수를 위한 정책이 아니라 다수 민중을 위한 정책 등에 반영되어 새로운 바람을 일으켜 따뜻한 사회를 만드는 초석이 되도록 해야 한다.

하지만 사회개혁이나 문명개조라는 목적을 위해 1천여 년 간 우리나라의 문화를 확대시키고 발전시켜왔던 불교에 대한 편협하고 졸속한 비판 등은 그의 사상의 그림자였다. 이런 어두운 그림자를 오늘날에도 지속적으로 퍼트리려는 활동은 그쳐야 한다.

고려 말 이달충(?~1385)이 《나옹록》의 〈발문〉에 썼듯이, "세상 사람들이 유불이 서로 비방한다고 한다. 그러나 나는 서로 비방하는 것이 그름을 안다. 유교를 비방하는 것이 불교를 비방하는 것이요, 불교를 비방하는 것이 유교를 비방하는 것이다. 다만 극치에 이르지 못한 제자들이 서로 맞서 비방할 뿐이요, 중니仲尼(공자의 자)와 석가모니는 오직 한 덩어리의 화기和氣"인 것이다.

그럼에도 정도전이 지적하고 있는 불교의 현실적인 폐단은 다종교 시대를 살아가는 오늘날 각 종교들이 가지는 일반적인 폐단과도 유사하다. 그렇기 때문에 지금의 종교인들은 자신의 모습이 어떠한 지를 되돌아보는 반성의 기회로 삼아야 한다. 더 나아가 종교인들은 본연의 자리로 돌아가 사회구성원들에게 도덕적이고 정신적으로 평안한 지주 역할을 할 수 있도록 해야 한다.

오늘날 한국사회는 불교와 유교, 기독교(개신교·천주교) 등이 자유롭게 활동하는 전세계에서 보기 드문 다종교국가로서 종교전시장과 같다. 다종교가 평화롭게 공존하는 사회에서는 올바른 사상적 종교적 가치관으로 서로의 존재를 인정하고 하나가 되려는 노력이 반드시 배가되어야 한다. 나와 다른 종교라고, 나와 다른 사상이라고 이견을 이단으로 몰아가고 편가르는 식의 편협한 종교와 사상은 발붙이지 못하도록 해야 한다. 이러한 종교와 사상은 비속하고 자질구레한 것에 지나지 않을 것이다.

일러두기

1. 정도전의 벽불 저술은 저술시기에 따라 수록했다. 1375년(우왕 원년) 12월에 쓴 《심
   문》·《천답》, 1394년(태조 3)에 쓴 《심기리편》, 1398년(태조 7) 7월에 쓴 《불씨잡변》 순
   으로 수록했다.
2. 번역문은 한국고전번역원의 한국고전종합DB(http://db.itkc.or.kr/)의 내용을 바탕으로
   하여, 김병환(《불씨잡변》, 서울: 아카넷, 2013)과 정병철(《증보 삼봉집》, 서울: 한국학
   술정보, 2009), 이기훈(《불씨잡변》, 대구: 계명대학교 출판부, 2006) 등을 참고하여 편
   역했다.
3. 《불씨잡변》에서 정조 때 규장각에서 《삼봉집》을 편찬하면서 '안按'으로 쌍주를 추가
   한 것은 작은 글씨로 넣었다.
4. 주석은 옮긴이가 추가했으나 최소한으로 하여 가독력을 높이고자 했다.
5. 위의 세 저술의 원문에는 서문이 글의 끝에 실려 있다. 하지만 독자들의 이해를 돕고
   자 서문을 앞으로 옮겼다.

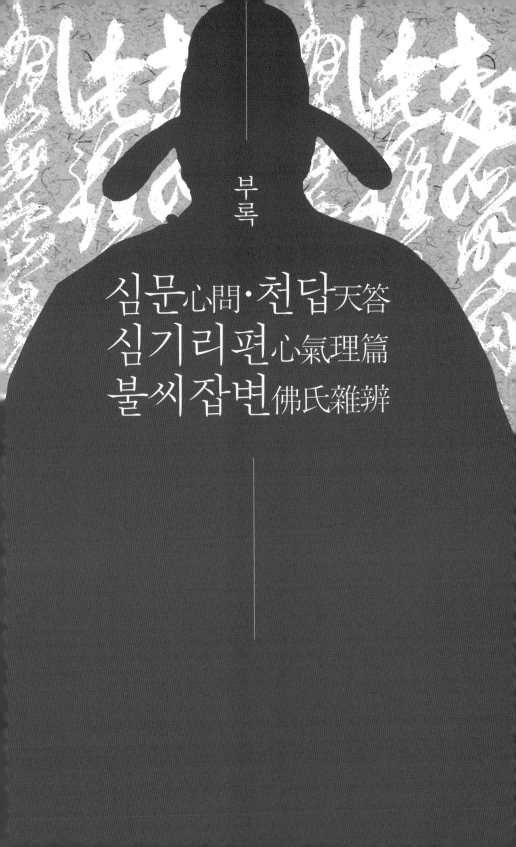

심문心問·천답天答
심기리편心氣理篇
불씨잡변佛氏雜辨

심문心問·천답天答

서序

도가 밝지 못한 것은 이단이 해롭게 하기 때문이다. 우리 유학자가 선현의 유훈에 힘입어 이단의 고치기 어려운 폐단을 알고 있다. 그러나 이따금 그 도를 굳게 지키지 못하는 자가 있으니 이는 또 공명과 이욕의 사사로움에 이끌린 까닭이다. 그러므로 도가 높고 아득해서 허공에 빠지지 않으면 저속하고 천박하게 흐르게 되는 것이다. 이것은 도가 항상 밝지 못하고 행해지지 못하는 까닭이며, 이단의 무리들이 또한 비근하다고 지적하여 배척하는 것이다.

또 그 선악의 보응도 또한 가지런하지 않은 것이 많으므로 착한 자는 게을러지고 악한 자는 거리낌없이 제멋대로 하여 온 세상이 서투르고 무지하게 되어 이익과 손해에만 빠져 의리가 무엇인지 알지 못하며, 석씨들은 또 인과응보설을 퍼뜨려 사람들이 더욱 유혹된 것이다.

아아! 도의 밝지 못함이 오래 되었으니, 사람들이 유혹되는 일이 없기를 바라기는 어려운 일이다. 삼봉 선생이 일찍이 말했다.

"노씨와 불씨의 간특한 해로움을 분변하여 백세토록 어두웠던 도학을 열며, 당시 풍속의 공리설功利說을 꺾어 도의道誼의 바른 데로 돌아가게 한다."

《심기리心氣理》 3편은 우리의 도와 이단의 치우치고 바름을 거의 남김없이 논했는데, 내가 이미 그 뜻을 풀이하였다.

선생이 또 일찍이 《심문》·《천답》 2편을 지어 하늘과 사람의 선악과 보응의 더디고 빠른 이치를 밝혀 사람들에게 바른 도리를 지킬 것을 타일러서 힘쓰게 했다. 그 말이 지극히 정밀하고 절실하여 공리에 골몰한 자가 본다면 그 유혹을 없애고 그 병에 약이 될 것이다. 그러므로 또 뜻을 새겨서 3편 끝에 붙인다.

대저 이단을 물리친 후에 우리의 도를 밝힐 수 있는 것이며, 공리를 버린 뒤에 우리의 도를 행할 수 있는 것이다. 이는 선생의 저작이 세상의 가르침과 관련되어 매우 중하다. 그러므로 내가 오늘 순서에 따라 편집하는 뜻이니, 이 글을 보는 자는 소홀함이 없기 바란다.

갑술년(甲戌 1394, 태조 3) 여름 6월

양촌 권근이 서문을 쓰다.

심문心問

이 편은 마음[心]이 하늘[天]에게 물은 말을 서술한 것이다.

사람의 마음속의 이치는 바로 상제가 명한 바이다. 하지만 그 의리의 공변된 것이 혹은 물욕의 가린 바가 되고, 그 선악의 보응이 또한 전도된 것이 있어 선하여도 혹 화를 얻고 악하여도 혹 복을 얻어, 선을 복주고 악을 벌주는 이치가 분명하지 못한 바가 있다. 그러므로 세상 사람들이 착한 것을 좇고 악한 것을 버릴 줄 알지 못하고 오직 공리에 나가기만 힘쓸 뿐이니, 이는 사람이 하늘에 의혹을 품지 않을 수 없는 것이다.

그러므로 이에 마음의 주재主宰에 의탁하여 상제上帝에게 물어 질정하는 것이다.

을묘년乙卯年(1375, 고려 우왕 1) 늦겨울 14일[幾望] 저녁에 하늘은 맑고 밝은데 온갖 동물들은 휴식에 들어갔다.

늦겨울은 음이 다하여 심한 추위로 기승을 부리고 봄 양기가 생기려는 때요, 기망은 달빛이 점점 가득하여 밝은 것이 다시 둥글게 되는 날이니, 인욕人欲이 어둡게 가린 가운데 천리天理가 다시 싹트는 것을 비유한 것이다.

하늘은 맑고 달은 밝은데 온갖 동물이 휴식에 들어갔다는 것은 인욕이 깨끗이 없어지고 천리가 유행하여 마음[方寸] 사이가 형철광명瑩澈光明하여 바깥 물건이 그 마음을 움직이지 못함을 비유한 것이다.

한 물건이 있어 상청上淸에 조회하여 옥제의 뜰에 서서 신臣이라 일컬으며 다음과 같이 고했다. '신臣이 천제의 명령을 받아 사람의 영이 되었습니다' 했다.

한 물건이란 마음을 가리켜 말한 것이요, 상청이란 상제가 거처하는 곳이요, 옥제란 곧 상제이니 귀중하게 받드는 칭호이다. 신이라 한 것은 마음이 스스로 자기를 일컬은 것이요, 신臣이 상제의 명령을 받아 사람의 영靈이 되었다는 것은 마음이 스스로 상제의 명한 바 이치를 받아 사람의 주재主宰가 되어 만물 가운데에서 가장 신령하다는 것을 말한 것이다.

이 장章은 가설적假設的으로 내 마음의 주재하는 영靈이 상제의 뜰에 조회하여 신이라 칭하고 물은 것을 말한 것이다.

그러나 그 조회라는 것은, 어찌 따로 한 물건이 있어 제帝가 되고 또 한 물건이 있어 조회를 했겠는가? 마음에 사욕이 깨끗이 없어지면 내 마음의 이치는 곧 하늘에 있는 이치요, 하늘에 있는 이치는 곧 내 마음의 이치로서 서로 꼭 합하여 간격이 없는 것이다. 그 조회라고 한 것은 가설적으로 말하여 밝힌 것이다.

사람은 이목耳目이 있어 빛을 보고자 하고 소리를 듣고자 하며, 동動하고 정靜하고 말하고[語] 침묵[默]하고, 손으로 잡고 발로 걷는 등 신臣의 병病을 만드는 것들이 날마다 신臣과 더불어 다투는 것입니다.

이 장章은 물욕이 내 마음의 천리天理를 해롭게 하는 것을 말한 것이다.

대개 온갖 소리와 빛과 형상形相 등 천지 사이에 가득한 것이 모두 물건으로, 날마다 사람의 몸과 더불어 서로 접촉하게 되는 것이다.

사람에게 눈이 있어 빛을 보고자 하지 않음이 없고, 귀가 있어 소리를 듣고자 하지 않음이 없으며, 사지백해四肢百骸에 이르기까지 안일하기를 바라지 않는 것이 없다. 그러므로 천리는 비록 내 마음의 고유한 하늘에 근본되었으나 그 끝이 은미하고, 인욕은 비록 만물과 내가 접촉된 후에 생겼으나 일어나는 것을 제어하기는 어렵다. 이는 일상적으로 행하고 말하는 데 있어서 이치에 따르기는 어렵고 욕심을 좇기는 쉬운 때문이다.

《서경》에 이르기를,

"욕정에서 나온 사람의 마음은 위태롭기만 하고, 도를 지키려는 마음은 희미하다"

했으니, 이를 말한 때문이다.

또 사람의 이 몸은 하루도 만물을 떠나 홀로 살 수 없어 조금이라도 삼가지 않으면 온갖 바깥 만물이 틈을 타 침입하여 이 마음을 해롭게 하는 일이 심히 많으니 이것이 천리의 병이 되는 것이다.

지志는 나의 장수요, 기는 나의 도졸인데도, 모두 굳게 지키지 못하여 신臣을 버리고 적을 좇으니, 신의 미약함으로 고립되어 단박單薄에 이르렀습니다.

지志란 마음의 가는 바요, 내[吞]란 마음이 스스로 자기를 일컫는 것이다.

맹자가 말하기를 "무릇 지志는 기의 장수요, 기氣는 체의 충만된 것이다" 했다. 그 주註에 이르기를 "지는 진실로 마음의 가는 바이며 기의 장수이고, 기는 또 사람의 몸에 충만한 것이며 지의 졸도卒徒가 되는 것이다" 했다. 마음이 천군天君이 되어 지로써 기를 통솔하여 물욕을 제어하는 것이, 임금이 장수에게 명하여 졸도를 이끌고 적을 방어하는 것과 같은 것이다. 그러므로 "지는 나의 장수요 기는 나의 도졸

徒卒이다" 한 것이다.

그러나 뜻이 진실로 정해지지 않으면 물욕에게 빼앗기게 되어 이치가 사를 이기지 못하게 된다. 그러므로 그 장수가 된 지와 졸도가 된 기가 모두 그 바른 것을 굳게 지키지 못하고 도리어 내 마음을 버리고 물욕을 좇아간다. 따라서 나의 이 마음이 비록 한 몸의 주인이 되었다고 하나, 마침내 고립하는 데 이르러 단약하고 박렬하게 되는 것이다.

성경誠敬으로 갑옷과 투구[甲胄]를 삼고 의용義勇으로 무기[矛戟]를 삼아 사명을 받들어 저희 죄를 성토하여 한편으로 싸우고 한편으로 항복시키니, 나에게 순종하는 자는 선한 자이고 나를 배반하는 자는 악한 자이며, 현명하고 지혜로운 자는 따르고, 어리석고 불초한 자는 거역하매, 패敗함을 인하여 공功을 이루고 거의 잃은 뒤에 얻게 되었습니다.

갑주甲胄는 몸을 보호하는 기구요, 모극矛戟은 적을 제어하는 물건이다.

이는 위 장의 끝을 이어 말한 것이다.

내 한 마음의 미묘함을 가지고 온갖 물욕의 침공을 받게 되어, 비록 심히 미약하고 박렬하나, 진실로 성경으로 갑주를 삼아 스스로 지킬 수 있다면 그 잡은 바가 견고하여 뜻을 빼앗지 못할 것이요, 의용義勇으로 무기를 삼아 스스로 보호하면 그 제재하는 바가 엄중하여 물욕이 침입하지 못할 것이니, 이는 안팎으로 사귀어 기르는 도이다.

제帝의 명을 받들어 이치에 어기지 못할 것을 알게 하며, 저[彼]의 죄악을 성토하여 욕심에 따르지 못할 것을 알게 했다. 강한 자는 싸워서 이기고 약한 자는 항복했으니, 그 내 명령에 순종하는 자는 이치에 합하여 선한 것이 되고, 내 명령을 배반하는 자는 의리에 어긋나 악한 것이 되며, 선을 알아 복종하는 자는 어질고 지혜로운 자가 되고, 알지 못하여 거역하는 자는 어리석고 불초한 자가 되는 것이다.

저들이 비록 순종하지 않더라도 나는 더욱 이 마음을 권면했다. 거의 물욕이란 적에게 패한 바 되어 완전하게 없어질 지경에 이르렀으나, 이 마음의 이치가 끝내 아주 없어지지 않았으므로 항상 스스로가 다듬어 마침내 얻은 바가 있었다. 이는 억지로라도 행하는 자가 성공에 이르러서는 마찬가지인 것이다.

그 급기야 보응報應에 이르러서는 일의 반복됨이 많았다. 배반한 자는 장수하고 순한 자는 요절하며, 좇는 자는 빈궁하고, 거역하는 자는 부귀했다. 그러므로 세상 사람들이 신臣의 하는 일을 허물하여 신의 명령을 좇지 않고 오직 적을 따를 뿐입니다.

보는 선악의 응당한 나타남을 이른 것이니, 사람이 하는 바가 있으면 하늘이 보응하는 것이다. 우尤는 허물하며 책망하는 것이다.

사람이 착한 일을 하면 하늘이 복으로써 갚고 악한 일을 하면 하늘이 재앙으로써 갚는 것이, 신하가 전공을 세우면 임금이 작록으로써 상을 주고 패전하면 임금이 형벌에 따라 죽이는 것과 같으니, 이는 이치의 떳떳한 것이다.

이제 마음이 상제의 명을 받들어 물욕의 적과 더불어 싸워, 적이 이기지 못하여 마음의 명을 순종하게 되었으면 이는 하늘에 공이 있는지라, 마땅히 부귀와 장수를 누려 선한 복을 받아야 함에도 도리어 빈

궁하고 요절하는 데 이른다. 도리어 적이 이미 이겨 이 마음의 명을 배반했으면 마땅히 빈천하고 요절하여 악한 화를 받아야 할 것인데 도리어 부귀와 장수를 누리고 있다.

하늘의 보응이 이같이 반복되고 어그러지므로 사람의 하는 바가 차라리 저 적의 이해로 유혹하는 데는 따를지언정, 그 주인의 의리의 명을 좇지 않으니, 사람이 의혹하지 않을 수 없는 것이다. 그러므로 다음 글에 하늘을 부르며 물은 것이다.

"황황皇한 상제가 진실로 백성을 주재하시는데 처음과 끝이 어찌하여 어긋나며, 주고 빼앗는 것이 어찌하여 치우치게 됩니까? 신이 비록 비루하고 어리석으나 의혹하는 바입니다."

황皇은 큰 것이니 존칭하는 말이다.

이는 상제를 부르며 고하는 말이다.

"크도다. 상제여! 실로 위에 있어 하토下土의 사람을 주재하시니 선을 복주고 악을 벌주는 그 이치의 항상한 도리입니다. 처음에 명을 부여할 때에 반드시 사람에게 인의예지의 본성으로써 주신 것은 사람들에게 이 성품을 따라 선을 하게 하고자 한 것입니다. 그런데 마침내 보응이 나타나는 데에는 선악의 효용이 반대됨이 이와 같습니다. 이 어찌 처음과 끝의 명이 어그러지는 것입니까? 저 명을 배반하며 거역하고도 장수와 영달을 얻는 자는 하늘이 무엇을 사랑하여 후하게 대한 것이며, 명을 순종하고도 요절과 빈천을 얻은 자는 하늘이 무엇을 미워하여 박하게 한 것입니까? 그 한 번 주고 빼앗는 것도 또한 어찌 치우치고 공변되지 못함이 이와 같습니까? 신의 마음이 비록 심히 비루하나 이에 의혹이 있는 바입니다."

천답天答

이 편은 하늘이 마음[心]에게 대답한 말을 서술한 것이다. 하늘이 이치를 사람에게 부여할 수는 있으나, 사람들에게 반드시 착한 일을 하도록 할 수는 없는 것이다. 사람이 하는 바가 그 도를 잃는 일이 많아서 천지의 조화로운 기운을 손상시키는 것이다. 그러므로 재앙과 상서가 그 이치의 바른 것을 얻지 못하는 일이 있으니, 이것이 어찌 하늘의 항상한 도리이겠는가?

하늘은 곧 이理요 사람은 기에 의해 움직이는 것이다. 이는 본래 하는 것이 없고 기는 일에 따라 쓰이는 것이다. 하는 것이 없는 것은 고요하므로 그 도가 더디고 항상하나, 일에 따라 쓰이는 것은 움직이므로 그 응함이 빠르고 변한다. 그러하니 재앙과 상서의 바르지 못한 것은 모두 기가 그렇게 시키는 것이다. 이는 그 기수의 변하는 것이 비록 그 이치의 항상한 것을 이기나 이것은 특히 하늘이 정하지 않았을 때의 일이.

기는 쇠하고 성함이 있으나 이는 변하지 않는 것이다. 오래 되어 하늘이 정함에 미쳐서는 이치가 반드시 그 항상함을 얻게 되고 기도 따라 바루어지는 것이니, 선을 복주고 악을 벌주는 이치가 어찌 없어지겠는가?

상제가 다음과 같이 말했다.

아아! 내[予] 명령을 너[汝]는 들을지어다. 내가 너에게 덕[德]을 주어 만물 중에서 가장 신령[神靈]하며, 나와 더불어 함께 서서 삼재의 명칭을 얻었도다.

제[帝]는 상제[上帝]요, 희[噫]는 탄식하는 소리이다. 나[予]는 상제가 자기를 가리킨 것이요, 너[汝]는 마음을 가리켜 말한 것이다. 덕은 인·의·예·지의 본성이니 하늘이 명한 바이며 사람이 얻은 바요, 삼재는 천·지·인이다.

이 장은 가설적으로 상제가 마음에게 대답한 말이다. 탄식하여 말했다.

"내가 명하는 바가 있으니 오직 너는 들을지어다. 내[予]가 이미 너에게 건순[健順]과 오상[五常]의 이치를 주었으니 네가 얻어 덕으로 삼아 방촌사이가 허령하고 어둡지 않아서 온갖 이치를 갖추어 만 가지 일에 응하므로 만물에 있어 가장 신령한 것이 되었다. 그러므로 능히 나와 땅과 아울러 서서 삼재의 명칭을 얻은 것이다."

또 일용의 사이에도 한없이 넓고 충만하여 깨우쳐서 이끌어 너로 하여금 그 갈 바에 어둡지 않게 했다. 그러니 내가 너에게 덕되게 한 바가 한 가지뿐이 아닌데 너는 이를 생각지 않고 스스로 명을 저버리는구나.

양양[洋洋]은 유동하여 충만한 뜻이요, 너[爾]는 역시 마음을 가리켜 말한 것이다.

이는 위를 이어 말한 것이다. '인륜의 일용 사이에 천명이 유행하여 나타나지 않음이 없는 것이다. 네가 부자에서는 마땅히 친할 것이고, 군신에서는 마땅히 공경할 것이며, 한 가지 일, 한 물건의 작은 것이나 일동일정—動—靜에 이르기까지 모두 각기 마땅히 행할 도리가 있어 유동적이면서 충만하여 조금도 결함이 없다. 이는 누가 그렇게 했는가? 모두 상제가 이 만민을 깨우쳐서 이끌어 선으로 나가고 악을 피하여 따라갈 바에 어둡지 않게 한 것이다. 그러므로 상제가 너에게 덕 되게 한 바가 한둘로 헤아릴 수 없다. 그런데도 너는 한 번도 생각지 않고 선을 배반하며 악을 좇아 스스로 명을 끊어버리는가?' 했다.

비바람과 추위와 더위는 나의 기요, 해와 달은 나의 눈이다. 네가 한 번이라도 조그마한 실수가 있으면 나의 기가 어그러지고 나의 눈이 가려지는 것이니, 네가 나를 병들게 한 것이 또한 많았다. 그런데 어찌 스스로 반성하지 않고 문득 나를 책망하는가.

나는 또한 상제가 스스로 자기를 가리킨 것이다.

풍우와 한서는 하늘의 기운이 되고, 해와 달은 하늘의 눈이 되며, 사람은 천지의 마음이다. 그러므로 사람의 하는 일이 한 번 조금이라도 그 바른 도리를 잃으면 하늘의 풍우와 한서가 반드시 어그러지게 되고, 해와 달이 반드시 가려지는 데 이를 것이다. 이는 사람이 천지를 병들게 하는 바가 또한 많다고 할 것이다.

대개 천지만물이 본래 동일체이므로 사람의 마음이 바르면 천지의 마음도 바르고, 사람의 기가 순하면 천지의 기도 또한 순하니, 이는 천지에 재앙과 상서가 진실로 인사의 잘하고 잘못하는 데 말미암은 것이다.

　인사가 옳으면 재앙과 상서가 항상한 것을 따를 것이요, 인사에 실수가 있으면 재앙과 상서가 바른 것을 잃는 것이다. 어찌 이것으로써 스스로 그 몸을 반성하여 너의 당연히 할 바를 닦지 않고 문득 하늘을 책망하는가?

　또 나의 큼으로써 덮어 주기는 하나 싣지는 못하고, 낳기는 하나 성장시키지 못하는 것이다. 추위와 더위, 재앙과 상서로움이 오히려 인정에 억울하고 원통함이 있거든 난들 그에 대해 어찌하겠는가? 너는 그 바른 것을 지켜서 나의 정하는 때를 기다릴지어다.

　대저 하늘의 본체가 지극히 커서 덮지 않는 바가 없으나 싣지는 못하고, 낳지 않는 바가 없으나 성장시키지는 못하는 것이다. 하늘은 덮는 것을 맡고 땅은 싣는 것을 맡았으며, 하늘은 낳는 것을 주로 하고 땅은 성장시키는 것을 주로 했다. 하지만 천지도 진실로 다하지 못하는 바가 있는 것이다. 당연히 추워야 하는데 덥고 당연히 더워야 하는데 추우며, 재앙이나 상서를 내리는 데에도 그 바른 것을 얻지 못함이 있다. 이것으로 세상 사람들이 천지에 대해 오히려 억울하고 원통한 마음을 두는 것이다.

　대개 천지가 만물에 대해 아무 생각 없이 화化하여 이루어져 그 이치의 자연한 것을 베풀 뿐이요, 그 기가 혹 어긋나는 것을 이기지는 못하는 것이니, 사람이 하는 바가 저 같음에야 비록 하늘인들 어찌할 수 있으랴!

　하늘이 마음을 두어 하는 바가 있는 것은 아니다. 너는 마땅히 그 이치의 바른 것을 굳게 지켜 하늘의 정하는 것을 기다릴 따름이다. 이른바 '요절과 장수를 의심하지 않고 몸을 닦아 기다린다'는 것이다.

신포서申包胥가 말했다.

"사람이 많으면 하늘을 이기고 하늘이 정하면 또 능히 사람을 이긴다."

하늘과 사람이 비록 서로 이길 수 있다. 그러나 사람이 하늘을 이기는 것은 잠시의 일이요 항상한 일은 아니다. 하늘이 사람을 이기는 것은 오래 될수록 더욱 정해지는 것이다. 그러므로 음란한 자는 반드시 그 나중을 보존하지 못하고 착한 자는 반드시 후일에 경사가 있는 것이다.

대개 한때의 영욕과 화복이 밖으로부터 이르는 것은 모두 근심할 것이 없고 마땅히 착한 일 하는 데에 힘써 하늘에 죄를 얻지 않는 것이 옳을 것이다.

심기리편心氣理篇

서序

《심기리》 3편은 삼봉 선생이 지은 것이다. 선생은 항상 도학을 밝히고 이단을 물리치는 것으로써 자기의 임무로 삼았다.

그 말에 이르기를, "사람이 태어날 때 천지의 이를 받아 성性이 되었고, 그 형체를 이룬 바는 기이고, 이와 기를 합하여 능히 신명한 것은 심이다. 유가에서는 이理를 주로 하여 심과 기를 다스리니, 그 하나를 근본으로 하여 그 둘을 기르는 것이요, 노씨는 기를 주로 하여 양생養生으로써 도를 삼고, 석씨는 심을 주로 하여 부동不動으로써 종지로 삼아, 각기 그 하나를 지키고 그 둘을 버린 것이다. 노씨는 무위를 원하여 일의 옳고 그른 것을 따지지 않고 모두 제거한다. 이는 그 몸의 수고로움 때문에 그 기를 해칠까(어떤 본本에는 폐蔽라 썼다) 두려워함이니, 기氣가 잘 길러진다면 정신이 안정되어 비록 하는 일이 있어도 나의 삶을 해하지 못한다는 것이다.

석씨는 무념無念을 원하여 생각의 선악을 막론하고 모두 버린다. 이는 그 정신의 수고로움 때문에 그 마음이 움직일까 두려워함이니, 마음이 잘 안정되면 본체가 항상 공적空寂하여 비록 일의 변화에 응하더라도 나의 마음을 어지럽게 못한다는 것이다. 그러므로 처음에는 모두 하지 않는 바가 있다가 마침내는 모두 하지 않는 바가 없게 된다.

대개 그 하지 않는 바가 있을 때에는 이치[理]에 당연한 바도 또한 끊어 버리고, 그 하지 않는 바가 없을 때에는 비록 이치에 마땅히 해서는 안 될 바도 또한 한다.

따라서 노씨와 석씨의 학설은 형편없고 적멸寂滅한 데 빠지지 않으면 반드시 제멋대로 하고 종자한 데에 흘러들어, 그 인의仁義를 해치고 윤리를 끊어 없애서 성문聖門의 지극히 중정한 도[大中]의 가르침에 죄를 얻는 것은 마찬가지다.

우리 유도는 그렇지 않다. 하늘이 명한 성품이 혼연히 하나의 이치로써 만 가지 선이 모두 갖추어졌는지라 군자가 이에 항상 공경하고 두려워하고 반드시 성찰을 더하여 마음에 싹트는 것이 이에 본원한 것이면 확충하고, 욕심에서 생겼으면 막고 끊어 버리며, 기에서 움직이는 것이 의리에 합하여 곧으면 용맹스럽게 나아가 하고, 곧지 않으면 겁내어 물러간다.

그 심을 길러 의리를 보존하고, 그 기를 길러 도의에 합하므로 무릇 생각하는 바가 의리에 당연하지 않음이 없고, 무릇 동작하는 바가 자연 비벽非僻의 간여가 없어 그 마음의 신령스러움이 사물의 이를 주관하고, 그 기의 큰 것이 천지 사이에 가득하나 모두 의리가 주인이 되어 마음과 기가 매양 명령을 듣는다"했다.

이는 '유자의 도가 인류과 일용의 평상한 데 갖추어져 있어 천하 만세에 행하여도 폐단이 없는 것이다' 하여 선생이 항상 학자들에게 말하던 것이다.

비록 사람에게 의리가 있어 진실로 매우 큰 것이 되나, 심心은 내 몸의 주인이요, 기도 또한 내 몸이 얻어서 태어난 것으로 소중하게 여기지 않을 수 없는 것이다.

저 노씨와 석씨가 명심明心·양기養氣의 설을 표절하여 어리석은 세속을 속이고 유혹하므로 사람들이 즐겨 듣고 믿고 따르는 자가 많다. 이따금 도를 아는 자가 비록 역설하여 물리치기는 하나 다만 우리 도에 맞지 않음을 배척할 뿐이었다. 그러므로 듣는 자가 오히려 누가 옳고 그른 것인가를 알지 못했던 것이다.

오직 선생은 먼저 이씨二氏의 취지를 밝히고 우리 도의 바른 것으로써 절충했다. 그러므로 듣는 자가 밝고 선명하게 깨닫지 않는 자가 없으며, 이단의 무리 또한 좇아 교화하는 자가 있었다. 이는 선생이 명교名敎에 크게 공功이 있는 것이다.

이에 또 그 뜻을 기술하여 3편을 지어 학자들에게 보였으니, 그 심과 기를 말한 것이 모두 이씨二氏의 말을 인용하여 그들의 취지를 밝혀 깊고 오묘한 데에 이르기까지 적실하게 말하였다. 또 그 말이 혼후하여 배척한 자취가 보이지 않으므로, 비록 그의 무리들이 이것을 볼지라도 또한 모두 정밀하고 적절하다 하여 즐겨 복종했던 것이다.

급기야 이理로써 형용하여 말한 후에 우리 도와 이단의 바르고 편벽됨이 변설辨說할 것도 없이 자연 밝혀졌으니, 저들이 비록 말하려 하나 무엇을 가지고 말할 것인가? 이는 선생이 이씨二氏를 물리침에 있어 범연하게 논설을 늘어놓는 자와 비교가 되지 않으며, 또 언성을 높이고 안색을 변하여 극구 저훼하는 자와도 비교가 되지 않는 것이다.

또 어떤 이는 한갓 그 배척하지 않은 것을 보고 이르기를, "유·불·도 삼

교가 일치하므로 선생이 이를 지어 그 도의 동일함을 밝힌 것이다" 하는
데, 이는 말을 아는 자가 아니다. 그러므로 내가 고루함을 헤아리지 않
고 간략히 주석을 했으며, 또 그 단서를 이끌어 선생에게 들은 바를 써
서 밝히는 바이다.

태조 3(명 1394년 태조 홍무) 갑술 여름
양촌 권근이 서문을 쓰다.

심心이 기氣를 비난함心難氣
[원주] 난難은 상성上聲

이 편은 주로 석씨(불교)의 마음 닦는 취지를 말하여 노씨(도교)를 비
난한 것이다. 그러므로 편 가운데 석씨의 말을 많이 썼다. 심은 이와
기를 합하여 신명의 집이 된 것이다. 주자의 이른바 "허령하여 어둡지
않아 모든 이치가 갖추어져 만 가지 일에 응한다"는 것이다.

내 생각으로는 오직 허령함으로 모든 이치가 갖추어져 있으며, 오
직 신령하기 때문에 만 가지 일에 응할 수 있는 것이다. 모든 이치가
갖추어져 있지 않으면 그 허령한 것은 막연하게 비어 있을 따름이다.
그 신령한 것은 분잡하게 여기저기를 옮겨 다닐 뿐이요, 비록 만 가지
일에 감응한다 하더라도 옳고 그른 것이 어지럽고 어수선할 것이다.
그러니 어찌 족히 신명의 집이 될 수 있겠는가? 그러므로 심을 말하
면서 이를 말하지 않으면, 이는 그 집만 알고 그 주인은 알지 못하는
것이다.

무릇 형상이 있는 것은 그 종류가 매우 많으나, 오직 나[我]가 가장 허령하여 그 가운데에 홀로 서 있도다.

'무릇 형상이 있는 것'이라는 말은 《금강경金剛經》을 인용한 것이다. '분총紛總'이란 많은 모양이요, '나[我]'란 마음이 스스로 자기를 가리킨 것이요, '영靈'이란 이른바 허령虛靈이다. 이 두 구절은 곧 혜능慧能의 이른바, '한 물건이 있으니 길이 신령스러워 한 장령長靈의 물건이 위로는 하늘을 버티고 아래로는 땅을 버텼다'는 것이니, 구담瞿曇[1]의 이른바 '천상천하에 오직 내가 홀로 존귀하다'는 뜻이다.

이것은 마음이 스스로 말하기를 "무릇 모든 소리와 빛과 형상이 천지 사이에 가득 찬 것이 그 종류가 매우 많으나, 오직 내가 가장 신령하여 온갖 유가 많은 가운데에 독특하게 서 있다"고 한 것이다.

나의 본체는 고요하여 거울이 빈 것과 같으니, 인연을 따르면서도 변하지 않고, 변화에 응하여 다함이 없도다.

심의 본체가 적연寂然하여 조짐이 없어 그 신령한 지혜가 어둡지 않다. 비유컨대 거울의 성품이 본래 비어 있으나 그 밝음은 비추지 않음이 없는 것과 같다.
대개 '인연을 따른다'는 것은 심에는 신령이요, 거울에는 밝음이고, '변하지 않는다'는 것은 심에는 고요함이요, 거울에는 빈 것을 말한다. 그러므로 온갖 변화에 감응하여도 다함이 없는 것이니, 곧 《금강

---

[1] 석가모니의 출가 이전의 성인 고타마(팔리어 Gotama, 산스크리트어 Gautama)의 음역.

경》의 이른바 '응당 머무르는 바 없이 그 마음을 내라'는 뜻이다.

대개 밖으로는 비록 변화에 응하는 자취가 있으나 안으로는 막연히 한 가지 생각의 움직임도 없는 것이니 이는 석씨 학문의 제일가는 의리다.

너의 사대四大가 서로 합하여 형체를 이룸으로 말미암아 눈이 있어 빛을 보고자 하며 귀가 있어 소리를 듣고자 하는지라, 선악의 환멸이 그림자를 인연하여 생겨서, 나[心]를 공격하고 나를 해롭게 하니 내가 편안함을 얻지 못하도다.

너[爾]는 기氣를 가리켜 말한 것이요, 사대는 또한 석씨의 말을 쓴 것이니, 이른바 흙·물·불·바람이다.《원각경圓覺經》에 이르기를 "나의 지금 이 몸은 사대가 화합한 것이다"고 했다. 또 말하기를 "육진六塵이 그림자를 인연하여 스스로 심성心性이 되었다"고 했다.

이는 앞의 장을 이어 말한 것이니, 마음의 본체가 원래 적연寂然할 뿐이다. 다만 너[氣]의 사대의 기가 가탁假托하여 엉기어 합하여 형상이 있는 형체를 이룸으로 말미암아 이에 눈이 있어 아름다운 빛을 보고자 하고 귀가 있어 좋은 소리를 듣고자 하며, 코와 혀와 몸과 뜻이 또한 각각 욕심이 있어, 순하면 착한 것이 되고 거스르면 악한 것이 된다. 이것이 모두 환幻에서 나온 것으로 진실한 것이 아니요, 곧 외부의 그림자를 인연하여 서로 이어 생긴 것이다.

이 모든 것이 나의 고요한 본체를 해쳐서 어수선하고 소란스럽게 뒤섞여서 나로 하여금 편치 못하게 하는 것이다.

상相을 끊고 체體에서 떠나, 생각도 없고 정情도 잊어버려, 밝으면서 항상 고요하고 고요하면서 항상 깨달으면, 네[爾]가 비록 동動하려 하나 어찌 나의 밝은 것을 가릴 수 있으랴!

《금강경》에는 "온갖 색상은 모두 허망한 것이다" 했다. 혜능은 말하기를 "일체의 선악을 모두 생각지 말고 그 후에 무념無念과 망정忘情과 식망息妄과 임성任性의 4종으로 나눌 것이다" 했으니, 이것은 마음 닦는 공부를 말한 것이다.

상은 그 형상을 말한 것이요, 체는 그 본체를 말한 것이다.

모든 형상은 형상이 아니니 마땅히 끊어 버릴 것이요, 이 체도 체가 아니니 마땅히 떠나 버려야 될 것이다. 내가 만일 항상 스스로 고요하여 한 가지 생각도 동함이 없고, 항시 그 일어나고 사라지는 정情을 잊어버리게 되면, 망령된 인연이 이미 끊어지고 진공眞空이 자연 나타나 비록 감동되어 비추어도 본체는 항상 고요할 것이요, 비록 고요하여도 안으로 항상 깨달을 것이다.

대개 비추면서 항상 고요하다는 것은 어지러운 생각이 아니며, 고요하면서 항상 깨달으면 혼미昏迷한 것이 아니니, 능히 이와 같이 되면 사대의 기氣와 육진의 욕심이 비록 틈을 타서 나를 요동하려 한들 어찌 내 본체의 밝은 것을 가리어 덮을 수 있으랴.

이 장章은 마음 닦는 요점을 말한 것이니 간략하고도 곡진하다.

기가 심을 비난함氣難心

이 편은 주로 노씨의 양기養氣하는 법을 말하여 석씨를 비난한 것이다. 그러므로 편 가운데 노씨의 말을 많이 썼다.

기氣라는 것은 하늘이 음양과 오행으로써 만물을 화생化生함에 사람도 이를 얻어 생긴 것이다. 그러나 기는 형이하인 것으로, 반드시 형이상의 이理가 있은 후에 이 기가 있는 것이니, 기를 말하면서 이를 말하지 아니하면, 이는 그 끝만 알고 그 근본은 알지 못하는 것이다.

나란 것은 아득히 먼 옛날부터 있어 깊고 그윽한지라, 천진하고 스스로 그러하여 무엇으로 이름할 수 없도다.

나라는 것은 기가 스스로 자기를 가리킨 것이요, 수고는 아주 오랜 옛날을 말한 것이다.

노자老子가 말하기를 "혼연히 이룬 물건이 있어 천지에 앞서 생겼다" 하고, 또 말하기를 "그윽하고 깊음이여! 그 가운데 정기가 있으니, 그 정기가 매우 참되도다" 했다. 또 말하기를 "하늘은 도를 법받고, 도는 자연을 본받았다"고 했다. 또 말하기를 "내 그 이름은 알지 못하고 자字를 도道라 했다" 했다. 노자의 말은 모두 기를 가리켜 말한 것이다

그러므로 이 장에 이를 근본하여 말하기를, 기가 천지만물보다 앞서 있어서, 그윽하고 깊고 황홀하며 자연스럽고 천진하여 무엇이라 이름할 수 없는 것이다.

만물의 시초에 무엇을 밑천 삼아 생겼던가? 내가 엉기고 내가 모여 형상이 되고 정기가 되었으니, 내가 만약 없었다면 마음이 어찌 홀로 신령할 수 있으랴!

장자莊子가 말하기를 "사람이 생긴 것은 기氣가 모인 것이다" 했다. 이를 근본하여 말하기를, 만물이 생기는 그 시초에 무슨 물건을 자뢰하여 생성했을까? 그 자뢰하여 생기는 바는 기가 아니냐?

오직 기가 묘하게 합하고 엉겨 모인 후에 그 형체가 이루어지고 그 정기가 생기는 것이니, 만약 기가 모이지 않으면 마음이 비록 지극히 신령하다 하여도 또한 장차 어느 곳에 붙어 있으랴!

슬프다! 너[爾]의 앎이 있는 것이 모든 재앙의 싹이다. 미치지 못할 바를 생각하고 이루지 못할 바를 도모하여 이익을 꾀하고 손해를 계교하며, 욕됨을 근심하고 영화를 흠모하여 얼음같이 차고 불같이 뜨거워 주야로 분주하니, 정기가 날로 흔들려 신神이 편안함을 얻을 수 없도다.

슬프다[嗟]는 것은 탄식함이요, 너[爾]는 심心을 가리켜 말한 것이다.

이 장은 심心이 기氣를 해치는 일을 말한 것이다. 탄식하여 말했다. "심心이 지각知覺이 있는 것이 이에 모든 재앙의 싹이 되는 것이다. 그 미치지 못할 바를 생각하고 그 이루지 못할 바를 생각하며, 그 이익을 꾀하여 얻고자 하고 그 손해를 계교하여 피하고자 하며, 그 욕됨을 근심하여 빠질까 두려워하고 그 영화를 흠모하여 요행을 바라, 두려워함에는 얼음같이 차고 노여워함에는 불같이 뜨거워, 천만 가지 실마리가 가슴 가운데 엇갈린지라, 낮과 밤에 쉬지 않고 분주하여 그 정신이 날로 흔들리고 점차 소모되어 편안함을 얻지 못하게 한다."

내가 망령되이 움직이지 않으면 안[內]이 이에 고요하고 전일專-하여, 나무가 마른 것 같고 재[灰]가 타지 않는 것 같아, 생각하는 것도 없고 하는 일도 없어 도道의 온전함을 본받을 것이니, 너[爾]의 지각이 아무리 천착한들 나의 하늘을 어찌 해롭게 할 수 있으랴!

이것은 양기養氣하는 공功을 말한 것이다.

장자莊子가 말하기를 "형체[形]는 진실로 마른 나무와 같아야 하며, 마음은 진실로 죽은 재와 같아야 한다" 했다. 또 말하기를 "생각함이 없고 꾀함이 없어야 비로소 도道를 안다" 했다. 노자가 말하기를 "도는 항상 하는 바가 없으면서도 하지 않음이 없다" 했으니, 이 장章은 이것을 근본하여 말한 것이다.

앞 장을 이어 말하되 "마음의 이욕利欲이 아무리 분잡紛雜하여도 기氣가 그 기르는 바를 얻어 망령되이 움직이지 아니하여 밖에서 제어하면, 그 안도 또한 안정하고 전일하여 나무가 말라 다시 꽃피지 않는 것과 같고, 재가 죽어 다시 불붙지 않는 것과 같이 마음이 생각하는 바가 없고 몸이 경영하는 바가 없어, 그 도의 충막하고 순전한 묘한 이치를 본받으니, 마음의 지각이 비록 천착한다 하나 나[我]의 자연의 하늘을 어찌 해롭게 할 것인가?" 했다. 여기의 이른바 도道는 기氣를 가리켜 말한 것이요, 무려무위 체도지전無慮無爲體道之全이라는 여덟 글자는 또한 노자의 학문에 가장 긴요한 뜻이다.

이가 심과 기를 타이름理論心氣

이 편은 주로 유가의 의리의 바른 것을 말하여 노씨와 불씨를 타일러서 깨닫게 한 것이다. 이라는 것은 마음이 선천적으로 타고난 덕이요, 기는 그로 말미암아 생기는 것이다.

아, 목목穆穆한 그 이여! 천지보다 앞에 있어, 기는 나[理]로 말미암아 생기고 마음 또한 선천적으로 받았도다.

오[於]는 감탄하는 말이요, 목穆은 지극히 맑음이다. 이 이理가 순수하고 지극히 선하여 본래 잡된 바가 없으므로 탄미하여 말하기를 오목[於穆]이라 한 것이요, 나[我]라는 것은 이가 자기를 일컬은 것이다.

앞서 말한 심과 기는 바로 나[我]와 나[子]라 이른다. 이곳에는 이를 나타내어 감탄하여 크게 칭찬한 후에 나[我]라 일컬었다. 그것은 이가 공정한 도로 그 존귀함이 상대가 없어서, 노자와 불교가 각각 편벽된 소견을 지켜 서로 피아를 구별하는 것과는 같지 않다.

이것은 이가 심과 기의 본원이 되는 것을 말한 것이다. 이 이가 있은 후에 이 기가 있다. 이 기가 있은 후에 양기의 맑고 깨끗한 것은 위로 올라가 하늘이 되고, 음기의 무겁고 탁한 것은 아래로 내려가 땅이 된다.

사시四時가 이에 널리 퍼지고 만물이 이에 화생化生한다. 사람이 그 사이에 있어 천지의 이를 온전히 얻고 또 천지의 기를 온전히 얻어, 만물 가운데에서 가장 존귀하므로 천지와 더불어 천·지·인天地人 삼재三才에 참여하게 된 것이다.

천지의 이는 사람에게 성품이 되고, 천지의 기는 사람에게 형체[形]가 되며, 심은 또 이와 기를 겸하여 얻어 한 몸의 주재가 되었다. 그러므로 이가 천지보다 앞에 있어 기가 이로 말미암아 생기고 마음도 또한 품수하여 덕이 된 것이다.

심이 있고 이가 없으면 이해에만 달려갈 것이요, 기만 있고 내[我]가 없으면 혈육만의 구체[驅體]로 준연하게 금수와 한길로 돌아갈 것이니, 아아, 그 중에서 조금 다를 자가 몇 사람이나 될 것인가!

준연蠢然은 지각知覺이 없는 모양이요, 기희幾希는 적다는 것이다.
주자가 말하기를 "지각과 운동의 준연한 것은 사람이 동물과 같으나 인의예지의 순수한 것은 사람이 동물과 다르다" 했다.

이 말은 사람이 금수와 다른 바는 그 의리가 있기 때문이니, 사람으로써 의리가 없으면 그 지각하는 바가 정욕과 이해의 사사로움에 지나지 않을 뿐이요, 그 움직이는 바 또한 준연히 한갓 살아 있을 따름이니, 비록 사람이라고 하나 금수에서 얼마나 멀겠는가라는 것이다. 이것이 유학자가 존심存心과 양기養氣를 하는 데 반드시 의리로써 주主를 삼는 까닭이다.

무릇 석가와 노자의 학문은 청정과 적멸을 숭상하여 비록 인륜의 중대한 것과 예악의 아름다운 것도 반드시 없애서 끊어버리고자 한다. 그 흉중에 욕심이 없는 자는 이해에 달려가는 자와 다른 듯하나 천리天理의 공정함을 주장하여 인욕人欲의 사사로움을 제재할 줄을 알지 못하므로, 그 일상 언행이 매양 이해에 빠지면서도 깨닫지 못하는 것이다. 또 사람의 욕구하는 바가 삶보다 더한 것이 없고, 싫어하는 바가 죽음보다 심한 것이 없는데, 이제 그들의 학설을 보건대, 석씨는 반드시 사생에서 벗어나려 하니 이는 죽음을 두려워하는 것이요, 노씨는 반드시 오래 삶[長生]을 구하고자 하니 이는 삶을 탐하는 것인즉, 이해가 아니고 무엇이겠는가? 또 그 가운데에 의리를 주장함이 없으니, 효연(빈 모양)히 얻음이 없고 명연冥然히 알지 못할 뿐이니 이는 몸뚱이[軀殼]만 존재하는 혈육에 불과할 따름이다.

이 네 구절은 비록 범연히 중인衆人을 가리켜 말한 것이다. 그러나 노가와 불가, 이가의 실지 병통에 절실하게 맞는 것이니, 독자는 상세히 살펴야 한다.

저 어린아이가 기어서 우물로 들어가는 것을 보면 측은한 정이 생겨난다. 그러므로 유학자는 정념情念이 생기는 것을 두려워하지 않는다.

맹자가 말하기를 "사람들이 방금 어린아이가 우물로 기어들어가는 것을 보면 놀랍고 측은한 마음이 일어날 것이다" 했다. 또 말하기를 "측은한 마음은 인의 단서다" 했다. 이는 측은한 정이 내 마음의 고유한 근본이므로 불가의 생각을 없애고 정情을 잊어버리는 실수를 밝힌 것이다.

무릇 사람은 천지생물이 살기를 좋아하는 마음을 가지고 태어났으니 이른바 인仁이라 한다. 이 이치가 실지 내 마음에 갖추어져 있으므로, 어린아이가 우물로 기어들어가는 것을 보면 그 측은한 마음이 저절로 생겨나서 막지 못한다. 이 마음을 미루어 넓히면 인을 이루 다

쓸 수 없을 것이며, 사해四海의 안을 모두 구제할 수 있을 것이다.

그러므로 유자는 정념이 생기는 것을 두려워하지 않는다. 다만 하늘의 이치가 나타나는 자연을 따를 뿐이다. 어찌 불가의 정념이 일어나는 것을 두렵게 여겨 억지로 제어하여 적멸寂滅에 돌아갈 따름인 것과 같으랴!

죽을 자리에 죽는 것은 의가 몸보다 소중하기 때문이다. 그러므로 군자는 몸을 희생하여 인仁을 이루는 것이다.

《논어》에 이르기를 "지사와 어진 사람은 삶을 구하여 인을 해침이 없고, 몸을 희생하여 인을 이룸이 있다" 했다. 이는 의가 중하고 생명이 경한 것을 말하여 노자의 기만 양養하고 생生을 탐하는 실수를 밝힌 것이다.

대개 군자가 실지의 이치를 보아 얻으면 마땅히 죽을 자리를 당하여는 그 몸이 차마 하루라도 삶을 편안히 여기지 못하나니, 사생이 더 중한가, 의리가 더 중한가? 그러므로 유학자는 임금이나 어버이의 난難을 구할 때를 맞아서는 신체와 생명을 버리고 달려가는 자가 있다. 이는 노씨의 한갓 수련에만 종사하며 삶을 탐하는 것과는 같지 않다.

성인이 지나가신 천년의 학문이 거짓되고 말이 방잡한지라, 기로써 도를 삼고 마음으로써 으뜸으로 삼는도다.

방氓의 뜻은 난亂과 같다.

이들 이단의 학설이 성행하게 된 까닭은 성인의 세상이 이미 멀어져 도학이 밝지 못하기 때문이다. 그러므로 노씨는 기가 이에 근본하고 있음을 알지 못하고 기로써 도를 삼고 있으며, 석씨는 이가 심에 갖추어져 있음을 알지 못하고 마음으로써 종宗을 삼는다는 것을 말한 것이다.

이 노·불 이가에서는 스스로 무상고묘無上高妙하다고 말하면서도, 형이상形而上이 어떤 물건인지도 알지 못하고 마침내 형이하形而下만을 가리켜 말하여 깊지 않고 얕으며[淺近] 사리에 어둡고 물정을 몰라[迂闊] 편벽된 가운데에 빠지면서도 스스로 깨닫지 못하는 것이다.

의롭지 못하고 장수하면 거북이나 뱀 따위일 것이요, 눈 감고 앉아만 있으면 흙이나 나무와 같은 뼈대일 뿐이다.

갑연瞌然은 앉아 조는[坐眠] 모양이다.

앞의 두 구절은 노씨를 책망한 것이요, 뒤의 두 구절은 석씨를 책망한 것이다. 곧 앞 장에 심만이 있고 내가 없으며, 기만 있고 내가 없다는 뜻이다.

그러나 앞 장은 범연히 여러 사람을 말한 것이요, 이 장은 오로지 이씨를 가리켜 말한 것이다.

내가 너의 심에 주재하고 있으면 형철瑩澈하고 허명虛明할 것이요, 내가 너의 기氣를 기르면 호연의 기가 생길 것이다.

맹자가 말하기를 "나는 나의 호연浩然한 기氣를 잘 기른다" 했다.

이는 성인의 학문이 안팎으로 사귀어 기르는 공功을 말한 것이다.

의리義理로써 심心을 간직하여 함양涵養하면 물욕에 가려짐이 없어 전체全體(심지체心之體)가 허명虛明하고 대용大用(심지용心之用)이 어그러지지 않을 것이요, 의義를 모아 기氣를 길러[養氣] 확충하면 지극히 크고 지극히 강한 기氣가 호연浩然히 스스로 생겨 천지에 가득 찰 것이다. 본말本末이 겸비兼備되고 내외內外가 서로 양양養하는 것이니, 이는 유학자의 학이 바른 것이 되어 노·불老佛이 편벽된 것과 같지 않은 것이다.

선성先聖의 가르침에 '도道에는 두 갈래로 높은 것이 없다' 했으니 심心이여 기氣여, 공경하여 이 말을 받을지어다.

호씨胡氏가 《예기禮記》의 '하늘에는 두 해가 없고 땅에는 두 임금이 없다' 는 말을 인용하여 "도에는 두 가지 길이 없다"고 했다. 이는 도술이 하나로 돌아가게 하고자 한 것이다.

이는 윗글에서 논한 바가 모두 성현의 유훈에 근본한 것이요 나의 사사로운 말이 아니며, 그 도의 존귀함이 더불어 둘이 될 것이 없어 심과 기의 비할 것이 아님을 말한 것이다. 그러므로 마지막에 심과 기를 특별히 불러 경계했으니 그 권권拳拳히 열어 보인 뜻이 지극히 깊고 간절하다.

불씨잡변佛氏雜辨

불씨잡변설 서佛氏雜辨說序

나는 일찍이 불씨의 설이 세상을 매우 미혹시키는 것을 근심하여 말했다.
"하늘이 하늘이 되는 이유와 사람이 사람이 되는 이유를 설명하는 데는
유교와 불교의 설이 서로 같지 않다. 달력[曆象]이 있은 뒤로부터 추위와
더위가 오가고 해와 달의 둥글고 이지러짐에는 모두 그 일정한 수가 있
어 천만 년을 써도 어긋남이 없다. 이것은 하늘이 하늘노릇을 하는 데
정해진 것이니 불씨의 그 수다하고 고상한 말[須彌說]들도 다 거짓이다.
하늘이 음양오행으로 만물을 화생시킨다. 이른바 음양오행이라는 것은
이도 있고 기도 있으니, 그 온전한 것을 얻은 것은 사람이 되고, 치우친
것을 얻은 것은 물物이 된다. 그러므로 오행의 이치가 사람에게는 오상
(인의예지신)의 본성이 되고 그 기는 오장五臟(간심비폐신)이 되니, 이것이 우
리 유가의 설이다.
의원이 오행으로써 오장과 혈맥의 허와 실을 진찰하여 그 병을 알고, 점
치는 사람도 오행으로써 그 운기의 쇠퇴하고 왕성함을 미루어 그 운명

을 안다. 또한 이것은 천만 년을 써도 다 경험할 수 있는 것이니, 사람이 사람노릇을 하는 데 정해진 것이다. 그러므로 불씨의 사대설四大說은 허망한 것이다. 그 시원을 따져 사람의 태어난 까닭을 알지 못한다면 그 끝에 가서 사람의 죽는 까닭을 어찌 알리요? 그러므로 윤회설 또한 믿기에 부족하니, 내 이러한 이론을 가진 지 오래다."

이제 삼봉 선생의 《불씨잡변》 20편을 보니 그 윤회설과 오행에 대한 의술과 복서(점침)의 변론이 가장 명백하게 갖추어졌다. 그 나머지 변론도 극히 자세하며 절실하고 명백하여 다시 남은 것이 없었다.
선생은 어려서부터 글을 읽어 이치를 밝히고, 서슴없이 배운 바를 행했다. 이단을 물리칠 뜻이 있어 강론할 때마다 매우 다정하고 친절하면서도 힘껏 변론함으로써 배우는 이들도 다 흐뭇하게 듣고 따랐다.
일찍이 《심기리》 3편을 저술하여 우리의 도가 바르고 이단의 도가 치우침을 밝히었으니, 명교(유교)에 공이 크다. 본조의 성상(조선 태조)을 만나 더욱 교화를 경륜經綸하여, 일대一代의 다스림을 일으켰으니 배운 바의 도를 비록 다 행하지는 못했다. 그러나 역시 어느 정도 행했다 하겠는데, 선생의 마음으로는 오히려 모자라는 듯하여 반드시 그 임금을 요순 같이하고 그 백성을 요순 때의 백성과 같이 하고자 했으며, 이단에 이르러서는 더욱 모두 물리쳐서 다 없애지 못함을 자기의 근심으로 삼았다.
무인년(1398, 태조 7) 여름에 병으로 며칠 동안 휴가를 얻었을 때에 이 글을 저술하여 나에게 보여 주면서 말씀하셨다.
"불씨의 해가 인륜을 헐어 버린지라 앞으로는 반드시 금수를 몰아와서 인류를 멸하는 데까지 이를 것이오. 유교를 주장하는 사람으로서는 그들을 적으로 삼아 힘써 공격하여야 할 것이오. 일찍이 '내 뜻을 얻어 행하게 되면 반드시 말끔히 물리쳐 버리겠다'고 했었는데 이제 성상께서 알아주심을 힘입어, 말을 하면 듣고 계획하면 따르시니 뜻을 얻었다고 하겠소. 그런데 아직도 저들을 물리치지 못했으니, 끝내 물리치지 못할 것만 같소. 그러므로 내가 분을 참지 못해 이 글을 지어 무궁한 후인들에게 사람마다 다 깨달을 수 있기를 바라는 것이오. 이 때문에 비유를 취한 것이 비속하고 자질구레한 것이 많으며, 저들을 함부로 덤비지 못하게 하기 위해 글을 쓰는 데 분격함이 많았소. 그러나 이것을 보면 유교와 불교의 분변을 환히 알 수 있을 것이니, 비록 당장에는 행할 수 없다 하지만 그래도 후세에 전할 수 있으니 내 죽어도 편안하오."

내가 받아서 읽어보니 모두가 적절한 말씀이어서 싫증이 나지 않았다. 이에 탄식하여 말했다.

"양묵楊墨이 길을 막음에 맹자가 말로서 물리쳤는데, 불법이 중국에 들어오니 그 폐해가 양묵보다 심했다. 그러므로 선대의 유학자들이 이따금 그 그릇됨을 가려서 논박했으나 책을 지을 만한 사람이 없었다. 당나라의 한퇴지韓退之(한유) 같은 재주로도 장적張籍·황보식皇甫湜 같은 이들이 따라다니며 짓기를 청했으나 역시 감히 짓지를 못했다. 그러거늘 하물며 그 아랫사람들이랴? 이제 선생께서 이미 힘써 변론하여 지금의 세상을 교화했고, 또 글을 써서 후세에 전했으니, 도를 근심하는 생각이 이미 깊고도 넓었다. 사람들이 불교에 미혹되는 것이 사생설死生說보다 더한 것이 없는데, 선생이 스스로 불교를 물리침으로써 죽어도 편안하다고 했다. 이것은 사람들의 그 미혹됨을 버리게 하고자 함이니, 사람들에게 보이는 뜻이 또한 깊고도 간절하도다. 맹자는 이르기를 '삼성三聖의 계통을 잇는다'고 했는데, 선생은 또한 맹자를 계승한 분이로다. 장자張子(장재張載)의 이른바 '독립하여 두려워하지 않고, 정일精一하여 스스로 믿어 남보다 훨씬 뛰어난 재주가 있는 자'라고 한 것이 참으로 선생을 두고 이름이다. 내 참으로 공경하고 감복하여 배우고자 한다."

그러므로 일찍이 말한 것을 글로 써서 질정한다.

홍무洪武(명 태조의 연호) 31년(1398, 태조 7) 5월 보름에
양촌 권근이 서문을 쓰다.

불씨 윤회의 변佛氏輪廻之辨

사람과 만물[2]이 나고 나서 무궁한 것은 바로 천지의 조화가 운행하여 그치지 않기 때문이다. 원래 태극에 움직임과 고요함이 있어 음양이 생기고, 음양이 변하고 합하여 오행이 갖추어졌다. 이에 무극과 태극의 참된 원리와 음양오행의 정기가 미묘하게 합하여 형기를 이루어서 사람과 만물이 생겨나고 생겨난다. 이렇게 하여 이미 생겨난 것은 가면서 과거[過]가 되고 아직 나지 않은 것은 와서 계속[續]한다. 이 과와 속 사이에는 한 순간의 정지도 용납되지 아니한다.

부처의 말에 "사람은 죽어도 정신은 사라지지 않는다. 태어남에 따라서 다시 형체를 받는다"고 했다. 이에 윤회설輪廻說이 일어났다.

《주역周易》에 "시원으로 거슬러 올라가 그 마지막까지 반추해본다면 죽음과 삶의 이치를 알 수 있다"고 했다. 또 이르기를 "정과 기가 합해졌을 때는 만물이 되고 떨어질 때는 떠도는 혼이 되어 흩어져 변

[2] 사람을 제외한 모든 것이라는 의미를 내포하고 있으나 여기서는 편의상 만물로 번역했다.

화한다" 했다.

선유先儒는 이 글을 해석하여 말했다. "천지의 조화는 비록 나고 나서 다함이 없다. 그러나 모임이 있으면 반드시 흩어짐이 있고, 태어남이 있으면 반드시 죽음이 있다. 능히 그 시원을 거슬러 올라가면 그것이 모이면 태어남을 알고 그 후에 반드시 흩어져 죽는 것을 알 것이다. 태어남은 기의 변화로 스스로 그러함에서 얻어짐을 알 것이요, 애초에 정신이 태허太虛 가운데에 머물러 사는 것이 아님을 알아야 한다. 그렇다면 죽음이란 기와 더불어 함께 흩어져 다시 형상이 아득하고 광막한 속에 남는 것이 아님을 알 게 될 것이다."

또 말하기를 "정과 기가 합해졌을 때는 만물이 되고 떨어질 때는 떠도는 혼이 되어 흩어져 변화된다"고 했다. 이는 천지 음양의 기가 서로 합쳐져서 바로 사람과 만물을 이루었다가, 혼기魂氣는 하늘로 올라가고, 체백體魄은 땅으로 돌아가는데 이르러서는 바로 변화가 되는 것이다. '정과 기가 합해졌을 때는 물이 된다'는 것은 정과 기가 합하여 물이 되는 것이니, 정은 백이요, 기는 혼이다. '떨어질 때는 떠도는 혼이 되어 흩어져 변화된다'는 것은 변이란 바로 혼과 백이 서로 떨어져 흩어져 변하는 것이다. 이 변이란 변화의 변이 아니라 단단한 것이 썩고 있던 것이 없어져 다시는 만물이 없어지는 것이다.

하늘과 땅 사이는 마치 거대한 용광로와 같아, 비록 생물이라 할지라도 모두 다 녹여 없앤다. 어찌 이미 흩어진 것이 다시 합해지며 이미 간 것이 다시 올 수 있으랴?

이제 내 몸에서 징조를 경험해 본다면, 숨 한 번 내쉬고 들이쉬는 사이에 기가 한 번 들어갔다 나온다. 이것을 일식一息이라 한다. 여기서 숨을 내쉴 때 한 번 나와 버린 기가 숨을 들이쉴 때 다시 들어가는 것은 아니다. 그러므로 사람의 숨 쉬는 기운에서도 또한 나고 나서 무궁함과 가는 것은 지나가고 오는 것은 계속되는 이치를 볼 수가 있다.

또 밖으로 만물의 징조를 경험해 본다면, 모든 초목이 뿌리로부터 줄기와 가지와 잎 그리고 꽃과 열매에 이르기까지 한 기운이 관통한다. 봄·여름에는 그 기운이 불어나 잎과 꽃이 무성하게 되고, 가을·겨울에는 그 기운이 오그라들어 잎과 꽃이 쇠하여 떨어진다. 이듬해 봄·여름에는 또다시 무성하게 되는 것이다. 그러나 이미 떨어져 버린 잎이 본원本源으로 돌아갔다가 다시 살아나는 것은 아니다.

또 우물 속의 물을 보라. 아침마다 길어낸 물은 음식을 만드는 사람이 불로 끓여 없애고, 옷을 세탁하는 사람이 햇볕에 말려 없애니 자취도 없이 사라져 버린다. 하지만 우물의 샘 줄기에서는 계속하여 물이 솟아 다함이 없다. 이때 이미 길어간 물이 그 전에 있던 곳으로 돌아가 다시 나오는 것은 아니다. 온갖 곡식이 자라남도 마찬가지다. 봄에 10섬의 종자를 심었다가 가을에 1백 섬을 거두어들여 드디어는 1천 섬, 1만 섬에 이르니 그 이익이 몇 갑절이나 된다. 이것은 온갖 곡식도 또한 나고 나기 때문이다.

이제 불씨의 윤회설을 살펴보면, "혈기血氣가 있는 모든 것은 스스로 일정한 수數가 있어, 오고 오고 가고 가도 다시 더하거나 덜함이 없다"고 한다. 그렇다면 하늘과 땅이 만물을 창조하는 것이 도리어 저 농부가 이익을 내는 것만 같지 못하다. 또 혈기를 가진 생물이 인류로 태어나지 않으면 새나 짐승, 물고기나 자라, 곤충이 될 것이다. 그 수가 일정하여 이것이 늘어나면 저것은 반드시 줄어들고, 이것이 줄어들면 저것은 반드시 늘어난다. 일시에 다 함께 늘어날 수도 없고, 일시에 다 함께 줄어들 수도 없을 것이다.

그러나 이제 살펴보건대, 왕성한 세상을 만나면 인류도 늘어나고 새나 짐승, 물고기나 자라, 곤충도 함께 늘어나는가 하면, 쇠한 세상을 당해서는 인류도 줄어들고 새나 짐승, 물고기나 자라, 곤충도 또한 줄어든다. 이것은 사람과 만물이 모두 천지의 기로써 생기는 까닭이다. 기가 성하면 일시에 늘어나고 기가 쇠하면 일시에 줄어듦이 분명하다.

그러므로 나는 불씨의 윤회설이 너무나도 세상을 현혹하는 것에 분개한다. 깊게는 천지의 조화에 근본하고, 밝게는 사람과 만물의 생성에 징험하여 이와 같은 설을 얻었다. 나와 뜻이 같은 사람은 함께 통찰해주기를 바란다.

어떤 사람이 내게 물었다.

"자네는 선유의 설을 인용하여 《주역》에 있는 '떠도는 혼이 되어 흩어져 변화된다' 는 말을 해석하여 말하기를 '혼과 백은 서로 떨어져 혼기는 하늘로 올라가고 체백은 땅으로 내려간다' 고 했다. 이것은 사람이 죽으면 혼과 백이 각각 하늘과 땅으로 돌아간다는 말이다. 그것은 불씨가 말한 '사람은 죽어도 정신은 사라지지 않는다' 는 것이 아니냐?"

내가 대답하겠다.

"예로부터 사계절의 불은 모두 나무에서 취했다. 이것은 원래 나무 가운데에 불이 있으므로 나무를 뜨겁게 하면 불이 생기는 것이다. 그것은 원래 백 가운데에 혼이 있어 백을 따뜻이 하면 혼이 되는 것과 같다. 그러므로 '나무를 비비면 불이 나온다' 는 말이 있고 또 '형이 생겨나면 정신이 드러나 알게 된다'는 말도 있다. 여기서 형은 백이요 신은 혼이다. 불이 나무를 인연하여 존재하는 것은 혼과 백이 합하여 사는 것과 같다. 불이 다 꺼지면 연기는 하늘로 올라가고 재는 떨어져 땅으로 돌아가게 된다. 이는 사람이 죽으면 혼기는 하늘로 올라가고 체백은 땅으로 내려가는 것과 같다. 불의 연기는 곧 사람의 혼기이며 불의 재는 곧 사람의 체백이다. 또 화기火氣가 꺼져 버리게 되면 연기와 재가 다시 합하여 불이 될 수는 없다. 사람이 죽은 후에 혼기와 체백이 또다시 합하여 생물이 될 수 없다는 이치는 또한 명백하지 않은가?'

불씨 인과의 변佛氏因果之辨

어떤 사람이 말했다.

"당신이 불씨의 윤회설에 대해 비판한 것은 지당하네. 하지만 자네의 말에 '사람과 만물이 모두 음양오행의 기를 얻어서 태어났다'고 했네. 그런데 사람은 지혜롭고 어리석고, 어질고 어질지 못하고, 가난하고 부유하고, 귀하고 천하고, 오래살고 일찍 죽는 등 같지 않네. 만물은 어떤 것은 사람에게 길들여져 실컷 부림을 받다가 죽음을 감수하기도 하고, 어떤 것은 그물이나 낚시나 주살의 해를 입기도 하고, 크고 작고 강하고 약한 것들이 서로 잡아먹기도 한다네. 하늘이 만물을 낳음에 하나하나 부여해 준 것이 어찌 이렇게도 치우쳐 고르지 못하단 말인가? 이렇게 보면 석씨의 이른바 '살아 있을 때 선악을 지은 바에 따라 모두 보응報應이 있다'는 것이 과연 그렇지 아니한가? 또 살아 있을 때 지은 착한 일과 악한 일은 인因이라 하고, 훗날에 보응을 과果라고 했네. 이 설이 또한 근거 있는 이야기가 아닌가?"

나는 이에 대답했다.

"사람과 만물이 생생生生하는 이치를 앞에서 모두 변론했다. 이를 이해한다면 윤회설은 저절로 변명辨明될 것이요, 윤회설이 변명되면 인과설因果說은 변명하지 않아도 자명自明해진다. 그러나 이미 질문이 나왔으니 내 어찌 근본적으로 다시 말하지 않으랴?

이른바 음양오행이란 교차하면서 운행되며, 들쭉날쭉하여 가지런하지도 않다. 그러므로 그 기는 통하고 막히고, 치우치고 바르고, 맑고 탁하고, 두껍고 얇으며, 높고 낮고, 길고 짧은 차이가 있다. 그리하여 사람과 만물이 생겨날 때에 마침 그때를 만나 바르고 통하면 사람이 되고, 치우치고 막히면 만물이 된다. 사람과 만물의 귀하고 천함이 여기에서 나눠진다.

또 사람에게 있어서도 그 기氣가 맑으면 지혜롭고 어지나 흐리면 어리석고 어질지 못하며, 두꺼우면 부자가 되나 얇으면 가난하고, 높으면 귀하게 되나 낮으면 천하게 되고, 길면 장수하게 되나 짧으면 요절하게 되는 법이다. 이것이 대략이다.

만물에 있어서도 그러하다. 기린·용·봉황의 신령함이나 호랑이·이리·독사의 독살스러움이나 참죽나무·계수나무·지초·난초의 상서로움이나 오훼烏喙·씀바귀의 쓰디 쓴 것은 모두 치우치고 막힌 가운데에서도 또한 좋고 나쁨의 차이에 따라 구별된다. 그러나 이 모두가 어떤 의도가 있어서 그렇게 되는 것은 아니다.《주역周易》에 이르기를 '건도乾道가 변하여 각각 성性과 명命을 정定한다'고 했다. 선유가 말한 '천도天道는 무심히 만물을 두루 덮는다'는 것이 바로 이것이다.

오늘날의 의술이나 점술은 조그마한 술수에 불과하다. 하지만 점치는 사람은 타인의 복이나 화를 정하는 데 반드시 오행의 쇠퇴하고 왕성함을 근본으로 하여 헤아려야 한다. '어떤 사람이 목의 운명이면 봄에는 왕성하지만 가을에는 쇠하며, 그 용모는 푸르고 길며, 그 마음씨는 자비롭고 어질다' 하고 '어떤 사람이 금의 운명이면 가을에는 길하나 여름에는 흉하며 그 용모는 희고 네모나며, 그 마음씨는 강강剛하고 밝다' 고 말하기까지 한다. 때로는 수명水命이나 화명火命을 지닌 사람도 모두 그러하지 않는 것이 없다. 용모의 추함과 비루함, 어리석음과 사나움이 모두 품부한 오행의 치우침에 근원하게 된다.

또 의사가 사람의 병을 진찰할 때에도 반드시 오행이 서로 감응感應하는 것을 근본으로 해서 헤아려야 한다. '어떤 사람의 병은 한증이니 신장의 수기가 문제이다' 하고 '아무개의 병은 온증이니 심장의 화기의 증세' 라 말하는데, 이것이 바로 그런 종류의 것이다. 따라서 약을 쓸 때에도 그 약 성질의 온·양·한·열과 그 맛의 산·함·감·고를 음양오행으로 나누어 조제하면 부합되지 않는 것이 없다. 이는 우리 유가의 설이며, '사람과 만물은 음양오행의 기를 얻어서 태어났다' 는 것이 명백히 증험되는 것이니 의심할 여지가 없는 것이다.

과연 불씨佛氏의 설처럼 사람의 화복과 질병이 음양오행과 관계없이 모두 인과의 보응에서 나온다면, 어찌하여 우리 유가의 음양오행을 버리고 불씨의 인과보응설로서 사람의 화복을 정하고 사람의 질병을 진료하는 사람이 한 사람도 없는가? 불씨의 설이 황당하고 오류투성이어서 믿을 수 없음이 이와 같거늘, 그대는 아직도 그 설에 미혹되어 있는가?"

이제 지극히 절실하고도 보기 쉬운 비유를 들어보자. 술은 누룩과 얼의 많고 적음과 항아리의 덜 구워지고 잘 구워짐, 날씨의 차고 더움, 숙성기간의 길고 짧음이 서로 적당히 어울리면 그 맛이 매우 좋게 된다. 그러나 만일 얼이 많으면 맛이 달고, 누룩이 많으면 맛이 쓰고, 물이 많으면 맛이 싱겁다. 물과 누룩과 얼이 모두 적당하게 들어갔다 할지라도 항아리의 덜 구워짐과 잘 구워짐, 또는 날씨의 차고 더움, 기간의 길고 짧음이 서로 어긋나 합해지지 않으면 술맛이 변하게 된다. 그리고 그 맛의 진함과 옅음에 따라 상품과 하품으로 쓰임이 다르게 된다. 지게미 같은 것은 더러운 땅에 버려져 발길에 채이고 밟히게도 된다. 그러므로 술이 맛있고 맛없고, 상품도 되고 하품도 되고, 쓰이기도 하고 버려지기도 하는 것은 모두가 다 일시적으로 마침 그렇게 되어서 그럴 뿐이지, 술을 만드는 데에도 역시 인과의 보응이 있어서 그렇다고 하겠는가? 이 비유는 비록 속되고 천박하지만 극히 명백하여 두말할 필요도 없는 것이다. 이른바 음양오행의 기는 서로 밀고 엇바뀌어 운행되어서 서로 드나들어 가지런하지 않다. 그러므로 사람과 만물도 갖가지로 변하여 태어나는 것이니, 그 이치가 또한 이와 같은 것이다.

성인聖人은 가르침을 베풀어 배우는 사람의 기질을 변화시켜 성현聖賢에 이르게 하거나, 나라를 다스리는 사람에게는 쇠망을 벗어나 편안하게 다스려지는 데로 나아가게 한다. 이는 성인이 음양의 기운을 돌이켜 천지의 만물을 생성하는 공에 참여하여 돕는 까닭이다. 어찌 불씨의 인과설이 그 가운데에 성행할 수 있겠는가?

불씨 심성의 변佛氏心性之辨

마음이란 사람이 하늘에서 받아서 태어난 기氣로서, 공허하고 고요하여 흔들리지 않고 신령하여 사물에 감통하여 어둡지 않아서 모르는 것이 없어서 한 몸의 주인이 되는 것이요, 본성이란 사람이 하늘에서 받아서 생겨난 이理로서, 순수하고 지극히 착하여 한 마음에 갖추어져 있는 것이다.

대개 마음에는 앎도 있고 행위도 있으나 본성은 앎도 없고 행위도 없다. 그러므로 "마음은 능히 본성을 다할 수 있으나 성은 마음을 잡도리하지 못한다"고 했다. 또 말하기를 "마음은 정情과 본성을 모두 통괄한다"고 하고, 또 "마음이란 신명의 집이요, 본성은 그 집에 갖추어진 이치이다"라는 말도 있다. 이것으로 볼 때 마음과 본성은 구분됨을 알 수 있다.

그런데 저 불씨는 마음을 본성으로 삼아 그 학설을 구하다가 되지 않으니까, 이윽고 말한다. "혼미하면 마음이요, 깨달으면 본성이다" 또 말하기를 "마음과 본성의 이름이 다른 것은 안眼과 목目의 명칭이 다른 것과 같다"고 했다. 《능엄경》에 "원묘하도다. 명심明心이여, 명묘明妙하도다 원성圓性이요"라고 했다.

[안] 《능엄경》에 "그대들은 본래의 신묘함을 잃어버렸구나. 원묘한 명심明心이요, 보배같은 밝은 묘성이지만, 깨달음을 잘못 인식해서 그 가운데에 미혹되었다. 마음이 묘함을 따라 밝음을 일으켜 원융하게 비추는 것이 거울의 광명과 같으니라. 그러므로 '원묘는 명심'이라 하고 본성은 그 자체가 곧 명묘한지라 엉기어 고요함이 마치 거울의 본체와 같으니라. 그러므로 '보명은 묘성'이라 한다"고 했다.

이는 명과 원을 나누어서 말한 것이다. 보조普照는 말하기를, "마음

밖에 부처가 없으며 본성 밖에 법이 없다"고 했다. 이는 또한 불과 법을 나누어 말한 것이다. 이는 통찰한 바가 있는 것처럼 보인다. 하지만 모두가 그럴듯한 상상으로 얻은 것일 뿐이고, 탁 트여 진실을 꿰뚫어 보는 견해는 없다. 그 설에 헛된 말이 많고 일정한 논도 없으니 그 실정을 알 수 있다.

우리 유가의 설에 "마음을 다하면 본성을 안다"고 했다. 이것은 마음을 근본으로 하여 이치를 궁구하는 것이다. 그런데 불씨의 설에서는 "마음을 보면 본성을 보나니 마음이 곧 본성이다"라고 했다. 이것은 따로 한 마음을 가지고 이 한 마음을 본다는 것이니 어찌 마음이 두 개이겠는가?

저들도 스스로 그 설의 궁함을 알았는지라 이에 "마음으로 마음을 본다는 것은 입으로 입을 씹는 것과 같다. 마땅히 보지 않는 것으로써 보아야 하느니라"고 둘러대었다. 이것은 또 무슨 소리인가?

또 우리 유가의 말에 "가슴의 한 치 사이가 텅비고 신령하여 어둡지 않아 모든 이치를 갖추어 만사에 응대한다"고 했다. 여기에서 '텅비고 신령하여 어둡지 않다'고 하는 것은 마음이요, '모든 이치를 갖추었다'고 하는 것은 본성이요, '만사에 응한다'고 하는 것은 정情이다. 오직 이 마음이 모든 이치를 갖추고 있다. 그러므로 사물의 오는 것에 응대하여 각각 그 마땅함을 얻지 못함이 없는 것이며, 사물의 마땅하고 마땅치 않은 것을 처리함에 있어 모든 사물이 다 나의 명령을 듣기 때문이다.

이것은 우리 유가의 학문이 안으로는 마음과 몸으로부터, 밖으로는 사물에 이르기까지 근원으로부터 끝에 이르기까지 하나로 관통되어 근원의 물이 만 갈래로 흘러도 물 아님이 없음과 같고, 눈금이 있는 저울을 가지고 천하의 만물의 경중을 저울질하면 그 물건의 경중이 저울대의 저울눈과 서로 맞는 것과 같다. 이것이 이른바 원래부터 끊어짐이 없다고 하는 것이다.

불씨는 "공적空寂한 영지는 인연을 따라 변하지 않는다"라고 했다.

[안] 불씨는 말한다. "참되고 깨끗한 마음이 인연을 따라 변하는 것은 상相이고 변하지 않는 것은 성性이다. 마치 하나의 순금이 크고 작은 그릇으로 되는 것은 인연을 따르는 상[隨緣相]이고, 순금 자체가 변하지 않는 것은 곧 성性이다." 말하자면 하나의 진정한 마음이 선악을 따라 더럽혀지거나 깨끗해지는 것은 곧 인연을 따르는 상이고, 본래의 진정한 마음이 변하지 않는 것은 성性이라는 것이다.

이른바 이란 그 가운데에 갖추어져 있지 않다. 그러므로 사물을 대함에 막힌 것은 끊어 버리고자 하고 트인 것은 순종하고자 하는데, 그 끊어 버리고자 하는 것이 원래 잘못이거니와 순종하고자 하는 것도 또한 잘못이다.

또 "인연을 따라 되는 대로 하고, 본성에 맡겨 자유롭게 한다"고 했다. 이는 그 사물의 하는 대로 따를 뿐이요, 다시 그 사물에 대한 시비를 절제하여 처리함이 없는 것이다. 이것은 그 마음은 하늘 위의 달과 같고, 그 마음의 응함은 천강의 달그림자와 같으니, 달은 참된 것이요, 그림자는 헛된 것이어서 그 사이에 연속됨이 없는 것이다. 마치 눈금이 없는 저울을 가지고 천하의 만물을 저울질하는 것과 같다. 그것이 가벼운가 무거운가 내려가는가 올라가는가는 오직 물건에 따를 뿐 자기가 행동하여 달수가 없는 것이다.

그러므로 "석씨는 허무이고 우리 유가는 실질이며, 석씨는 둘이고 우리 유가는 하나이며, 석씨는 끊어짐이 있고 우리 유가는 연속된다"고 하는 것이다. 배우는 자는 마땅히 명확하게 분별해야 할 것이다.

불씨의 작용이 성이라는 변佛氏作用是性之辨

내가 살펴보니 불씨의 설에는 작용을 성性이라고 한다. 방거사의 이른바 '먹을 물과 땔나무를 운반하는 것이 모두 오묘한 작용이 아닌 것이 없다' 한 것이 바로 그것이다.

[안] 방거사의 게송에 "날마다 하는 일 별 다름이 없으니 내 스스로가 할 일을 할뿐. 가지가지 취하지도 버리지도 않으니 어디서든 순탄하지 못할 게 없네. 신통에다 묘용을 아울러도 물 긷고 땔나무하는 것뿐일세" 했다.

대개 성이란 사람이 하늘에서 받아서 생겨난 이이고, 작용이란 사람이 하늘에서 받아서 생겨난 기이다. 기가 엉기어 모인 것이 형질形質이 되고 신기神氣가 된다. 그러므로 마음의 정상精爽이나 이목耳目의 총명함이나 손으로 잡음이나 발로 달림과 같은 모든 지각이나 운동을 하는 것은 모두 기이다. 그러므로 '형이 이미 생기면 정신이 앎을 일으키게 된다' 고 하나니, 사람에게 이미 형기形氣가 있으면 이가 그 형기 가운데에 갖추어진다. 마음에서는 인·의·예·지의 성과 측은·수오·사양·시비의 정이 되고, 머리 모양은 바르고, 눈 모양은 곧고, 입 모양은 다문 것이 되니, 이런 등속의 것은 모두가 당연한 법칙이라 바꿀 수 없는 것이니, 이것이 바로 이理다.

유강공劉康公은 말하기를 "사람이 천지의 중中을 받아 태어났으니 이른바 명命이다. 그러므로 동작과 위의에는 규칙을 두어 명을 정한다" 했다. 그가 말하는 '천지의 중' 이라고 한 것은 곧 이를 말함이요, '위의의 규칙' 이라고 한 것은 곧 이가 작용에 발현하는 것을 말한 것이다.

주자朱子도 말하기를 "만일 작용을 가지고 성이라고 한다면, 사람이 칼을 잡고 함부로 휘둘러 사람을 죽이는 것도 감히 성이라고 할 수 있겠느냐?"라고 했다. 또 이는 형이상形而上의 것이요, 기는 형이하形而下의 것이다. 그런데 불씨는 스스로 높고 신묘하여 더 높은 것이 없다고 하면서 도리어 형이하의 것을 가지고 말하니 가소로울 뿐이다.

배우는 사람은 모름지기 우리 유가의 이른바 '위의의 법칙'이라고 하는 것과, 불씨의 이른바 '작용이 성'이라고 하는 것을 놓고서, 안으로는 심신으로 체험해 보고 밖으로는 사물에 실제로 경험해 본다면 마땅히 스스로 얻는 바가 있으리라.

불씨 심적의 변佛氏心跡之辨

마음은 한 몸 가운데의 주가 되는 것이요, 적은 마음이 사물에 응접하여 나타난 것이다. 그러므로 '이 마음이 있으면 반드시 이 적이 있다'고 했으니 가히 둘로 나눌 수 없다.

대개 사단四端(인의예지신)이나 오전五典(오상)이나 모든 일과 모든 사물의 이는 혼연히 이 마음 가운데에 갖추어져 있는지라, 그 사물이 옴에 있어 변함이 한결같지 않으나 이 마음의 이理는 느낌에 따라 응하여 각각 마땅한 바가 있어 어지럽힐 수가 없는 것이다. 젖먹이가 우물로 기어들어 가는 것을 보면 세상 사람들이 모두 깜짝 놀라 어쩌나 하고 가엾이 여기는 마음을 가지기 마련이다. 이는 그 마음에 인의 본성이 있기 때문이다. 그러므로 그 젖먹이를 볼 때 가여움이 밖으로 드러나는 것인데 마음과 적이 과연 둘이겠는가? 부끄러워하는 마음[羞惡], 사양하는 마음[辭讓], 옳고 그름을 구분하는 마음[是非]은 모두 이와 마찬가지다.

다음으로 내 몸에 접하는 바에 비추어 보자. 아버지를 보면 효도를 생각하고, 아들을 보면 사랑을 생각하고, 임금을 섬김에는 충성으로 하고, 신하를 부림에는 예로써 하고, 벗을 사귐에는 믿음으로 하는 것, 이런 것은 누가 그렇게 시켜서 하는 것일까? 그 마음에는 인의예지仁義禮智의 본성이 있기 때문에 밖으로 드러나는 것이 또한 이와 같다. 이른바 본체와 작용이 한 근원이요 뚜렷이 나타나는 것과 희미한 것이 사이가 없다고 하는 것이다.

그런데 저들의 학문은 그 마음을 취하나 그 적을 취하지 않는다. 이에 말하기를 "문수보살이 술집에서 놀았는데, 그 행적은 비록 그르나 그 마음은 옳다"고 하는 등 이런 종류가 매우 많다. 이는 마음과 행적을 판이하게 본 것이 아닌가?

정자程子는 말하기를 "불씨의 학문에는 경으로 안을 곧게 함[敬以直內]은 있으나, 의로써 밖을 방정케 함[義以方外]은 있지 않다. 그러므로 막혀서 두루 융통하지 못한 자는 형편없는 데로 들어가고, 소통한 자는 방자한 데로 돌아간다. 이것은 불씨의 가르침이 좁은 까닭이다"라고 했다. 그러나 의로써 밖을 방정하게 함이 없으면 그 안을 곧게 한다는 것도 결국은 옳지 않은 것이다.

왕통王通이란 사람은 유학자이면서도 또한 말하기를 "마음과 적은 판이한 것이다"라 했으니 불씨의 설에 미혹된 무지한 자다. 그러므로 여기에 아울러 언급해 둔다.

불씨가 도와 기에 어두운 데 관한 변佛氏昧於道器之辨

도란 이이니 형이상의 것이요, 기란 만물이니 형이하의 것이다. 대개 도의 근원은 하늘에서 나와서 모든 만물마다 있지 않음이 없고, 어느 때나 그러하지 않음이 없다. 즉 심신에는 심신의 도가 있어서 가까이는 부자·군신·부부·장유·붕우에서부터 멀리는 천지만물에 이르기까지 각각 그 도가 있지 않음이 없다. 사람이 하늘과 땅 사이에 있어서 하루도 그 만물을 떠나서는 독립할 수가 없다. 이런 까닭에 내가 모든 일을 처리하고 만물을 접촉함에 또한 마땅히 그 각각의 도를 다하여 혹시라도 그르치는 바가 있어서는 안 되는 것이다. 이것은 우리 유가의 학문이 내 마음과 몸으로부터 사람과 만물에 이르기까지 그 본성을 다하여 통하지 않음이 없는 까닭이다.

대개 도란 비록 기器에 섞이지 않으나 또한 기에서 떠나 있지도 않은 것이다. 그런데 저 불씨는 도에는 비록 얻은 바가 없으나, 그 마음을 쓰고 힘을 쌓은 지 오랜 까닭에 비슷하게 본 곳이 있는 것 같다. 그러나 그것은 대통으로 하늘을 본 것과 같은 것이라, 한결같이 한갓 위로만 올라갈 뿐이요 사통팔달할 수가 없어서 그 본 바가 반드시 한쪽의 치우친 데로 빠진다.

불씨는 도가 기와 섞이지 않음을 보고는, 도와 기를 나누어 둘이라고 했다. 이에 말하기를 "무릇 상相이 있는 것은 모두 다 허망하다. 만일 모든 상을 상 아닌 것으로 본다면 곧 여래如來를 볼 것이다"고 했다.

[안] 이 문장은 《반야경般若經》에서 나왔으니 "눈앞에는 법이 없으니, 눈에 부딪히는 것은 모두가 그러하다. 오직 이와 같은 것을 안다면 곧 여래를 보는 것이다"라는 말이다.

반드시 모든 존재[有]를 벗어나려고 하다가 공적空寂에 떨어지는가

하면, 그 도가 기에서 떠나지 않음을 보고는 기를 가지고 도라 했다. 이것을 말하기를 "선과 악이 모두 마음에 달렸고, 만법은 오직 의식에서 나온다. 그러므로 일체에 따르되 하는 일이 다 자연 그대로이기도 하고, 그와 반대로 미쳐 날뛰고 하고 싶은 대로 하여 온갖 짓을 못할 것이 없기도 하다"고 한다.

[안] "선한 마음이 생기면 일체에 따르되 하는 일이 다 자연 그대로에 맞고, 악한 마음이 생기면 미쳐 날뛰고 하고 싶은 대로 하여 못할 짓이 없다. 이처럼 마음이 지닌 것이 곧 의식의 행위이다. 그러므로 선이나 악이나 마음이 아니면 의식이 없고 의식이 없으면 마음도 없다. 마음과 의식이 상대되어 선과 악이 생기기도 하고 없어지기도 한다"는 것이다.

이것은 정자程子가 이른바 "막혀서 두루 융통하지 못한 자는 형편없는 데로 들어가고, 소통한 자는 방자한 데로 돌아간다"고 하는 것이다. 그러니 그들이 도라고 하는 것은 마음을 가리켜 말하는 것이다. 하지만 이는 도리어 형이하인 기에 떨어지면서도 스스로 알지 못하는 것이니 애석한 일이기도 하다.

불씨가 인륜을 버림에 관한 변佛氏毁棄人倫之辨

명도선생이 말했다. "도 밖에 사물이 없고 사물 밖에 도가 없다. 이 것은 하늘과 땅 사이에 어디를 가나 도가 아님이 없다는 것이다. 부자에게는 부자의 친함이 있고, 군신에게는 군신의 엄격함이 있고, 부부와 장유와 붕우에 이르러서도 각각 도가 있다. 이는 그것이 잠시도 떠날 수 없는 것이기 때문이다. 그러므로 그들이 인륜을 허물어뜨리고 사대를 버렸으니 그것이 도에서 구분되어 멀어졌다고 하겠다."

[안] 사대四大는 느낌[受]·생각[想]·지어감[行]·의식[識]이다.

또 이르기를 "말과 행위가 두루 하지 않음이 없지만 실제로는 윤리에 벗어나 있다"고 했으니, 선생의 말이 극진하도다.

불씨 자비의 변佛氏慈悲之辨

하늘과 땅이 사물을 생성하는 것으로써 마음을 삼았는데, 사람은 이 천지가 사물을 생하는 마음을 얻어서 세상에 태어났다. 그러므로 사람은 모두가 차마 하지 못하는 마음이 있다. 이것이 바로 이른바 인仁이다. 불씨는 비록 오랑캐이지만 역시 사람의 종류임에는 틀림이 없으니, 어찌 홀로 이러한 마음이 없으리오?

우리 유가의 이른바 측은은 불씨의 이른바 자비이니 모두가 인의 작용이다. 그런데 그 말을 내세움은 비록 같으나 그 시행하는 방법은 서로 크게 다르다.

대개 육친肉親은 나와 더불어 기가 같은 것이고, 타인은 나와 더불어 동류이고, 만물은 나와 더불어 생生이 같은 것이다. 그러므로 어진 마음을 베풂은 육친에서부터 타인, 만물에까지 미쳐서, 흐르는 물이 첫 번째 웅덩이에 가득 찬 후에 두 번째와 세 번째의 웅덩이로 흘러가는 것과 같다. 그 근본이 깊으면 그 미치는 바도 먼 것이다.

온 천하의 만물이 모두 나의 인애仁愛 속에 있다. 그렇기 때문에 "친한 이를 친하게 한 후에 백성에게 어질게 하고, 백성에게 어질게 한 후에 만물을 사랑한다"고 했다. 이것이 유학자의 도는 하나이고 실질적이며 연속된다는 까닭이다.

불씨는 그렇지 않다. 그는 만물에 대해서는 표독한 승냥이나 호랑이 같은 것에나 미세한 모기 같은 것에도 자기 몸을 뜯어 먹혀가면서 아깝게 여기려 하지 않는다. 그런가 하면 사람에 대해서는 월나라 사람이냐 진나라 사람이냐를 가리지 않고, 배고픈 자에게는 밥을 먹이려 들고, 추위에 떠는 자에게는 옷을 입히려 든다. 이른바 보시布施라는 것이다. 그런데 부모 자식과 같은 지극히 가까운 사이에 대해서나 군신君臣과 같은 지극히 공경해야 할 데에 대해서는 반드시 끊어 버리려 든다. 이는 무슨 뜻인가?

또 사람이 스스로 신중을 기하는 것은 부모나 처자가 있어서 그것에 배려하기 때문이다. 그런데 불씨는 인륜을 임시적으로 모인 것[假合]이라 하여, 아들은 그 아버지를 아버지로 여기지 않고, 신하는 그 임금을 임금으로 여기지 않는다. 그래서 은혜와 의리義理가 쇠퇴하고 각박한지라 자기의 지극히 가까운 친족 보기를 길 가는 사람같이 하고, 공경해야 할 어른 대하기를 어린아이 대하듯이 한다. 이는 먼저 그 근원을 잃어버린 것이다.

그러므로 사람과 만물에 미치는 것이 뿌리 없는 나무나 원류 없는 물이 쉽게 말라버리는 것과 같아서 끝내 사람을 유익하게 하고 만물을 구제하는 효과가 없다. 그런데도 칼을 빼어 뱀을 죽이는 데는 조금도 애석함이 없는가 하면, 지옥설은 참혹하기 그지없으니, 도리어 은혜라고는 적은 사람이 된다. 앞서 이른바 자비란 과연 어디에 있단 말인가?

게다가 이 마음의 천리天理는 끝내 어둡게 할 수 없는 것이다. 그러므로 지극히 어리석고 몽매한 사람일지라도 한번 부모를 보면 효도하고 사랑하는 마음이 뭉게뭉게 생겨나는 것인데, 어찌 돌이켜 구하지 않고 이에 말하기를 "전생의 많은 습기習氣를 다 제거하지 못했기 때문에 애착의 뿌리가 아직 남아 있다"라고 했다. 미혹에 집착되어 깨닫지 못함이 이보다 더할 수 없다. 불씨의 가르침에는 의義가 없고 이理가 없는 까닭으로 유교에서 용납하지 않는 것이 바로 이런 까닭이다.

불씨 진가의 변佛氏眞假之辨

불씨는 마음과 본성을 참되고 항상한 것이라 하고 천지만물은 임시로 모인 것이라 했다. 그의 말에 이르기를, "일체 중생과 갖가지의 환화幻化가 모두 여래의 원각묘심圓覺妙心에서 나왔다. 그것은 마치 허공에 나타나는 꽃[空華]이나 물에 비친 달과 같다"고 했다.

[안] 이 문단은 《원각경圓覺經》에서 나온 말이다. "중생들의 업식業識으로서는 자기 몸속에 바로 여래의 원각묘심이 있는 줄을 모른다. 만일 지혜로써 작용에 비춘다면 법계法界의 진실성이 없는 것은 허공에 나타나는 꽃과 같고, 중생들의 허망한 모양은 물에 비친 달과 같은 것이다. 그러므로 묘심妙心은 본래의 달이고 물에 비친 달은 달의 그림자인 것이다"라고 되어 있다.

또 말하기를 "공空이 큰 깨달음 가운데에서 생겨나는 것은 바다에 물거품이 하나 일어나는 것과 같아서 번뇌와 미세한 티끌로 이루어진 나라[微塵國]는 모두 공에 의하여 세워진 것이다"라고 했다.

[안] 이 글은 《능엄경》에서 나왔다. "대각해大覺海 가운데는 본래 공空도 유有도 없는 것인데, 미혹迷惑의 바람이 고동鼓動하면 공의 물거품이 망령되이 발하여 모든 유有가 생겨나고 미혹의 바람이 자게 되면 공의 물거품도 없어지기 마련이다. 그러므로 거기에 의지해 생기는 모든 유는 다 유가 될 수 없는 것이다. 공의 대각이 원융圓融해야만 다시 원묘元妙로 돌아간다"라고 되어 있다.

불씨의 말에 그 폐해가 많다. 하지만 인륜을 끊어버리고도 조금도 어렵게 여기거나 거리낌이 없는 것이 이 병의 근원이니, 부득이 침과 약으로 고치지 않을 수 없다.

대개 천지만물이 있기 전에 마침내 태극太極이 먼저 있어, 천지 만물의 이치는 그 가운데에 이미 결점이 없이 갖추어졌다. 그렇기 때문에 "태극이 양의兩儀를 낳고 양의가 사상四象을 낳는다"고 했다. 천만가지 변화가 모두 이로부터 나온다. 그것은 마치 물에 근원이 있어 만 갈래로 흘러나감과 같고, 나무에 뿌리가 있어 가지와 잎이 무성해지는 것과 같다. 이것은 사람의 지혜와 힘으로 할 수도 없는 것이요, 또한 사람의 지혜와 힘으로 막을 수도 없는 것이다.

그러나 이것은 초학자와 더불어 이야기하기가 참으로 어려운 일이니, 모든 사람이 쉽게 볼 수 있는 것부터 말하겠다. 불씨가 죽은 지 이미 수천 년이 지났다. 하지만 하늘이 위를 높이 덮은 것이 이처럼 확실하고, 땅이 아래에서 가득한 것이 이같이 뚜렷하다. 사람과 만물이 그 사이에서 태어남이 이같이 찬란하며, 해와 달과 추위와 더위가 가고 옴이 이같이 정연하다. 따라서 천체는 지극히 크나, 그 주위의 운행하는 횟수나 일월성신의 거꾸로 가고 바로 가고 빨리 가고 느리게 가는 운행은 비록 비바람 불고 어두운 저녁에도 능히 8척 몇 촌寸의 혼천의에 벗어날 수 없다. 햇수의 쌓임이 몇 억 년에 이르러도 24절기는 고루 나누어졌고, 달이 초하루와 보름을 이루다가 남은 일수가 있으면 곱하고 나누어서 윤달, 윤년으로 하여 털끝같이 미세한 차도 허용하지 않았다. 맹자孟子가 "하늘이 높고 별이 멀리 있어도, 진실로 그 까닭을 구한다면 천년 후의 동지冬至도 앉아서 알 수 있다"고 한 것이 바로 이것이다. 이것은 또 누가 시켜서 그런 것인가? 반드시 실제의 이치가 있어 그렇게 되도록 주장한 것이다.

또 가假란 잠시에 불과한 것으로 천만 년 오래 갈 수는 없는 것이며, 환幻이란 한 사람을 속일 수 있어도 천만 사람을 믿게 할 수는 없는 것이다. 천지가 항상하여 변하지 않고 만물이 항상 생성하는 것을 가라고 하고 환이라고 하니, 도대체 무슨 말인가?

어찌 불씨는 사물의 이치를 연구하는 학문이 없어 그 설을 구해도 얻지 못함인가? 아니면 그 마음이 좁아 천지의 큼이나 만물의 많음을 그 안에 용납하지 못함인가? 그것도 아니면 마음을 지키는 핵심적인 가르침만을 좋아하고 궁리의 번거로움이나 온갖 변화에 대응하는 수고로움을 싫어함인가?

장자張子가 "밝은 것은 다 속일 수 없다" 했다. 그러거늘 천지일월을 거짓된 환상이라 하니, 불씨가 그런 병통을 받은 것이 반드시 유래가 있어서다. 요컨대 그 보는 바가 가려져 있으므로 그 말하는 바의 편벽됨이 이와 같은 것이다.

아아, 애석한 일이기도 하다. 내 어찌 시끄럽게 떠들며 말을 많이 하기를 좋아하겠는가. 하지만 내가 말을 그치지 못하는 것은 바로 저들의 마음이 너무 미혹되고 몽매한 것이 불쌍하기 때문이요, 우리의 도가 쇠하고 무너질까 근심스럽기 때문일 따름이다.

불씨 지옥의 변佛氏地獄之辨

선대의 유학자가 불씨의 지옥설을 비판했다.

"세상 사람들이 승려들의 속이고 꾀는 말을 믿어, 상사喪事가 있으면 모든 사람이 부처에게 공양하고 승려에게 밥을 주면서 말하기를, '죽은 자를 위하여 죄를 없애고 복을 받아 천당에 태어나서 쾌락을 누리도록 하는 것인 만큼, 만약 부처에게 공양하지 않고 승려에게 밥을 주지 않는 자라면 반드시 지옥에 떨어져 온몸이 썰리고 태워지고 찌이고 갈리는 갖가지의 고초를 받는다'고 한다. 죽은 자의 형체가 썩어 없어지고 정신 또한 흩어져 버려, 비록 썰리고 태워지고 찌이고 갈리고 해도, 손댈 곳이 없는 줄을 전연 모르기 때문이다. 또 불법이 중국에 들어오기 전에도 사람이 죽었다가 다시 살아난 사람들이 있었다. 그런데도 어째서 한 사람도 지옥에 잘못 들어가 소위 시왕十王이란 것을 본 자가 없단 말인가? 그 지옥이란 없기도 하거니와 믿을 수 없음이 명백하다."

어떤 사람은 말하기를 "석씨의 지옥설은 다 낮은 근기의 사람들을 위해 이렇게 겁나는 지옥설을 만들어 착한 일을 하게 할 뿐이다"라고 한다.

정자程子는 이에 이르기를 "지극한 정성이 천지를 관통해도 오히려 사람이 감화되지 못하는데, 어찌 거짓된 가르침에 사람이 감화될 수 있겠느냐?" 했다.

옛날에 어떤 승려가 나에게 묻기를 "만일 지옥이 없다면 사람이 무엇이 두려워 악한 짓을 안 하겠느냐?" 하기에, 내가 대답했다. "군자가 선을 좋아하고 악을 미워함은 마치 좋은 색을 좋아하고 나쁜 냄새를 싫어함과 같아 모두 마음속에서 우러나오는 것이지 무엇을 위해서 하는 것은 아니다. 한번이라도 악명이 있게 되면 그 마음에 부끄러워하기를 마치 시장에서 종아리를 맞은 듯이 여긴다. 어찌 지옥설 때문에 악한 짓을 하지 않는다고 하겠느냐?"라고 하니, 그 승려는 아무 말도 못했다. 여기에 이 사실을 아울러 써서, 그 설에 미혹되는 세상 사람들이 분변할 줄을 알도록 하고자 한다.

불씨 화복의 변佛氏禍福之辨

하늘의 도는 선한 이에게 복을 주고 악한 이에게 화를 주며, 사람의 도는 선한 이에게 상을 주고 악한 이에게 벌을 준다. 대개 사람에게는 마음가짐에 사특함과 바름이 있고, 행동에 옳고 그름이 있어서, 화와 복이 각각 그 부류에 따라 응하는 것이다. 《시경詩經》에는 "복을 구하되 삿되게 하지 않는다"라고 했다. 공자孔子는 "하늘에 죄를 받으면 빌 곳이 없다" 했다. 대개 군자는 화복에 대해 자기 마음을 바르게 하고 자기 몸을 닦을 뿐이다. 하지만 복은 구태여 구하지 않아도 저절로 이르고 화는 구태여 피하지 않아도 저절로 멀어지는 것이다.

그러므로 말하기를 "군자는 종신토록 할 근심은 있어도 하루아침의 근심은 없다"고 한다. 화가 밖으로부터 닥쳐오더라도 순순히 그것을 받을 뿐이다. 추위나 더위가 지나가는 것처럼 나 자신은 그것에 관여하지 않는다.

그러나 저 불씨는 사람의 삿됨과 올바름, 옳음과 그름은 논하지 않고 이에 말하기를 "우리 부처에게로 오는 자는 화를 면하고 복을 얻을 수 있다"고 한다. 이것은 비록 열 가지의 큰 죄악을 지은 사람일지라도 부처에게 귀의하면 화를 면하게 되고, 아무리 도가 높은 선비일지라도 부처에게 귀의하지 않으면 화를 면할 수 없다는 말이다. 가령 그 말이 거짓이 아니라 할지라도 모두 사심私心에서 나온 것이요, 공도公

道가 아니니 징계해야 할 것이다.

하물며 불설佛說이 일이난 후 오늘에 이르는 수천 년 동안에 부처 섬기기를 매우 독실하게 한 양의 무제武帝나 당의 헌종憲宗과 같은 이도 모두 화를 면하지 못했다. 한퇴지韓退之가 이른바 "부처 섬기기를 더욱 근실하게 할수록 연대年代는 더욱 단축되었다"라고 한 그 설이 또한 깊고도 간절하고 뚜렷이 분명하지 않은가?

불씨 걸식의 변佛氏乞食之辨

사람에게 먹는다는 것은 큰일이다. 하루라도 먹지 않을 수 없지만, 그렇다고 해서 하루라도 구차하게 먹을 수는 없는 것이다. 먹지 않으면 목숨을 해칠 것이요, 구차스럽게 먹으면 의리를 해칠 것이다. 그러므로 세상의 홍범洪範의 여덟 가지 정치[八政]에 먹을 것과 쓸 것을 앞에 두었다. 백성에게 오교五敎(부자·군신·부부·장유·붕우의 가르침)를 중하게 하되 먹는 것을 처음에 두었다. 자공子貢이 정사에 관해 물으니 공자孔子도 대답하기를 "먹을 것부터 충족하게 하라" 했다.

이는 옛 성인들도 백성이 살아가는 데는 하루도 먹지 않을 수 없음을 잘 알았던 까닭이다. 그러므로 모두 이에 온 힘을 쏟아 농사를 장려하는가 하면 공물과 세금 내는 제도를 두어 군사와 국가의 용도에 충당하게 하고, 제사와 손님 접대에 공급하게 하고, 홀아비나 과부나 자식 없는 노인이나 고아를 먹여 살리게 함으로써 가난과 배고픔의 탄식이 없게 했다. 이것을 볼 때 성인이 백성을 염려하심이 원대했던 것이다.

위로 천자와 공경대부는 백성을 다스림으로써 먹고, 아래로 농부·공장·상인들은 힘써 일함으로써 먹고, 그 중간인 선비는 집 안에서 효도하고 집 밖에서 공경하여 선왕의 도를 지켜 후학을 가르침으로써 먹고 살았다. 이는 옛 성인들이 하루도 구차스럽게 먹고 살 수 없음을 알았기 때문이다. 위로부터 아래에 이르기까지 각각 그 직분이 있어 하늘의 양육을 받았으니 백성의 범죄를 방지함이 지극했기 때문이다. 이 반열에 속하지 않은 자는 간사한 백성이라 하여 왕법으로 반드시 죽이고 용서하지 않았다.

그런데 《금강경金剛經》에는 "어느 때 세존世尊께서는 식사 때가 되어 가사를 입고 발우를 가지고 사위성舍衛城에 들어가 그 성에서 걸식을 했다"라고 했다.

[안] 사위는 파사국波斯國[3] 이름이다.

대저 석가모니라는 사람은 남녀가 같은 방에서 사는 것을 옳지 않다고 했다. 그래서 인륜을 벗어나 출가하고, 농사일을 버리고, 나고 나는[生生] 근본을 끊어 버리고는 그런 도로써 천하를 바꾸려고 하고 있다. 그러나 참으로 그의 도와 같이 된다면 천하에는 사람이 없어질 것이니 과연 빌어먹을 사람인들 있겠는가? 또 천하의 음식이 없어질 것인데 빌어먹을 음식인들 있겠는가?

석가모니라는 사람은 서역 왕의 아들로, 그의 아버지의 지위를 옳지 않다고 하여 받지 않았으니, 백성을 다스릴 자는 아니다. 남자가 밭가는 것이나 여자가 베 짜는 것을 옳지 않다고 하여 버렸으니, 어찌

---

[3] 인도 북부의 교살라국이다.

힘써 일함이 있었겠는가? 부자도 없고, 군신도 부부도 없으며, 이 또한 선왕先王의 도를 지키는 사람도 아니다.

이런 사람은 하루에 쌀 한 톨을 먹을지라도 모두 구차하게 먹는 것이다. 진실로 그 도와 같이 하려면 지렁이처럼 아예 먹지 않은 뒤에라야 가능할 것이니, 어찌 빌어서 먹는단 말인가? 더구나 자기 힘으로 벌어서 먹는 것을 옳지 않다고 하니 그렇다면 빌어먹는 것은 옳단 말인가?

불씨의 의도 없고 이도 없는 말들이 책만 펴면 이내 보이기 때문에 여기에 논하여 비판하는 바다.

불씨가 처음에는 걸식하면서 먹고 살 뿐이었다. 군자는 이것을 의로써 책망하여 조금도 용납함이 없었다. 그런데도 오늘날 저들이 화려한 전당殿堂과 큰 집에 사치스러운 옷과 좋은 음식으로 편안히 앉아서 향락하기를 왕자를 받듦과 같이 하고, 넓은 전원과 많은 노복을 두어 문서가 구름처럼 많아 공문서를 능가하고, 분주하게 공급하기는 공무보다도 엄하게 했다. 그의 도에 이른바 번뇌를 끊고 세간에서 떠나 청정하고 욕심이 없다는 것은 도대체 어디에 있다는 말인가? 오로지 가만히 앉아서 옷과 음식을 소비할 따름이며, 좋은 불사佛事라고 거짓으로 의탁하고 갖가지 공양으로 음식이 널려 있고 비단을 찢어 당과 번으로 장엄하게 꾸민다. 이것은 대개 평민 열 집의 재산을 하루 아침에 소비하는 것이다.

아아! 의리를 저버려 이미 인륜의 해충이 되었고, 하늘이 내어주신 물건을 함부로 쓰고 아까운 줄을 모르니 이는 실로 천지에 큰 좀벌레로다.

장자張子가 말하기를 "위로는 예禮로써 그 거짓을 막을 만한 이가 없고, 아래로는 학문으로써 그 폐단을 머물게 해줄 만한 이가 없다. 그러니 혼자라도 두려워하지 않고 정미하고 한결같이 스스로를 믿고, 남보다 뛰어난 재주 있는 이가 아니고서야 어찌 그 사이에 바로 서서 그와 더불어 옳고 그름을 비교하고 득실을 따질 수 있으랴?" 했다. 아아! 선생의 깊이 탄식한 것이 어찌 우연이리요, 어찌 우연이리요.

불씨 선교의 변佛氏禪敎之辨

불씨의 설이 처음에는 인연과 과보를 말해서 어리석은 백성을 속이고 꾀는 데 불과한지라, 비록 허무를 근본으로 삼아 인사人事를 저버렸지만 선을 행하면 복을 얻고 악을 행하면 화를 얻는다는 설은 있었다. 그래서 사람들에게 악을 징계하고 선을 권장하며, 몸가짐을 계율戒律에 맞춤으로써 제 멋대로 하는 데까지는 이르지 않게 했다. 그러므로 인륜은 비록 저버렸으면서도 의리를 모두 상실하지는 않았다.

그런데 달마達摩가 중국에 들어와서는 그의 설이 얕고 비루하여 식견이 높은 선비들을 현혹시킬 수 없음을 스스로 깨닫고는, 이에 말했다. "문자로도 전할 수 없고 언어의 길도 끊어졌다. 바로 자기의 마음을 보아 본성만 깨달으면 부처가 될 수 있다." 그 말이 한번 나와 깨달음의 지름길이 문득 열림으로써, 그들은 서로 돌려가며 논하고 말했다. 어떤 사람은 말하기를 "선도 또한 이 마음이니 마음을 가지고 마음을 닦을 수 없다. 악도 또한 이 마음이니 마음을 가지고 마음을 끊을 수도 없다" 하여 그나마 있던 선을 권장하고 악을 징계하는 도마저

도 끊어버렸다. 또 어떤 사람은 말하기를 "음란함이나 성냄, 어리석음
도 모두 청정한 수행이다"라고 했다. 이는 계율로써 몸을 지키는 도마
저 잃어버린 것이다. 그럼에도 스스로 허물에 빠지지 않는 세속의 틀
을 벗어나서 속박을 풀어버린다 하여 오만하게 예법을 어기면서 거리
낌 없이 제멋대로 하기를 미친 것처럼 몰두하니 사람의 도리라고는
조금도 없다. 이른바 의리라는 것도 이에 이르러 모두 잃어버렸다.

주문공朱文公(주희)은 이를 근심하여 말했다.

"서방세계(불교)는 인연과 업을 말하여 비루하게도 뭇 어리석은 자
들을 꾀는구나.

전해 온 세대가 오래되었음에도 부질없이 공과 허에 사다리를 대고
있구나.

이것저것 살피다가 심성을 가리켜 유무를 초월했다 말하네.

[안] 본설에 대략 세 가지 순서가 있다. 처음에 재계齋戒가 있고 그 다음에 의학義學이고 선
학禪學이다. 연緣의 이름은 열둘이 있으니 촉觸·애愛·수受·취取·유有·생生·노老·사死·우憂·비
悲·고품·뇌惱다. 업의 이름은 셋이 있으니 신身·구口·의意다. 심과 성을 가리킨다는 것은
나의 마음이 곧 불심이니, 나의 본성을 깨달아 부처를 이룬다는 것을 말함이다. 유무를 초
월했다는 것은 유를 말하면 '색色은 곧 공이다' 하고, 무를 말하면 '공은 곧 색이다' 하는
것을 이른 말이다.

깨달음의 지름길이 한번 열리자 바람에 휩쓸리듯 온 세상이 쏠리는데
공만을 부르짖고 실천은 없으니 저 가시덤불 길에 넘어져 갈팡질팡
하는구나.

그 누가 세 성인을 이어서 우리를 위해 불서를 불사를 건가."

[안] 세 성인은 우禹·주공周公·공자孔子다.

깊고도 깊구나. 주문공께서 이처럼 근심하심이. 나 또한 이를 위하여 서글퍼 재삼 탄식한다.

유가와 불가의 같고 다른 변儒釋同異之辨

선대의 유학자가 말했다. "유가와 석씨의 도는 구절구절은 같으나 모든 일에서는 다르다." 지금 또 이것으로 인해 널리 미루어 보면, 우리(유가)가 허虛라고 하고, 저들(불가)도 허라 하고, 우리가 적寂이라 하고 저들도 적이라고 한다. 그러나 우리의 허는 비되 있는 것이요, 저들의 허는 비어도 없는 것이며, 우리의 적은 고요하되 느끼는 것이요, 저들의 적은 고요하여 모두 사라지는 것이다.

우리는 인식[知]과 실천[行]을 말하고, 저들은 깨달음[悟]와 수행[修]을 말한다. 우리의 인식은 만물의 이치가 내 마음에 갖추어 있음을 아는 것이요, 저들의 깨달음은 이 마음이 본래 텅 비어 아무것도 없음을 깨닫는 것이다. 우리의 실천은 만물의 이치를 따라 행하여 잘못되거나 빠뜨림이 없는 것이요, 저들의 수행은 만물을 끊어 버려 내 마음에 매이지 않게 하는 것이다.

우리는 마음속에 모든 이치가 갖추어져 있다고 하고, 저들은 마음이 만법을 낳는다고 한다. 이른바 모든 이치를 갖추었다고 하는 것은 마음 가운데에 원래 이 이理가 있어 바야흐로 이가 고요할 때에는 지극히 고요하여 이 이치의 본체가 갖추어지고, 이가 움직이게 되어서 느끼고 통하여 이 이치의 작용을 행한다. 그러므로 말하기를 "고요하여 움직이지 않아도 감응하여 천하의 모든 연고를 드디어 통한다"는 것이 이것이다. 그러나 이른바 만법萬法을 낳는다는 것은 마음 가운데에 본래 이 법이 없는 것인데 바깥 경계를 대한 후에 법이 생긴다. 그러므로 바야흐로 법이 고요할 때에는 이 마음이 머물러 있는 곳이 없고, 법이 움직이게 되어서는 만나는 바의 경계에 따라 생긴다는 것이다.

그가 말했다. "마땅히 머무르는 바가 없이 그 마음이 생긴다."

[안] 이 말은 《반야경般若經》에서 나온 것으로, 주착하는 바가 없음에 응한다는 것은 안팎이 전혀 없으므로 가운데가 허하여 물物이 없고, 선악 시비를 가슴 가운데에 두지 않아서 그 마음에 생기는 것은 주착함이 없는 마음으로 밖에 응하여 물物에 누累되지 않는다는 것이니 사씨謝氏가 《논어》의 '무적무막無敵無莫'이란 글을 해석할 때에 이 말을 인용했다.

또 말하기를 "마음이 일어나면 일체의 법이 생기고, 마음이 사라지면 일체의 법도 사라진다"는 것이 이것이다.

[안] 《기신론起信論》에 나온다.

우리는 이가 진실로 있다고 하는데, 저들은 법이 인연을 따라 일어난다고 하니, 어쩌면 그 말은 같은데 일은 이렇게도 다른가?

우리는 "만 가지 변화에 응대한다" 하는데, 저들은 "일체를 따라 순응한다" 하니 그 말이 같은 것 같다. 하지만 이른바 '만 가지 변화에 응대한다'는 것은 그 어떤 사물이 올 때 마음이 그것에 응하여 각각 그 마땅한 법칙에 따라 알맞게 대처하여 그 마땅함을 잃지 않게 하는 것이다. 만일 여기에 아들 된 사람이 있으면 반드시 효자가 되게 하고 불효자가 되지 못하게 하며, 여기에 신하 된 사람이 있으면 충신이 되게 하고 난신이 되지 못하게 한다. 사물에 이르러서도 소는 밭을 갈고 사람을 떠받지는 못하게 하며, 말은 물건을 싣되 사람을 물지는 못하게 하며, 호랑이는 함정을 만들어 사람을 물지 못하게 한다. 그러니 대개 그 각각의 진실을 가지고 있는 이치로써 대처하게 하는 것이다.

하지만 석씨의 이른바 '일체를 따라 순응한다' 는 것은 무릇 남의 아들 된 사람의 경우에는 효자되는 사람은 스스로 효자되고 불효자가 되는 사람은 스스로 불효자가 된다. 신하 된 사람의 경우에는 충성하는 사람은 스스로 충신되고, 반역하는 사람은 스스로 난신이 된다. 소나 말이 밭 갈고 물건을 싣고 하는 것이 스스로 갈고 싣고 하며, 사람을 떠받고 물고 하는 것도 스스로 떠받고 물고 한다. 이렇듯 스스로 하는 대로 들어 줄 뿐이요 내 마음을 그 사이에 씀은 없다.

불씨의 학문이 이와 같은지라 저들 스스로가 사물을 부리기는 하되 사물에게 부림이 되지는 않는다. 하지만 만일 돈 한푼을 주어도 곧 그것을 어찌할 줄을 모른다면 그 일이 이상하지 않은가? 그러므로 하늘이 사람을 내어 만물의 영장이 되게 하고, 지나침을 억제하고 미치지 못함을 돕는 직책을 준 이유가 과연 어디에 있겠는가?

설명이 반복되어 갈피가 비록 많아졌다. 요약하면 우리는 마음과 이치가 하나라고 본 것이요, 저들은 마음과 이치가 둘이라고 본 것이고, 저들은 마음이 공空함으로써 이치도 없다고 보았고, 우리는 마음이 비록 공하나 만물의 이치를 모두 갖추고 있다고 본 것이다. 그러므로 말하자면 "우리 유가는 하나이고 석씨는 둘이며, 우리 유가는 연속이고 석씨는 간단間斷인 것"이다.

그러나 마음은 마찬가지이니 어찌 우리와 저들의 같고 다름이 있겠는가? 다만 사람의 본 바가 바른가 그른가의 차이가 있을 뿐이다.

네 원소로 된 몸 가운데 어느 것을 주主라 하고
여섯 감관의 번뇌 속에 무엇을 정精이라 할까?

[안] 지수화풍 이 사대가 화합하여 하나의 몸이 되었다. 그러나 그 네 가지 원소를 따로 떼어내 보면 본래 주主가 없는 것이다. 눈에 대한 빛깔과 귀에 대한 소리와 코에 대한 냄새와 입에 대한 맛과 피부에 대한 감촉이 여섯 가지의 번뇌인데 그것이 서로 경계를 만나 생기지만, 그 6근六根을 따로 떼어내면 본래 정精이 없으므로, 마치 거울에 비치는 형상을 있다고 하지만 없는 것과 같은 것이다.

캄캄한 어두운 땅에서 눈을 떠 보라.
온종일 소리는 들리어도 형체를 볼 수 없다네.

[안] 지혜로써 작용에 비추면 비록 캄캄한 어두운 땅에서 눈을 떠 보아도 그 캄캄한 속에 광명이 있다. 마치 거울 빛이 어두움 속에서도 광명이 있는 것과 같음이다.

이것은 석씨가 마음을 체험한 경지다.

있다고 한들 어찌 자취가 있으며
없다고 하면 다시 어찌 있으랴.
오직 만물의 변화에 응할 때
다만 통달하여 본근을 볼 뿐이다.

[안] 이는 주자의 시다.

이것은 우리 유가에서 마음을 체험한 경지이다. 또 도심道心이란 본래 형체가 없거늘 소리가 있겠는가? 역시 이 이치를 마음에 간직하여 수작의 본근을 삼아야 한다. 배우는 자가 일상생활을 하는 사이에 이 마음의 발현되는 곳에 나아가서 실제로 체험하고 궁구해 본다면, 그들과 우리와의 같은 점과 다른 점과 옳게 본 것과 잘못 본 것을 스스로 알 수 있을 것이다.

주자의 설로써 거듭 말하건대, 마음이 비록 한 몸을 주관하지만 그 본체의 허령함은 족히 천하의 이치를 주관할 수 있다. 이치가 비록 만물에 흩어져 있지만 그 작용의 미묘함은 실로 사람의 한 마음을 벗어나지 않으니, 처음부터 어느 것이 안이고 밖이고, 어느 것이 정밀하고 조악한지를 논하지 못할 것이다. 그러나 혹 이 마음의 신령스러움을 알지 못하여 이것을 간직함이 없다면 어둡고 뒤섞이어 모든 이치의 묘함을 궁구하지 못할 것이다. 모든 이치의 묘함을 알지 못하여 궁구함이 없으면, 막히어 이 마음의 온전함을 다하지 못하리니 이것은 그 이론으로나 사세로 보아 서로 그렇게 되기 마련이다.

이 때문에 성인이 가르침을 베풀되, 사람들에게 이 마음의 신령스러움을 제 스스로가 알아 단정하고 엄숙하고 정일한 가운데 이 마음을 간직하여 이 이치를 궁구하는 근본으로 삼게 한다. 사람들에게 모든 이치의 묘함이 있는 줄을 알아, 배우고 묻고 생각하고 분변하는 그 즈음에 궁구하여 마음을 극진히 하는 공功을 이루도록 했다. 크고 작음을 서로 받아들이고 움직이거나 고요함을 함께 길러갈 뿐이다. 처음부터 그 어느 것이 안이고 밖이고, 어느 것이 정밀하고 조악한지를 택하지 않게 한다. 참으로 오랫동안 힘을 쌓아 활연히 관통하는 데에 이르면 역시 혼연히 하나가 되는 줄을 알아서 과연 안이고 밖이고 정하고 조함이 없음을 말할 수 있을 것이다.

그런데 지금에 와서는 꼭 이러한 것을 천박하고 지리하게 여겨 형체를 숨기고 그림자를 감추려 하면서 따로 일종의 궁벽하고 황홀하고 까다롭고 앞뒤가 막힌 논리를 만들어, 힘써 배우는 자로 하여금 막연히 그 마음을 문자와 언어 밖에 두게 하여 말하기를 "도는 반드시 이같이 한 후에야 얻을 수 있다"고 했다. 이것은 근세의 불씨의 학문이 편벽되고 음란하고 사악하여 세간을 등진 바가 더욱 심해졌다. 이것을 옮겨와서 옛 사람의 명덕明德과 신민新民[4]의 참된 학을 어지럽히고자 하니 그 또한 잘못이다. 주자의 말이 이 모든 것을 되풀이하고 변론하여 친절하게 밝혔으니, 배우는 자는 이에 마음을 다해 스스로 얻어야 할 것이다.

불법이 중국에 들어옴佛法入中國

[안] 여기서부터 "부처 섬기기를 극진히 할수록 연대는 단축되었다[事佛甚謹年代尤促]"까지는 진씨(진덕수眞德秀)의 《대학연의大學衍義》의 설을 인용한 것이다.

한나라 명제明帝는 인도에 신이 있어 그 이름이 불佛이라는 말을 듣고 사신을 인도[天竺]에 보내어 그 글과 사문을 얻어 들여왔다. 그 글은 대개 허무虛無를 으뜸으로 삼고, 자비와 살생하지 않는 것을 귀히 여겨 말했다. "사람은 죽어도 정신은 사라지지 않아 다시 형체를 받아 태어나는데, 살아 있을 때에 선한 일을 하고 악한 일을 한 바에 따라, 다 보응이 있다."

그러므로 수련하여 부처가 되는 것을 목적으로 삼았고, 원대하고 크게 뛰어나 방대한 말을 잘하여 어리석은 백성을 유혹했다. 그 도에 정통한 사람을 사문이라고 불렀다. 이때부터 중국에 그 법이 전해져 그 형상을 그림으로 그렸다. 그런데 왕공王公 귀인으로는 유독 초왕楚王 영英이 가장 먼저 좋아했다.

---

[4] 명덕明德·신민新民: 타고난 본성明德을 밝히고 백성들에게 그 덕을 날로 새롭게 한다는 뜻. 《대학大學》제1장에 "대학의 도는 밝은 덕(타고난 본성)을 밝힘에 있고, 백성을 새롭게 함에 있으며 지극한 선에 머무름에 있다[大學之道 在明明德 在新民 在止於至善]" 했다.

진서산眞西山이 말했다.

"신이 상고하건대, 이것은 불법이 중국에 들어온 시초입니다. 이때에 얻어온 것은 42장경인데 난대蘭臺 석실에 감추어 두었을 뿐이었고, 얻어온 불상은 청량대淸凉臺와 현절릉顯節陵에 그림으로 그렸을 뿐이었습니다.

초왕 영이 비록 불교를 좋아했으나 재계[齋]를 정결하게 하여 제사를 지내는 데 불과할 뿐이었습니다. 그런데 영은 이내 죄에 걸려 목 잘려 죽었고, 복리의 보답을 받았다는 말은 듣지 못했습니다.

그 후에 한의 영제靈帝가 처음으로 궁중에 사당을 세웠고, 위진 이후로 그 법이 점점 성하여, 오호의 임금으로서 이를테면, 석륵石勒이 불도징佛圖澄을, 부견符堅이 도안道安을, 요흥姚興이 구마라습鳩摩羅什을 이따금 스승의 예로써 받들었습니다. 원위元魏의 효문제孝文帝는 현명한 임금이라고 일컬어지지만 역시 절에 나아가 재齋를 올리고 설법을 들었습니다. 이때부터 소량蕭梁에 이르기까지는 그 성함이 극도에 달했습니다. 그러나 근원은 영평연간(58~75)으로부터 시작되었으니, 명제明帝를 책망하지 않고 누구를 책하겠습니까?"

불씨를 섬겨 화를 얻음事佛得禍

양무제梁武帝는 중대통中大通 원년(529) 9월에 동태사同泰寺에 나아가 사부 대중을 모아 무차대회無遮大會[5]를 열고 어복御服을 벗고 법의法衣

---

[5] 성현聖賢, 도속道俗, 상하上下가 구분 없이 모두가 막힘이 없이 참여하는 법회로, 범어梵語로 반

를 걸친 후 몸을 바쳐 희사를 하니 모든 신하들이 돈 1억만을 가지고 삼보(불·법·승)앞에 빌고 횡제의 몸을 굽혀 속죄하는데, 승려들은 그 대로 절을 받으면서 말 한마디 없었고, 임금은 궁궐로 돌아왔다. 무제 武帝가 천감연간(502~519)으로부터 석씨의 법을 써서 오래도록 재계 하여 고기를 먹지 않고 하루에 한 끼니만 먹는 것도 나물국에 거친 밥 뿐이요, 탑을 많이 쌓아 공사 간에 비용을 많이 소비했다.

　이때에 왕후와 그의 자제들이 교만하고 음란하여 법을 지키지 않는 사람들이 많았으나 임금은 늙어서 정치에 권태를 느꼈다. 또 부처의 계율에만 오로지 정신을 써서, 매양 중죄를 처단할 때에는 종일토록 괴로워했다. 혹은 반역을 꾀하는 일이 발각되어도 역시 울면서 용서 해 주었다. 이로 말미암아 왕후들은 더욱 횡포하여 혹은 대낮에 도시 의 거리에서 사람을 죽이기도 하고, 혹은 어두운 밤에 공공연히 약탈 을 자행하기도 했다. 죄가 있어 망명하기 위해 공주의 집에 숨어 있으 면 관리들이 감히 수사하여 잡지 못했다. 임금은 그 폐단을 잘 알면서 도 자애慈愛에 빠져 금하지 못했다.

　중대동中大同 원년(546) 3월 경술일에 임금이 동태사에 나아가 절집 에 머물면서 《삼혜경三慧經》을 강설하기 시작하여 4월 병술일에야 강 설을 끝마쳤다. 그런데 이날 밤에 동태사의 탑이 화재를 당하자 임금 이 말하기를 "이것은 마귀 때문이니, 마땅히 불사를 크게 하리라"고 했다. 이에 조서詔書를 내려 "도가 높을수록 마귀가 성하고, 선을 행함 에는 장애가 생긴다. 마땅히 토목공사를 크게 하여 전날의 배로 증가 시키리라" 했다. 드디어 12층탑을 기공하여 완성되어 갈 무렵에 후경

사우슬般啊于盂을 의역意譯하여 무차회無遮會라 한다.

侯景의 난亂을 만나 중지되었다.

대성臺城(양나라의 서울)이 함락됨에 이르러서 임금을 동태사에 가두어 두었는데, 임금이 목이 말라 그 절 승려에게 꿀물을 요구했으나 얻지 못하고 마침내 굶어 죽었다.

진서산이 말했다.

"위진 이후의 임금 가운데에 부처 섬기기를 양무제만큼 성대하게 한 사람은 없었다. 대저 천자[萬乘]의 존귀함으로서 스스로 그 몸을 버려 부처의 하인 노릇을 했으니 그 비열하고 아첨함이 극심하다 할 것이다. 채소와 면식麵食으로 종묘에 제사지내는 희생을 바꾸었다. 그것은 아마도 명도冥道에 누가 될까 두려워함이요, 직관織官이 비단에 무늬를 놓는데, 사람이나 금수의 형상을 놓는 것까지를 금했다. 그것은 가위로 재단할 때에 인·서에 어그러짐이 있을까 두려워함이다. 신하가 반역을 꾀하여도 용서하여 죽이지 않고, 백주에 도둑질을 자행하여도 차마 금하지 못했다. 이 모두가 부처의 계율을 미루어 넓히려고 했기 때문이라 하겠다.

대개 논論하건대, 신선을 구할 수 있는 것이라면 한나라 무제가 얻었을 것이요, 부처를 구할 수 있는 것이라면 양나라 무제가 얻었을 것인데 두 임금이 얻지 못했음을 볼 때 그 구해서 얻을 수 없는 것이 명백한 사실임을 알 수 있다.

비록 구하여 얻는다 하더라도 오랑캐의 허황한 교설로는 중국을 다스릴 수는 없고 산림에 도피해 사는 행동으로는 국가를 다스릴 수 없거늘 하물며 구할 수 없는 것이랴! 한무제는 신선을 탐하다가 마침내 국고가 텅 비도록 소모하는 화를 입고, 양무제는 부처에게 아첨하다가 마침내 몹시 위태로운 재앙을 초래했다. 그러므로 탐하고 아첨하여도 도움이 되지 않는 것 또한 명백한 사실이다.

또 그 몸을 버려가면서 부처를 섬기는 것은 어찌 진세塵世의 시끄러움이 싫어 공적空寂함을 즐기는 것이 아니겠는가? 그들이 과연 저 가유迦維(카필라국)의 맏아들처럼 임금 자리를 헌신짝같이 보고 옷을 걷어붙이고 갈 수 있었다면 거의 참으로 부처를 배우는 사람이라 하겠다. 하지만 특히 양무제는 이미 찬탈하고 시역弑逆하여 남의 나라를 빼앗았고, 또 공격하고 정벌함으로써 남의 땅을 침범했다. 급기야 늘그막에 그의 태자 소통蕭統 같은 효자를 끝내 의심하고 못마땅하게 여겨, 죽을 때까지 탐심에 연연하기가 이러했으니, 또 어찌 참으로 그 몸을 버릴 수 있는 사람이라 하겠는가? 옷을 바꿔 입고 수도에 들어가는 것은 이미 불교의 복을 맞이할 수 있다 하겠다. 그러나 돈을 바쳐 속죄하고 돌아와서는 천자의 귀함을 잃지 않았으니, 이것이야말로 부처에게 아첨한다기보다 사실은 부처를 속이는 것이라 하겠다.

또 그 비단의 무늬는 실물이 아닌데도 오히려 차마 해치지 못하면서, 저 어리석은 백성의 목숨을 어찌 날짐승과 들짐승에 비교할 수 있을 것인가? 그런데도 해마다 정벌하여 죽인 사람의 수가 헤아릴 수 없이 많았고, 산을 만들고 둑을 쌓아 적의 경계로 물을 대어 수만 명의 적군을 물고기로 만들면서도 조금도 불쌍히 여기지 않았다. 이것은 비록 조그마한 어짊의 이름은 있으나 실은 크게 어질지 못한 것이다.

또 나라가 존립할 수 있는 것은 오직 강綱과 상常 때문이다. 그런데도 무제는 여러 아들에게 변방을 다 맡기면서 예의를 가르치지 않았다. 그러므로 정덕正德은 불효의 자질로 처음에는 아버지를 버리고 적국으로 달아났다가 마침내는 적병을 이끌고 들어와 국가를 전복시켰다. 윤綸(무제의 여섯째 아들)이나 역繹(무제의 일곱째 아들인 양원제)은 혹은 큰 군사를 거느리고 있었거나 혹은 상류에 진을 치고 있었지만 군부가 난을 당하고 있었건만 '피를 뿌리고 분연히 싸울 뜻이 있었다'는 말을 듣지 못했다. 또한 형제끼리 서로 원수가 되고, 숙질 사이에 서로 싸워 인륜의 악이 극에 이르렀다. 이것은 다름 아니라 무제의 배운 바가 석씨였기 때문이다.

천륜을 임시적인 결합[假合]이라고 하기 때문에 신하는 그 임금을 임금으로 여기지 않고, 아들은 그 아버지를 아버지로 여기지 않아, 30~40년 동안에 풍속은 모두 무너지고 사람이 지켜야 할 도리[綱常]는 땅에 떨어졌으니 이같이 극에 이르게 된 것은 당연하다.

그로 하여금 요·순·삼왕을 스승으로 삼아 세속을 벗어난 가르침을 섞지 않음은 물론, 반드시 인의를 근본으로 삼고, 반드시 예법을 숭상하고, 반드시 형정刑政을 밝히게 했다면 어찌 이 같음이 있으랴?"

천도를 버리고 불과를 말함舍天道而談佛果

당 대종代宗이 처음에는 그다지 부처를 중히 여기지 않았다. 재상인 원재元載와 왕진王縉이 다 부처를 좋아했고 그 중에도 왕진이 특히 심했다. 임금이 일찍이 물었다.

"부처가 보응을 말했다는데 과연 있느냐?"

원재元載 등이 대답했다.

"국가의 운수가 장구한 것은 일찍이 복업을 심은 것이 아니면 무엇을 가지고 이르게 하겠습니까? 복업이 이미 정해지면 비록 때때로 작은 재앙이 있다 하더라도 마침내 해할 수 없는 것입니다. 그러므로 안록산女祿山은 다 그 자식에게 죽음을 당했고, 회은懷恩은 군문을 나와 병들어 죽었고, 회흘回紇(위구르)·토번吐蕃(티베트) 두 오랑캐는 싸우지 않고 저절로 물러갔습니다. 그러니 이것은 다 사람의 힘으로 미칠 바가 아니오니, 어찌 보응이 없다고 할 수 있겠습니까?"

임금이 이로 인하여 부처를 깊이 믿어 항상 궁중에서 승려 1백여 명에게 밥을 먹여 주었으며, 도둑이 이르면 승려에게 《인왕경仁王經》을 강론하여 물리치게 하고 도둑이 물러가면 후하게 상을 주니, 좋은 전답과 많은 이익이 승려 또는 절로 돌아갔다. 그리고 원재元載 등이 임금을 모시고 부처의 일을 많이 말하니 정사와 형벌이 점점 문란해졌다.

진서산이 말했다.

"대종代宗이 보응에 대해 물었는데, 이때에 유학자를 정승의 자리에 두었더라면 반드시 '선하면 복을 받고 악하면 화를 받으며, 차면 이지러지고 겸손하면 더함을 받는다' 는 그런 이치를 되풀이해 아뢰어 임금으로 하여금 꿋꿋하게 천도天道는 속일 수 없는 것임을 알아 덕을 닦는 데 스스로 힘쓰게 했을 것이다. 그런데 원재元載 등은 일찍이 한 마디도 이에 대해 언급한 바 없고 당초부터 복업을 심는 것으로 말하여, 국가의 운수가 장구長久한 것은 모두 부처의 힘이라고 했다. 이것은 너무나 천도를 속인 것이 아니겠는가?

저 당나라가 오랜 연대를 지나온 것은 태종太宗이 세상을 구제하고 백성을 편안하게 한 공임은 숨길 수 없는 것이요, 환란이 많았던 이유는 천하를 얻을 때 인의와 강상에 순수하지 못했고 예법으로 보아서 부끄러워할 만한 일이 있었으며, 세대를 이은 임금들 중에는 사욕을 이겨내고 선을 힘쓴 자가 적은 반면, 정情대로 방자하여 이치에 어긋난 자가 많았기 때문이다. '하늘에는 떳떳한 도가 있어 그 부류에 따라 나타낸다' 는 말이 이것을 이름이다. 원재 등이 천도를 버리고 부처의 인과설을 말하여 재앙이나 상서를 내리는 것은 하늘에 있지 않고 부처에 있으며, 다스리는 도는 덕을 닦는 데 있지 않고 부처를 받드는 데 있다고 했다. 대종代宗이 오직 배우지 못했으므로 원재 등이 미혹시킬 수 있었다.

또 저 안록산·사사명史思明의 난은 양태진楊太眞(양귀비)이 안에서 좀먹고, 양국충楊國忠·이임보李林甫가 밖에서 화를 빚어서 일어난 것이요, 그 난을 능히 평정한 것은 곽자의郭子儀·이광필李光弼 등 여러 사람이 황실에 충성을 다하여 물리쳤기 때문이요, 그들이 다 자식에게 화를 당했다고 하는 것은 안록산·사사명 자신이 신하로써 임금에게 반역했기에 그의 아들인 안경서安慶緖·사조의史朝義가 그의 아버지를 시역한 것이다. 이것은 천도가 그 부류에 따라서 응하는 까닭이다. 또 회흘과 토번이 싸우지 않고 스스로 물러간 것은 또한 곽자의郭子儀가 몸소 오랑캐의 앞에 나아가서 꾀를 부려 이간질한 덕택이다. 그 본말本末을 미루어 보면 모두 사람의 일에 말미암은 것이다. 원재 등은 '이것은 사람의 힘으로 미칠 바가 아니다' 라고 했으니 그 속이고 또 속임이 더욱더 심하지 않은가?'

부처 섬기기를 극진히 할수록 연대는 더욱 단축되었다事佛甚謹年代尤促

당 헌종 14년(815)에 불골佛骨을 수도(장안)에 모셔왔다. 이보다 먼저 공덕사가 아뢰었다. "봉상사鳳翔寺 탑에 부처의 손가락뼈가 있어 전해

오는데, 30년마다 한 번씩 탑문을 엽니다. 탑문을 열면 그 해에는 풍년이 들며 백성들이 편안하게 지낸다고 합니다. 내년에 응당 탑문을 열 것이니 청하건대 맞이하여 오소서.”

이에 임금이 그 말을 따랐다. 이 불골이 수도에 이르렀을 때 궁중에 3일 동안을 두었다가 여러 절을 거쳐 갔다. 왕족과 귀족들과 백성들이 쳐다보며 받들어 시주하기를 남보다 뒤질까봐 두려워할 정도였다.

형부시랑 한유韓愈가 표表를 올려 간언했다.

“불교라는 것은 오랑캐의 한 법도일 뿐입니다. 황제로부터 우·탕·문무에 이르기까지 모두 수명을 누렸고, 백성들도 안락하게 지냈습니다. 그때에는 부처가 있지 않았습니다. 한나라 명제 때에 비로소 불법이 들어왔습니다. 그런데 그 후부터 전란과 멸망이 계속되어 나라의 운수가 길지 못하여, 송·제·양·진·원·위 등의 나라 이후에는 부처 섬기기를 더욱 정성스럽게 했습니다. 그런데도 연대는 더욱 단축되었습니다.

오직 양무제가 48년 동안 제위에 있으면서 전후 세 차례나 몸을 부처에게 바쳤습니다. 하지만 마침내는 후경의 핍박을 받아 대성에서 굶어 죽었습니다. 부처를 섬겨 복을 구하다가 도리어 화를 얻었습니다. 이로써 미루어 본다면 부처를 믿을 수 없다는 것을 알 수 있습니다. 부처는 본시 오랑캐여서 중국과는 말도 통하지 않고, 의복 제도도 다르며 군신·부자의 정도 알지 못합니다. 가령 그의 몸이 아직 살아 있어서 수도에 들어와 폐하를 알현한다 할지라도 폐하께서는 그를 받아들이되 그저 선정전에서 한번 보고 손님으로 대접하는 예를 한 번 베풀고, 옷이나 한 벌 주어서 호위해 내보내는데 지나지 않을 것이며, 여러 사람들을 미혹되게 해서는 안 될 것입니다. 하물며 그의 몸이 죽은 지 이미 오래 되었거늘 말라빠진 뼈를 어찌 궁중에 들어오게 할 수 있겠습니까? 비옵건대 벼슬아치에게 맡기시어 물이나 불에 던져 버려 재화災禍의 근본을 영원히 끊어 버리소서."

이에 헌종이 크게 노하여 장차 극형을 가하려고 했다. 재상인 배도裵度와 최군崔群 등이 말했다.

"한유가 비록 지나치긴 했으나 충성스런 마음에서 나온 말이니 마땅히 너그럽게 용서하여 주셔서 언로言路를 열어 주시옵소서."

이에 조주자사로 좌천시켰다.

진서산이 말했다.

"헤아려보면 후세의 임금들이 부처를 섬긴 것은 무릇 복전에 대한 이익을 구하는 것입니다. 이를테면 이익 되고자 하는 마음을 가지고 하는 것입니다. 그러므로 한유가 간언하여 '옛날 제왕 때에는 부처가 있지 않아도 장수를 했는데 후세의 임금들은 부처를 섬기는데도 일찍 죽는다'고 진술했으니, 깊고도 간절하게 나타낸 말이라 하겠습니다. 그런데도 헌종은 깨닫지 못한 채 바야흐로 이때 신선이 된다는 단약[金丹]을 먹고 또 불골佛骨을 맞이했습니다. 신선을 구하고 부처에게 아첨하는 두 가지를 다했으나 1년이 못되어 효과가 끝났습니다. 복전의 보응이 과연 어디에 있다 하겠습니까? 신이 이 때문에 이 사실을 아울러 저술하는 것은 군주로서 도교와 불교에 빠지는 것을 경계하고자 하는 것입니다."

이단을 물리치는 데 관한 변闢異端之辨

요순堯舜이 사흉四凶(죄를 지은 4명의 악한인 즉 공공共工·환도驩兜·삼묘三苗·곤鯀)을 벤 것은 그들이 말을 교묘하게 하고 얼굴빛은 좋게 꾸미면서 명령을 거스르고 종족을 무너뜨리기 때문이었다. 우禹도 또한 말했다.

"말을 교묘하게 하며 얼굴빛을 좋게 꾸미는 자를 어찌 두려워하랴?"

대개 말을 교묘하게 하고 얼굴빛을 좋게 꾸미는 것은 사람의 본심을 잃게 하며, 명령을 어기고 종족을 무너뜨리는 것은 사람의 일을 망치는 것이다. 그러므로 성인이 제거하여 용납하지 않았던 것이다.

탕湯과 무왕武王이 걸桀·주紂를 쳐부술 때 탕은 말했다.

"나는 상제가 두려워 감히 치지 않을 수 없다."

무왕武王은 말했다.

"내가 하늘에 순종치 않으면 그 죄가 주紂와 같다."

하늘의 명령과 하늘의 토벌은 자기가 사양할 수 없는 것이라는 뜻이다. 공자도 말씀했다.

"이단을 깊이 파고들면 해로울 뿐이다."

'해롭다' 는 한 글자가 읽는 사람으로 하여금 오싹하게 한다.

맹자가 훌륭한 말솜씨로 양주와 묵적을 막은 까닭은 양묵의 도를 막지 않으면 성인의 도를 행할 수 없었기 때문이었다. 그러므로 맹자는 양묵을 물리치는 것을 자기의 임무로 삼았다. 그가 "능히 양묵을 막을 것을 말하는 사람은 성인의 무리다"고 말하면서까지 사람들이 동조해 주기를 바란 것이 지극했다. 묵씨는 똑같이 사랑한다[兼愛] 하

니 인인가 의심되고, 양씨는 자기만을 위한다[爲我] 하니 의인가 의심
되어 그의 해악이 아버지도 없고 임금도 없는 데까지 이르므로 맹자
가 이를 물리치고자 힘썼던 것이다.

그런데 불씨의 경우는 그 말이 고상하고 미묘하여 성명性命과 도덕
道德을 함께 말함으로써 사람을 미혹시킴이 양묵보다 더 심했다.

주자가 "불씨의 말이 더욱 이치에 가까워서 진리를 크게 어지럽힌
다"고 했으니, 이것을 이른 것이다.

내 어둡고 용렬하면서도 힘이 부족함을 알지 못하고, 이단을 물리
치는 것으로 나의 임무로 삼은 것은 앞서 열거한 여섯 성인과 한 현인
의 마음을 계승하고자 함이 아니라, 세상 사람들이 이단의 설에 미혹
되어 모두 빠져서 사람의 도가 없어지는 데 이를까 두려워하는 까닭
이다.

아아! 난신과 적자는 사람마다 잡아 죽일 수 있으니, 반드시 형벌을
다스리는 관리[士師]를 기다릴 필요가 없다. 사특한 말이 넘쳐서 사람
의 마음을 무너뜨리면 사람마다 물리칠 수 있으니, 반드시 성현을 기
다릴 필요가 없는 것이다. 이것은 내가 여러 사람에게 바라는 바이며
아울러 내 스스로 힘쓰는 것이다.

지識

내가 겨를이 있을 때 《불씨잡변》 15편과 《전대사실》 4편을 지었는
데 이미 완성되었다. 어떤 사람이 읽고 말했다.

"자네가 불씨의 윤회설의 옳고 그름을 가려 바로잡는 데 있어 만물이

나고 나는[生生] 이치를 인용하여 밝혔다. 그런데 그 말이 근사하기는 하지만 불씨의 설에 이르기를, '만물 중에 무정물無情物은 법계성法界性으로부터 왔고, 유정물有情物은 여래장如來藏으로부터 왔다'고 했다.

[안] 무정물이란 바위돌이나 풀과 나무 같은 것이고, 법계란 끝이 없다는 말과 같다. 유정물이란 본각本覺인 중생심과 같아서 모든 불성이 본래 여래가 된다는 말이다. 그러므로 말하기를 '대개 혈기가 있는 만물은 다 같이 지각知覺이 있고 지각이 있는 만물은 다 같이 불성이 있다'고 했다. 그런데 자네는 유정물과 무정물을 논하지 않고 같은 종류로 동일하게 말했다. 헛되이 말만 소비하고 억지로 말을 갖다 붙여 하자를 면할 수 없지 않은가?"

이에 대답했다.

"아아! 이것이 바로 맹자의 말처럼 근본이 두 개이기 때문이다. 또 여기에 기가 천지 사이에 있는 것은 본시 하나일 뿐이다. 그런데 움직임과 고요함이 있어서 음양이 나누어지고 변함과 합함이 있어서 오행이 갖추어지는 것이다.

주자(주돈이)가 말하기를 '오행은 하나의 음양이요, 음양은 하나의 태극이다'라고 했다. 대개 움직이고 고요하고 변하고 합하는 사이에, 그 유행하는 것은 통함과 막힘과 치우침과 바름의 차이가 있다. 통하고 정을 얻은 것은 사람이 되고, 치우치고 막힌 것을 얻으면 물物이 된다. 또 치우치고 막힌 가운데서도 조금이라도 통한 것은 금수가 되고, 전혀 통함이 없는 것은 초목이 된다. 이것이 바로 만물이 정이 있고 없는 것으로 나누어진 까닭이다.

주자가 말하기를 '움직이되 움직임이 없고 고요하되 고요함이 없는 것은 신神이라 하고, 기가 통하지 않음이 없으므로 신이라 한다. 동하면 정함이 없고, 정하면 동함이 없는 것은 물物이다. 형形과 기에 국한되어 서로 통할 수 없으므로 물이라 하는 것이다'했다.

대개 동하여 정함이 없는 것은 유정물이라 하고 정하여 동함이 없는 것은 무정물이라 이름한다. 이 또한 물의 정情이 있고 없음이 다 이 기氣 가운데에서 생기는 것이니, 어찌 둘이라고 할 수 있으랴?

또 사람의 한 몸에도 혼백이나 오장이나 귀·눈·입·코·손·발 등과 같은 것은 지각과 운동이 있고, 모발·손톱·이빨 등은 지각도 운동도 없다. 그러면 한 몸 가운데에도 또한 정情이 있는 부모로부터 온 것과 정이 없는 부모로부터 온 것이 있으니, 부모가 둘이 있단 말인가?"

그 사람이 다시 말했다.

"자네의 말이 옳기는 하다. 하지만 여러 가지로 변론한 설이 성명性命, 도덕道德의 신묘함과 음양, 조화造化의 미묘함까지 드나들어, 진실로 처음 배우는 선비들도 알지 못할 바가 있다. 하물며 어리석고 용렬한 백성들이랴? 자네 말이 비록 정통하나 한갓 좋은 말솜씨라는 비방이나 얻을 뿐이며, 불교나 유교의 학문에 둘 다 손해도 이익도 없을까봐 나는 염려한다. 또 불씨의 교설이 비록 황당무계하나, 세속의 이목에 익숙하여 빈말로는 타파할 수 없을까봐 염려된다. 하물며 그들이 말하는 방광放光의 상스러움이나 사리가 나눠진다는 이적이 가끔 있음에랴. 이것이 세속에서 감탄하고 경이롭게 여겨 믿고 따르는 까닭이다. 자네는 아직도 공박할 말이 있느냐?"

다시 대답했다.

"이른바 윤회 등의 변론은 내 이미 다 논했다. 비록 그 폐해가 깊어서 갑자기 깨닫게 할 수는 없겠지만 학문을 좋아하는 한두 사람의 선비라도 내 말로 인하여 돌이켜서 찾는다면 바라건대 얻음이 있을 것이다. 이에 다시 군더더기를 말하지 않겠다.

방광이나 사리의 일에 대해서 어찌 그런 말이 없겠는가. 하지만 그

보다도 이 마음이라는 것은 기의 가장 순수하면서 가장 신령스러운 것이다. 그런데 저 불씨들은 생각의 선함과 악함, 삿됨과 바름을 논하지 않은 채, 한 겹을 깎아 버리고 또 한 겹을 깎아 버려서 한결같이 한데 모으려 한다. 대개 마음이란 본래 광명하며 오로지 순수하기가 이와 같아서 마음속에 쌓여 밖으로 뿜는 것 역시 당연한 자연의 운수인데 부처의 방광이 어찌 괴이하겠는가?

또 하늘이 그 지극히 신령하고 지극히 밝은 이 마음을 내어 주시니 한 몸의 주인이 되게 하며, 여러 신묘한 이치로써 만물을 주재하게 한 것이요, 아무런 쓸모없이 한갓 만물의 영장으로 만들어낸 것은 아니다. 마치 하늘이 불을 만든 것은 본시 사람을 이롭게 하기 위한 것이다. 그런데 이제 어떤 사람이 불을 재 속에 파묻어, 추운 사람은 따뜻함을 얻지 못하고, 배고픈 사람은 밥을 지을 수 없다면, 비록 불의 열기가 있다 하더라도 재 속에서 발한 것이니, 마침내 무슨 이익이 있으랴? 부처의 방광을 내가 취하지 않는 까닭이 이것이다. 또 불이란 물건은 쓸수록 새로운 것이어서 항상 보존해야 꺼지지 않는다. 그렇지만 만일 재 속에 파묻어 두기만 하고 때때로 꺼내 보지 않는다면, 처음에 비록 잘 피던 불이라도 마침내 재가 되어 꺼지고야 말 것이다.

사람의 마음도 이와 같아서 항상 애쓰고 조심하고 염려하는 생각을 간직함으로써 마음의 작용이 죽지 않고 의리가 생길 수 있는 것이다. 만일 한결같이 수렴하여 안에만 둔다면 비록 생동적인 것이라 할지라도 반드시 마르고 사라지고야 말 것이다. 이른바 광명한 것이 어둡고 어리석게 되는 결과를 초래할 것이다. 이 또한 알아두지 않을 수 없는 것이다.

그 형상을 나타내는 데에도 역시 방광이 있다는 것은 대개 썩은 풀이나 나무에도 밤에 빛남[夜光]이 있거늘 하필 이것만을 의심하겠는가?

대저 사람에게 사리[舍利]가 있다는 것은 이무기나 조개에 구슬이 있는 것과 같다. 개중에는 이른바 선지식[善知識]이라는 사람도 사리가 없는 이가 있다. 이것은 바로 이무기나 조개에도 구슬이 없는 것과 같은 부류다.

세상에 전하기를 '사람이 조개에 있는 구슬을 뚫지도 않고 찌지도 않고 그대로 오래두었다가 꺼내보면 여러 개가 더 생긴다'고 하니, 이것은 생의[生意]가 있는 곳에 자연히 불어나는 이치이다. 사리가 여러 몸으로 나눠지는 것도 이와 같을 뿐이다. 만일에 '부처에게 지극히 신령함이 있어서 사람의 정성에 감동되어 사리가 나누어진다'고 한다면 석씨의 무리들이 그 스승의 모발이나 치아, 뼈 따위를 간직할 자가 많이 있을 텐데, 어찌 정성껏 그런 물건을 나눠 가질 것을 빌어 청하지 않고 하필이면 사리에서만 몸이 나눠짐을 말했는가? 이것이 곧 물질의 성질이 아니고 무엇이랴?

어떤 사람이 말하기를 '사리라는 것은 매우 견고하여 비록 쇠방망이로 쳐도 깨뜨릴 수 없다. 그것은 신령하기 때문이다'고 한다. 그러나 영양의 뿔을 얻어 한 번만 쳐부수면 가루가 될 것이다. 어찌 사리가 쇠에는 신령스러우면서 영양의 뿔에는 신령스럽지 못해서 그렇겠는가? 이것은 진실로 물질의 성질이 그렇게 된 것이니 괴이할 것이 없다.

이제 두 개의 나무를 서로 비비거나 쇠와 돌을 쳐서 불을 일으킨다고는 하지만, 이것은 어디까지나 사람의 힘으로 하는 것에 불과하다. 부싯돌 구슬을 햇빛에 향해 놓고서 쑥 심지에 비치면 냄새나는 연기가 나면서 활활 불이 피어난다. 이것은 참으로 사람의 힘으로 하는 것이 아니다. 처음에는 반짝반짝 조금씩 피지만 마침내는 활활 피어올라 곤륜산을 불사르고 옥석도 태울 수 있으니 뭐가 그리 신기로운가? 이것도 그 물질의 성질이 그렇게 하는 것이지, 어떤 신령스러운 물건이 까마득한 속에 붙어 있다가 사람의 정성에 감동되어 그렇게 하는 것이겠는가?

또 불이 사람에게 유익함이 많다. 음식을 익히면 굳은 것도 부드러워지고 온돌에 불을 피우면 찬 것이 따뜻해지고, 약물을 끓이면 날 것도 익는다. 그러므로 배고픈 것을 배부르게 하고 병든 것을 고칠 수 있으며, 쇠를 녹여 쟁기를 만들고 도끼를 만들며, 가마솥을 만들어 백성들이 쓰는 데 이롭게 하고, 칼과 창 같은 무기를 만들어 군대가 쓰는 데 위엄 있게 한다. 불이 생겨남의 신묘하기가 저 같으며, 불의 용도의 유익함이 이 같은데, 그대는 모두 중하게 여기지 않는구나. 저 사리라는 것은 추워도 옷이 될 수 없고, 배고파도 먹을 수 없으며, 싸우는 사람이 병기로 삼을 수도 없으며, 병든 사람이 탕약으로 삼을 수도 없다. 그러므로 부처의 신령함이 있어 한 번 빌려 수천 개를 만들게 한다 하더라도 오히려 유익함이 없이 인사만 폐할 뿐이다. 모두 불이나 물에 던져버려 영원히 근본을 끊어버려야 할 것인데 하물며 다시 공경하게 받들어 귀의하랴?

아아! 세상 사람들이 떳떳한 것을 싫어하고 괴이한 것을 좋아하며, 실리는 버리고 헛된 법을 숭상하기가 이 같으니 한탄스럽지 아니한가?"

하니 그 사람이 문득 절을 하면서 말했다.

"이제 그대의 말을 듣고, 비로소 유학자의 말이 바르고 불씨의 말이 그릇됨을 알겠으니, 그대의 말씀은 양웅楊雄도 못 따르겠다."

이에 책 끝에 아울러 적어서 하나의 논설을 갖춰 두는 바다.

발문

삼봉선생이 지은 《경국전》과 《심기리》 및 시문 등은 모두 세상에 유행하고 있다. 다만 이 《불씨잡변》 한 책은 선생이 선대 성현을 본받고 후세 사람을 가르친 것으로서 평생의 정력을 쏟은 것인데, 연기처럼 사라져 전해지지 않으므로 식자들이 한탄했다.

무오년(1438, 세종 20)에 내가 생원으로 성균관에 있을 때, 동년배인 진사 한혁韓奕이 선생의 족손族孫이었다. 집에 간직한 정리되지 않은 많은 책 가운데에서 이 책을 가지고 와서 나에게 보여주었다. 그것을 보니 그 문사가 호방하고 변론이 상세하여 두루 미쳤으며, 성정性情을 드러내었고 허망하고 거짓된 것을 배척했다. 참으로 성문聖門의 울타리이며 육경六經의 날개이다.

내가 애독하여 보배로 삼아 간직한 지 오래였다. 이제 양양군수가 되어 마침 일이 없으므로 공적인 일을 마친 여가에 잘못된 글자 30여 자를 교정하고는 공인工人을 시켜 간행하여 널리 전한다. 다행히 우리의 도(유학)에 뜻이 있는 자는 이 글로 인하여 사특邪慝한 것을 물리치고, 이단에 미혹된 자는 이 글로 인하여 그 의심을 푼다면 선생이 이 글을 지어 후세에 전한 뜻이 거의 이루어질 것이다. 우리의 도 또한 힘입는 바 있을 것이다. 이 글이 다행히 없어지지 않고 남아 있는 것은 어찌 우리 도의 커다란 다행이 아니겠느냐?

경태 7년(1456, 세조 2) 5월 중순에 금라 윤기견尹起畎이 공경하여 발문을
쓴다.

[안] 금라金羅는 함안군咸安郡의 별명別名이다.

참고문헌

경전류

《대승기신론별기(본)》《대정신수대장경》 44).

《대승본생심지관경》《대정신수대장경》 3).

《범망경보살계본소》《대정신수대장경》 40).

《부모은난보경》《대정신수대장경》 16).

《사십이장경》《대정신수대장경》 17).

《선종결의집》《대정신수대장경》 48).

《수능엄경》《대정신수대장경》 19).

《수심결》《대정신수대장경》 48).

《잡아함경》《대정신수대장경》 2).

《중아함경》《대정신수대장경》 1).

《호법론》《대정신수대장경》 52).

《홍명집》《대정신수대장경》 52).

마명, 《대승기신론》《대정신수대장경》 32).

세친, 《아비달마구사론》《대정신수대장경》 29).

용수, 《대지도론》《대정신수대장경》 25).

사서류

《고려사》.

《고려사절요》.

《동문선》.

《보조전서》(승주: 보조사상연구원, 1989).

《삼국사기》.

《삼국유사》.

《세종실록지리지》.

《승정원일기》.

《조선왕조실록》.

권근, 《양촌집》.

나옹혜근, 《나옹록》(《한국불교전서》 제6책).

보우, 《나암잡저》(《한국불교전서》 제7책).

불일보조, 《대각국사문집》(《한국불교전서》 제4책).

성현, 《용재총화》.

이규보, 《동국이상국집》.

이제현, 《익재난고》.

정도전, 〈미지산사나사원증국사석종명〉, 《태고사상》 제2집, 서울: 태고학회, 2002.

정도전, 《(국역)삼봉집》 Ⅰ-Ⅱ, 서울: 민족문화추진회, 1977.

정병철, 《증보 삼봉집》 1~4, 서울: 한국학술정보, 2009.

최해, 《졸고천백》.

태고보우, 《태고화상어록》(《한국불교전서》 제6책).

함허득통, 《현정론》(《한국불교전서》 제7책).

함허득통, 《유석질의론》(《한국불교전서》 제7책).

허흥식 편저, 《한국금석전문》 중세 상하, 서울: 아세아문화사, 1984.

단행본

강우방, 《한국 불교의 사리장엄》, 서울: 열화당, 1993.

고익진, 《불교의 체계적 이해》, 서울: 새터, 1994.

고익진, 《한국의 불교사상》, 서울: 동국대학교출판부, 1987.

구보타 료온, 최준식 옮김, 《중국유불도 삼교의 만남》, 서울: 민족사, 1990.

권기종, 《고려시대 선사상 연구》, 서울: 한국불교연구원, 2002.

권기종, 《불교사상사연구》 하, 서울: 한국불교연구원, 2004.

금장태, 《조선전기의 유학사상》, 서울: 서울대출판부, 1997.

길희성, 《인도철학사》, 서울: 민음사, 1993.

김당택, 《이성계와 조준·정도전의 조선왕조 개창》, 광주: 전남대학교출판부, 2012.

김동화, 《불교윤리학》, 서울: 뇌허불교학술원, 2001.

김병환, 《불씨잡변》, 서울: 아카넷, 2013.

김상기, 《신편 고려시대사》, 서울: 서울대학교출판부, 1985.

김영태, 《삼국시대 불교신앙연구》, 서울: 불광출판부, 1990.

김용옥, 《삼봉 정도전의 건국철학: 《조선경국전》, 《불씨잡변》의 탐구》, 서울: 통나무,
　　2004.

김정희, 《조선시대 지장시왕도 연구》, 서울: 일지사, 1996.

김진섭, 《정도전의 선택》, 서울: 아이필드, 2013.

김창숙, 《고려 말 나옹의 선사상 연구,》 서울: 민족사, 1999.

김충렬, 《한국유학사》 1, 서울: 예문서원, 1998.

노가미 순조野上俊靜, 권기종 역, 《중국불교사》, 서울: 동국대학교역경원, 1985.

동국대학교 교재편찬위원회, 《불교사상의 이해》, 서울: 불교시대사, 1999.

박성순, 《선비의 배반》, 서울: 고즈윈, 2004.

배종호, 《한국유학사》, 서울: 연세대학교출판부, 1974.

변동명, 《고려후기 성리학수용연구》, 서울: 일조각, 1995.

사다티사, 조용길 편역, 《근본불교윤리》, 서울: 불광출판부, 1999.

삼봉정도전기념사업회, 《정치가 정도전의 재조명》, 서울: 경세원, 2004.

서윤길, 《고려밀교사상사연구》, 서울: 불광출판부, 1994.

송석구, 《불교와 유교》 하, 서울: 동국대학교역경원,1 993.

안계현, 《한국불교사상사연구》, 서울: 동국대학교출판부, 1983.

오항녕, 《조선의 힘》, 서울: 역사비평사, 2010.

우정상, 《조선전기불교사상연구》, 서울: 동국대학교출판부, 1985.

윤호진,《무아 윤회문제의 연구》, 서울: 민족사, 1992.

은정희,《원효의 대승기신론 소·별기》, 서울: 일지사, 1991.

이기백,《신라사상사연구》, 서울: 일조각, 1986.

이기백,《한국사신론》, 서울: 일조각, 1990.

이기영,《불교철학의 한국적 전개》, 서울: 불광출판부, 1990.

이기영,《원효사상》, 서울: 홍법원, 1986.

이기훈,《불씨잡변》, 대구: 계명대학교출판부, 2006.

이병도,《한국유학사》, 서울: 아세아문화사, 1987.

이원명,《고려시대 성리학 수용연구》, 서울: 국학자료원, 1997.

이재창,《한국불교 사원경제연구》, 서울: 불교시대사, 1993.

장동익,《고려후기외교사연구》, 서울: 일조각, 1994.

정병철,《정도전 출생의 진실과 허구》, 서울: 봉화정씨문헌공종회, 2012.

조유식,《정도전을 위한 변명》, 서울: 푸른역사, 1997.

채상식,《고려후기 불교사연구》, 서울: 일조각, 1991.

최봉수,《원시불교원전의 이해》, 서울: 불광출판부, 1993.

한영우,《왕조의 설계자 정도전》, 서울: 지식산업사, 1999.

한영우,《정도전사상의 연구》, 서울: 서울대학교출판부, 1999.

한우근,《유교정치와 불교》, 서울: 일조각, 1993.

한종만,《불교와 유교의 현실관》, 이리: 원광대학교출판국, 1981.

허흥식,《고려불교사연구》, 서울: 일조각, 1986.

黃有福·陳景富,《中·朝 佛敎文化交流史》, 中國社會科學會出版社, 1993.

논문

고영섭, 〈조선전기 불자와 유자의 시공관〉,《동양철학》제21집, 서울: 한국동양철학
　　회, 2004.

권기종, 〈백운의 선사상 연구〉,《불교사상사연구》하, 서울: 한국불교연구원, 2004.

금장태, 〈정도전의 벽불사상과 그 논리적 성격〉,《동교민태식박사고희기념논총 유교

학논총》, 서울: 동교민태식박사고희기념논총발간위원회, 1972.

길희성, 〈지눌 선사상의 구조〉, 《지눌》, 서울: 예문서원, 2002.

김기영, 〈조선시대 호불론 연구―함허와 백곡을 중심으로〉, 서울: 동국대학교 박사학위논문, 1999.

김병규, 〈송학과 불교〉, 《백성욱박사송수기념 불교학논문집》, 서울: 동국대학교, 1959.

김복순, 〈최치원과 최승로〉, 《경주사학》 제11집, 경주: 동국대학교 국사학과, 1992.

김영진, 〈육조시대 신멸신불멸 논쟁연구〉, 서울: 동국대학교 석사학위논문, 1997.

김영태, 〈한국불교사에 나타난 효〉, 《한국불교학》 3집, 서울: 한국불교학회, 1977.

김용조, 〈허응당 보우의 불교부흥운동〉, 보우사상연구회 편, 《허응당보우대사연구》, 서울: 불사리탑, 1993.

김잉석, 〈위인 허응 보우대사〉, 보우사상연구회 엮음, 《허응당보우대사연구》, 서울: 불사리탑, 1993.

김철준, 〈최승로의 시무이십팔조에 대하여〉, 《조명기박사화갑기념 불교사학논총》, 서울: 동국대학교도서관, 1965.

김항배, 〈원효의 일심사상의 본질과 그 논리적 구조〉, 《원효연구논총》, 서울: 국토통일원, 1987.

김해영, 〈정도전의 배불사상〉, 《청계사학》 1집, 성남: 한국정신문화연구원, 1984.

김호성, 〈불교화된 효 담론의 해체〉, 《무심보광스님화갑기념논총 불연록》, 서울: 여래장, 2010.

김희경, 〈종합학술토론〉, 《불교미술사학》 1집, 양산: 불교미술사학회, 2003.

노평규, 〈이규보 철학사상연구〉, 서울: 성균관대학교 박사학위논문, 1991.

류성태, 〈정도전의 불씨잡변고〉, 《논문집》 3집, 이리: 원광대학교대학원, 1989.

문철영, 〈여말 신흥사대부들의 신유학 수용과 그 특징〉, 《한국문화》 3, 서울: 서울대학교 한국문화연구소, 1982.

박경준, 〈불교 업설에서의 동기론과 결과론〉, 《불교학보》 29집, 서울: 동국대학교 불교문화연구원, 1992.

박경준, 〈불교의 노동관 소고〉, 《불교학보》 35집, 서울: 동국대학교 불교문화연구원, 1998.

박경준, 〈인도불교계율에 있어서의 노동 문제—소승율장을 중심으로〉, 《대각사상》, 서울: 대각사상연구원, 1999.

박영기, 〈보우대사의 유불사상〉, 《백련불교논집》 1, 서울: 백련불교문화재단, 1991; 보우사상연구회 편, 《허응당보우대사연구》, 서울: 불사리탑, 1993 재수록.

박영기, 〈허응당 보우 연구〉, 서울: 동국대학교 박사학위논문, 1998.

박태원, 《대승기신론》 사상을 평가하는 원효의 관점〉, 《원효》, 서울: 예문서원, 2002.

박태원, 〈여말선초의 배불과 호불이론—삼봉과 기화를 중심으로〉, 《석산한종만박사 화갑기념 한국사상사》, 이리: 원광대학교출판국, 1991; 《한국불교학연구논총》 106, 고양: 불함문화사, 2004.

박해당, 〈기화의 불교사상 연구〉, 서울: 서울대학교 박사학위논문, 1996.

배상현, 〈이태조의 불교정책과 정도전의 배불론, 심기리편을 중심으로〉, 《대학원연구 논집》 7, 서울: 동국대학교 대학원, 1977.

배상현, 〈정도전의 배불사상에 대한 고찰〉, 서울: 동국대학교 석사학위논문, 1978.

변동명, 〈고려후기 성리학의 수용과 승려의 유불관〉, 《국사관논총》 제71집, 서울: 국 사편찬위원회, 1996.

변동명, 〈성리학의 초기수용자와 불교〉, 《이기백선생고희기념 한국사학논총》 상, 서 울: 일조각, 1994.

서경수, 〈고려의 거사불교〉, 《숭산박길진박사화갑기념 한국불교사상사》, 이리: 원불 교사상연구원, 1975.

서윤길, 〈보우대사의 사상〉, 《숭산박길진박사화갑기념 한국불교사상사》, 이리: 원불 교사상연구원, 1975; 보우사상연구회 편, 《허응당보우대사연구》, 서울: 불사리탑, 1993 재수록.

석법장, 〈보우의 불유조화론에 대한 연구〉, 《석림》 제22집, 서울: 동국대학교석림회, 1989; 보우사상연구회 편, 《허응당보우대사연구》, 서울: 불사리탑, 1993 재수록.

송석구, 〈유불 인간관의 동이〉, 《이기영박사고희기념논총 불교와 역사》, 서울: 한국불 교연구원, 1991.

송석구, 〈조선조 16~17세기의 유·불 대론〉, 《불교와 제과학》, 서울: 동국대학교 개교 팔십주년기념논총, 1987.

송창한, 〈정도전의 척불론에 대하여—불씨잡변을 중심으로〉, 《대구사학》 15·16 합집,

대구: 대구사학회, 1978.

안계현, 〈이색의 불교관〉, 《조명기박사화갑기념 불교사학논총》, 서울: 동국대학교도서관, 1965.

우정상, 〈조선불교의 호국사상에 대하여〉, 《조선전기불교사상연구》, 서울: 동국대학교출판부, 1985.

윤사순, 〈삼봉 성리학의 특성과 그 평가문제〉, 《삼봉정도전연구》, 서울: 삼봉선생기념사업회, 1992.

윤사순, 〈한국유학의 의식기반〉, 《공자사상과 현대》 2, 서울: 사사연, 1990.

윤영해, 〈주자의 불교 비판 연구〉, 서울: 서강대학교 박사학위논문, 1997.

윤영해, 〈한국에서 불교와 유교의 만남과 그 관계변화〉, 《한국불교학》 제19집, 서울: 한국불교학회, 1994.

이기백, 〈최승로의 유교적 이상국가〉, 《한국사시민강좌》 제10집, 서울: 일조각, 1992.

이병도, 〈정도전의 유불관〉, 《백성욱박사기념 불교학논문집》, 서울: 동국대학교, 1959.

이봉춘, 《조선초기 배불사 연구》, 서울: 동국대학교 박사학위논문, 1990.

이상백, 〈유불양교 교대의 기연에 대한 일연구〉, 《한국문화사연구논고》, 서울: 을유문화사, 1984.

이석영, 〈정삼봉의 불씨심성론 비판론〉, 《철학회지》 8, 대구: 영남대학교 철학과, 1981.

이영춘, 〈《불씨잡변》을 통해서 본 정도전의 불교 비판론〉, 《다보》 18, 서울: 대한불교진흥원, 1996.

이영춘, 〈정도전의 배불론과 그 성격〉, 《한국사상과 문화》 제1집, 서울: 한국사상문화학회, 수덕문화사, 1998.

이원명, 〈고려 무신정권기 유불교섭의 성격: 성리학 수용의 사상적 배경〉, 《오송이공범교수정년기념 동양사논총》, 서울: 지식산업사, 1993.

이익주, 〈삼봉집 시문을 통해 본 고려 말 정도전의 교유관계〉, 《정치가 정도전의 재조명》, 서울: 경세원, 2004.

이종익, 〈정도전의 벽불론 비판〉, 《불교학보》 8, 서울: 동국대학교 불교문화연구원, 1971.

이홍순, 〈정도전의 배불사상〉, 《애산학보》, 서울: 애산학회, 1992.

장성재, 〈삼봉의 성리학 연구〉, 서울: 동국대학교 박사학위논문, 1991.

장성재, 〈삼봉의 이기론의 특징과 그 영향〉, 《철학사상》 12집, 서울: 동국내학교철학과, 1990.

장충식, 〈한국 불사리신앙과 그 장엄〉, 《불교미술사학》 창간호, 양산: 불교미술사학회, 2003.

정병조, 〈불교의 생사관〉, 《생명연구》 1, 서울: 서강대 생명문화연구원, 1993.

정병조, 〈여말선초 배불론의 사상적 성격〉, 《경하현성스님 환력기념논총 현대 불교의 향방》, 서울: 현성스님환력기념논총간행회, 1999.

정재훈, 〈정도전 연구의 회고와 새로운 사상사적 모색〉, 《한국사상사학》 제28집, 서울: 한국사상사학회, 2007.

정제규, 〈고려후기 재가불교신앙 연구〉, 서울: 단국대학교 박사학위논문, 2000.

정제규, 〈이규보의 불교이해와 《수능엄경》 신앙〉, 《동양고전연구》 제7집, 서울: 동양고전학회, 1996.

조용길, 〈업사상의 현대적 고찰〉, 《한국불교학》 제33집, 서울: 한국불교학회, 2003.

조용길, 〈초기불교의 업설에 관한 연구〉, 서울: 동국대학교 박사학위논문, 1986.

조준하, 〈삼봉 배불론의 현대적 의의〉, 《한국사상과 문화》 제1집, 서울: 한국사상문화학회, 1998.

진성규, 〈13세기 불교계 동향과 이승휴〉, 《이승휴연구논총》, 삼척: 삼척시, 2000.

최병헌, 〈수선사의 사상적 의의〉, 《보조사상》 1, 서울: 보조사상연구원, 1987.

한자경, 〈정도전의 불교 비판에 대한 비판적 고찰〉, 《불교학연구》 제6호, 서울: 불교학연구회, 2003.

황유복, 〈원나라와 명나라 초기 중·조 불교문화 교류〉, 《태고보우국사논총》, 서울: 대륜불교문화연구원, 1997.

찾아보기

정도전의 불교 비판을 비판한다

⊙ 2014년 9월 12일 초판 1쇄 발행
⊙ 2016년 6월 20일 초판 2쇄 발행
⊙ 글쓴이   고상현
⊙ 펴낸이   박혜숙
⊙ 펴낸곳 도서출판 푸른역사
   우 03044 서울시 종로구 자하문로8길 13
   전화: 02)720-8921(편집부) 02)720-8920(영업부)
   팩스: 02)720-9887
   전자우편: 2013history@naver.com
   등록: 1997년 2월 14일 제13-483호

ISBN   979-11-5612-018-6   93900

· 잘못 만들어진 책은 교환해드립니다.